普通高等教育“十一五”国家级规划教材

U0790924

房地产金融

FANGDICHAN JINRONG

（第七版）

董藩 朱琳 编著

东北财经大学出版社 大连
Dongbei University of Finance & Economics Press

图书在版编目（CIP）数据

房地产金融 / 董藩，朱琳编著．—7版．—大连：东北财经大学出版社，2022.12（2024.6重印）
ISBN 978-7-5654-4723-5

Ⅰ.房…　Ⅱ.①董… ②朱…　Ⅲ.房地产金融　Ⅳ.F293.338

中国版本图书馆CIP数据核字（2022）第234966号

东北财经大学出版社出版
（大连市黑石礁尖山街217号　邮政编码　116025）
网　　址：http://www.dufep.cn
读者信箱：dufep@dufe.edu.cn
大连雪莲彩印有限公司印刷　东北财经大学出版社发行

幅面尺寸：170mm×240mm　字数：326千字　印张：15.75
2022年12月第7版　2024年6月第2次印刷

责任编辑：时　博　责任校对：刘谌浠
封面设计：张智波　版式设计：原　皓

定价：38.00元

教学支持　售后服务　联系电话：（0411）84710309

如有印装质量问题，请联系营销部：（0411）84710711

第七版前言

2000—2004年期间，我们（还有多位合作者）与东北财经大学出版社合作，先后出版了"最新房地产经营管理丛书"及其修订版。这套教材在高等院校房地产开发与经营、土地资源管理、工程管理专业领域产生了较好反响。2008年，我们又对丛书中的部分教材进行了修订，出版了第三版，《房地产金融》即为其中的一本，并被列入普通高等教育"十一五"国家级规划教材。2014年、2017年、2020年，我们对本教材进行了三次修订。现在，应广大读者要求，我们对其进行再次修订，目的是进一步完善教材体系，更新、充实教材内容，以利于学生掌握基础知识和了解最新的房地产金融业务。

党的二十大报告指出，防范金融风险是一项重要经济工作，为此，必须深化金融体制改革，加强和完善现代金融监管，强化金融稳定保障体系。房地产业作为典型的资金密集型行业，对金融业有着很强的依赖性，这就决定了房地产金融业的发展与管理，是金融管理工作的"重中之重"。在经济发达国家，房地产金融早已成为其金融行业的主要业务，在金融体系中占据极为重要的地位。以银行信贷为例，房地产信贷一般占信贷总量的40%左右，甚至更高。在中国，房地产金融作为金融业的重要组成部分，也得到了长足发展，为加快住房建设、促进房地产业的健康运行提供了有力保障。但是，目前在中国，房地产金融业务的发展水平仍然很低，还存在着巨大的成长空间。可以肯定的是，随着房地产业的发展，房地产企业已经从重视产品开发阶段逐步过渡到重视资产运营和资本运作阶段，对人才的需求渐从"关系型"转变为"专业服务型"，今后对房地产金融和投资型人才的需求必然加大。因此，了解、掌握房地产金融知识，是房地产开发与管理、土地资源管理、工程管理、金融学以及其他经管类专业的本科生、研究生的重要学习任务，也是其今后走向相关工作岗位所必需的知识储备。

在此次修订过程中，我们像以往那样，既保留了教材的一些成熟内容，又做了一些明显的补充和修订。我们以目前中国的房地产金融业为考察对象，对相关的基本范畴做了全新的诠释。在保留以往篇章结构主体不变的前提下，对部分内容进行了删减，补充了最新的内容。另外，在每章原有"学习目标"的基础上，增加了"思政引导"和思维导图，介绍该章的逻辑脉络；在正文中增设"知识拓展"二维码，拓展学生视野；在每章后增设"本章思考题答案要点"和"推荐阅读资料"二维码，方便学生课后练习和深入研究。

本书可作为房地产开发与管理、区域经济、工程管理、金融学等专业本科生和研究生的教材或参考书，也可作为房地产金融领域从业人员的自学教材，还可作为房地产开发与管理人员以及相关人员了解有关房地产金融基础知识的书籍。

全书由北京师范大学董藩教授、朱琳博士在董藩、李英教授的第六版文稿基础上共同修订完成，其中，董藩教授修改了第一、二、三章，朱琳博士对原来李英教授撰写的第四、五、六、七、八、九、十、十一、十二章进行了修改、编写[①]，最后由董藩教授对全书进行了总纂。

在本书的写作过程中，我们参考了大量文献，书中注释及书后主要参考文献已经做了交代，在此向这些作者表示衷心感谢。本书作者之一董藩教授，自学生时代就得到东北财经大学出版社的扶持，特批出版了学术著作。在此后近30年间，董藩教授与东北财经大学出版社一直真诚合作，十分愉快。在本书编写过程中，我们再次得到了东北财经大学出版社领导和编校人员的全力协助，在此表示衷心感谢。由于时间仓促，能力有限，书中疏漏、不足甚至错误之处在所难免，欢迎广大读者批评指正。

董藩　朱琳

2022年11月

① 因个人原因，李英教授不再参与本书的修订，我们要特别感谢她在前期工作中的巨大付出。

目录

第一章

房地产金融概述

□ 思政引导

通过本章教学，应引导学生了解如下知识：

1.金融业尤其是房地产金融对中国经济发展与社会安全的巨大意义；

2.党和国家相关重要会议对房地产金融管理工作的基本精神；

3.国家房地产金融管理机构的分工与各自职责。

□ 学习目标

通过对本章的学习，学生应了解或掌握如下内容：

1.房地产金融的含义与分类；

2.房地产金融的特征；

3.房地产金融市场的构成、运行条件与分类；

4.货币政策的含义、分类、工具及与房地产有关的货币政策。

- 房地产金融概述
  - 房地产金融的基本含义
    - 房地产金融的含义
    - 房地产金融的分类
    - 房地产金融的特征
      - 资金运用具有中长期性
      - 容易受政策影响
      - 房地产金融安全性较高、收益较好
      - 杠杆效应明显
      - 具有“无转移抵押”性质
  - 房地产金融市场
    - 房地产金融市场概述
      - 房地产金融市场的构成
      - 房地产金融市场运行的条件
      - 房地产金融市场的分类
    - 中国房地产业的融资途径
      - 房地产企业的融资途径
      - 商业银行在中国房地产业发展中的地位
  - 与房地产有关的货币政策
    - 货币政策概述
      - 货币政策的分类：扩张性货币政策和紧缩性货币政策
      - 货币政策工具
      - 中国的货币政策工具：公开市场业务、中央银行贷款、存款准备金率、利率、汇率
    - 货币政策在房地产领域的应用：利率、公开市场业务、存款准备金率、再贴现率

导 言

资金密集型产业，又称资本密集型产业，是指需要较多资本投入才能支撑其发展的行业、部门。房地产业作为典型的资金密集型产业，对金融有着很强的依赖性，因此，房地产金融是金融业的重要组成部分。近几年，在中共中央政治局会议、中央经济工作会议以及央行的工作会议上，房地产金融常常成为关注的重点，以金融学和房地产经济学、投资学等学科的基本理论和方法为基础的房地产金融学也因此受到重视，在一些相关专业的课程设置中体现出来。党的二十大报告强调"坚持把发展经济的着力点放在实体经济上"。由于房地产业带动了建筑业、建材业、制造业、交通业等实体经济的发展，因此如何运用金融工具优化房地产业发展、调节房地产市场也成为二十大之后的重点研究课题。

第一节 房地产金融的基本含义

在国际经济社会中，特别是在美国、日本以及其他发达国家和地区，金融机构都十分重视房地产金融业的发展。许多银行将筹集到的大量资金投向房地产开发和经营活动，这既支持了房地产业的发展，又增强了其自身的实力。在中国香港和台湾地区，房地产金融业的发展也是相当广泛和深入的，台湾地区甚至有专门研究此类问题的学术刊物。可见，在整个世界范围内的金融领域和房地产领域，房地产金融业已占据相当重要的地位，为世人所瞩目。

一、房地产金融的含义

房地产金融是金融业务的一种形式，它一般是指围绕房屋与土地开发、经营、管理等活动而发生的筹集、融通和结算资金的经济行为，其中最主要的是以房屋与土地作为抵押担保而进行的资金融通行为。在房地产的生产、流通和消费过程中所发生的存贷款、股权融资、债券发行及房地产金融机构所进行的其他各种资金融通活动都属于房地产金融活动。

有时人们将房地产金融和房地产业资金的融通看作是同一回事，但事实上，房地产业资金的融通并不等同房地产金融，因为融资只是房地产金融的一个方面，除此之外的房地产保险、房地产信托以及房地产典当等其他金融功能也是房地产金融的重要组成部分。但由于目前在中国的房地产领域，无论企业还是个人都将间接融资作为首选融资方式，因此人们通常认为房地产贷款就代表了房地产金融。

房地产金融的任务是运用多种融资方式和金融工具筹集、融通资金，从而支持房地产的开发和交易等行为，促进房地产再生产过程中资金的良性循环，保障房地产再生产过程的顺利进行。从中国房地产金融目前的实际情况来看，所采用的金融方式和运用的金融工具还不够多样化，房地产金融市场还不够成熟。

二、房地产金融的分类

中国房地产金融业务包括政策性房地产金融业务和商业性房地产金融业务两类。政策性房地产金融具有较强的政策性和地域性，主要是与住房制度有关的金融活动，其资金来源也具有强制性，而资金的使用则兼具优惠性与专项性（只限住房）；商业性房地产金融是以营利为主要目的的金融活动，金融机构需要在遵守法律法规的前提下自主筹措和使用资金，一般可涉及各类房地产的开发和购买活动。

房地产是房产和地产的总和，因而房地产金融也可以分为房产金融和地产金融两部分。

房产金融是指房屋或建筑物在生产、流通和消费过程中所进行的各种资金融通活动，它主要分为以住房为抵押担保的住房金融和以房地产开发经营企业在生产和流通过程中的资金融通为主的金融活动。由于住宅在整个商品房中占比高、交易规模大，因此在房产金融中，住房金融也占据了非常重要的地位。

地产金融也称土地金融，是指围绕土地有偿使用而产生的金融活动。依照城市土地和农村土地的性质不同，地产金融又可以分为城市土地金融和农村土地金融。城市土地金融是指围绕城市土地的开发、经营所展开的资金融通活动；农村土地金融是指围绕农村土地的开发、生产和经营所展开的资金融通活动。

三、房地产金融的特征

学者们对房地产金融特征的描述较为多样，其中“无转移抵押性”和“杠杆效应”经常被认为是其最显著的特征。事实上这种认识是不准确的，因为无论是“无转移抵押性”还是“杠杆效应”都只是房地产抵押贷款的特征，而房地产抵押贷款不过是房地产贷款乃至房地产金融的一个组成部分，其特征远远不能涵盖整个房地产金融领域。从宏观来看，房地产金融具有以下特征：

（一）资金运用具有中长期性

由于房地产金融资金多用于土地和房屋的购置、开发、改良和建设等，而土地开发、改良以及房屋的建设往往需要很长时间，所以金融机构需要为房地产市场提供长期、稳定的资金支持。例如，房地产开发通常要经历可行性研究、编制设计任务书、选择建设地点、设计方案产品、选择施工队伍、编制年度计划、组织施工生产、竣工验收、交付使用等一系列过程和环节。资金的投入从可行性研究开始，到项目投入使用，周期往往很长，这就决定了其资金占用时间也比较长，一般需要2~3年或更长。在此过程中，资金往往只能不断投入，却无法收回。而个人购房按揭贷款的时间甚至可能长达30年。此外，由于房屋和土地具有保值甚至增值的作用，所以许多金融机构在向房地产开发项目贷款时大多敢于放宽贷款偿还期限。

（二）容易受政策影响

房地产业同国家的经济状况关系紧密，因而房地产金融政策也是国家经济政策的组成部分，是政府实现宏观调控的重要手段。同时，由于可以利用金融政策调控房地产市场，所以房地产金融政策又被称为房地产市场的调节器。

一方面，房地产中的住宅，一部分具有商品属性，另一部分具有保障品属性，住房问题也兼具私人问题和社会问题两个方面，因此任何政府都不会对住房问题放任不管，通常会制定各种住房政策来促进其发展。其中，建立合理的政策性住房金融制度是一个主要举措，主要包括政府为住房抵押贷款提供资金、实施担保、进行贴息以及个人所得税抵扣房贷利息等。

另一方面，由于房地产牵涉的相关产业众多，在该产业中运行的资金量又极为庞大，所以房地产金融对国民经济的稳定和发展起着重要作用。正因为如此，国家会经常在房地产金融领域进行政策调整以适应宏观经济管理的需要。常用的调控措施包括调整贷款利率、改变个人住房贷款的首付比例、调整住房贷款申请人的资格审批门槛、提高或降低房地产开发贷款的项目资本金比例等。

（三）房地产金融安全性较高、收益较好

房地产的融资周期长，且一般需要以房地产作为抵押物来保证房地产贷款的偿还，由于房地产的价格从长期来看一般是上涨的，又有首付作保证，即便出现违约情况，银行一般不会承受损失，即使有损失，相比房屋总价，损失也不会太大。此外，房地产所具有的位置固定性可使其产生区位价值或者级差地租；使用的耐久性也充分体现其使用价值及价值；土地的稀缺性会导致优等土地的地租、地价不断上涨。这些因素为房地产金融机构对房地产业给予信贷支持提供了有力的安全保障。

由于房地产开发的业务流程较长，这就导致房地产金融业务的操作相对复杂，经营成本偏高。但同时，正是由于房地产金融涉及的中间环节多，其业务的派生性较强，从而能带动金融机构各项业务的开展。仅以商业银行为例，一笔房地产开发贷款不仅能产生可观的直接利息收入，还能为贷款银行带来大量后续的个人住房贷款需求和资金结算量。而在申请住房贷款的人当中，也蕴含着丰富的高端个人客户资源。综上所述，正是房地产业的高利润和巨大的住房需求支撑了房地产金融机构的高收益。

（四）杠杆效应明显

在自然界中，杠杆效应指的是人们利用杠杆，可以用较小的力量移动较重物体的现象。将这一概念引入到经济学中，可以理解成以相对较少的自有资金作为条件，申请银行贷款，来获取购买某个物品时所需的全部资金的情况。在房地产交易

中，借款人往往会投资一小部分的自有资金作为首付款，然后再向银行等金融机构借入首付款与购房总价格之间的差额，然后完成购买。这种情况我们就说是充分利用了首付款的杠杆作用。实际上，杠杆是一种乘数，会倍加利润或损失。在房地产市场繁荣阶段，房价不断上涨，投资者利用杠杆作用来购置房产，普遍提高了投资回报率，而且首付比率越低，投资回报率越大；但是，如果买入后房价就下跌，较低比率的首付款则会使投资者陷入更加被动的局面。这里不妨举个例子来说明。

假设现在有一套房子，年初标价100万元，预估当年升值10%，并且当年有5%的租金回报。如果我们全部以自有资金来购买，那么这100万元的自有资金当年增值15%（10%+5%）。但是，如果只拿出2成首付即20万元，另外80万元利用贷款获得，借款年利率为6%，虽然表面的增值仍是15%，但是由于自有资金投入只有20万元，因此这20万元的增值率，是用将要赚到的增值10万元（100×10%）加上5万元（100×5%）的租金，扣除负担的利息费用4.8万元（80×6%）之后的所得，再去计算。这样，用财务杠杆操作的报酬率高达51%（（10+5−4.8）÷20×100%）。

如果遇到经济危机，房价下跌，情况就相反了。假设现在有一套房子，年初标价100万元，随即危机发生，预估当年贬值10%，但是假定当年有5%的租金回报，如果全部以自有资金来购买，那么这100万元的自有资金当年贬值5%（10%−5%）。但是，如果只拿出2成首付即20万元，另外80万元利用贷款获得，借款年利率为6%，虽然表面的贬值仍是每年5%，但是因为真正拿出来的只有20万元，因此这20万元的回报额是5万元（100×5%）的租金减去将要出现的贬值10万元（100×10%），再减去负担的利息费用4.8万元（80×6%），回报为负值。这样财务杠杆操作的亏损率高达49%（（10+4.8−5）÷20×100%）。

杠杆效应对于开发企业也是如此。开发企业投入一笔资金购买土地后，用土地作抵押向银行申请贷款，此后进行房地产开发。当满足预售条件后，可进行商品房预售，以此获得后续的开发资金。此时，开发商还可以用在建工程进行抵押，再次获得抵押贷款。同时，也存在施工企业垫付工程款的情况。可见，在房地产开发过程中，开发企业可以较低比例的自有资金，运作大规模投资的开发项目[①]，杠杆效应发挥得淋漓尽致。

（五）具有“无转移抵押”性质

无转移抵押是指借款人将住房抵押给贷款人以获得抵押贷款，但借款人的合法所有者地位不改变，可继续拥有该房产的所有权和支配权，即“抵押不转移占有”。而贷款人取得该房产的“光秃产权”，或叫作“赤裸产权”，还叫作“衡平产

① 2009年，普通商品住房项目投资的最低资本金比例，从35%调低至20%。2015年，其他房地产开发项目的最低资本金比例由30%降至25%。但拿地都要求全部用开发商自有资金支付。实际上，开发商没有30%左右的自有资金，运作很难，要通过借较高成本的资金进行一段时间的开发后，才能获得银行的开发贷款。

权”。这种产权不赋予贷款人任何权利，除非借款人违反还贷约定，届时贷款人将通过没收抵押品或拍卖抵押品并优先受偿的方式来保障自己的权益。换言之，贷款人仅仅享有抵押财产的受押权或衡平权，一旦贷款被偿清，这种权利也就随之消失。“无转移抵押”的适应面较宽，如承租人可以用承租权作为贷款的抵押，借款人可以将持有的应收抵押品、信托合同或产权合同作为另一笔贷款的抵押。在整个过程中，借款人始终保留着拥有、控制和使用抵押品的权利，但同时又可以利用抵押品获得贷款，实现了对商品价值的资本化运作。

在经济社会中，一方面，“无转移抵押”这种衡平产权的存在，使得借款人在不丧失房产支配权的情况下获取经营所需资金（除非到期还不上借款），经营活动得以维持或扩大；另一方面，房地产的保值性和位置固定性使得贷款人在贷出资金获得收益的同时，并不担心所贷资金的安全性，经营风险很小。

第二节　房地产金融市场

房地产金融市场是指房地产资金供求双方运用金融工具进行各类资金交易的场所，其基本职能是为房地产的开发、流通以及消费筹集和分配资金。房地产金融市场可以是一个固定的场所，也可以是无形的交易系统，但大多数情况下，是指围绕房地产活动的资金交易系统。交易方式既可以是直接融资方式，也可以是间接融资方式。

一、房地产金融市场概述

房地产金融市场是整个金融市场的重要组成部分，无论是其运行的基本理论还是实务工作中的经营和管理，均以一般金融市场的理论和实践为基础，并与其他金融市场有许多相似之处。但由于房地产行业自身具有一定的特殊性，因而房地产金融市场也有别于一般的金融市场。

（一）房地产金融市场的构成

完整的房地产金融市场由融资主体、融资机构和金融工具3个基本要素构成。

1.融资主体

房地产金融的融资主体是指房地产开发、交易资金需求者，包括企业、居民个人和政府部门。其中，企业和居民个人是主要的融资主体，而政府部门不仅担负着对房地产金融市场的监督和调控责任，还时常参与具体的金融活动，如成立住房公积金管理中心[①]、提供公积金贷款等。

---

① 有的学者认为，按照中国人民银行的有关规定，住房公积金管理中心委托住房委员会指定的银行（以下简称“受委托银行”）办理住房公积金贷款、结算等金融业务和住房公积金账户的设立、缴存、归还等手续，住房公积金管理中心与受委托银行签订委托合同，不从事具体的金融业务，所以，该中心不应当属于房地产金融专营机构。

2.融资机构

融资机构包括融资中介与资金供应机构。融资中介是在房地产金融活动中处于融资需求者与资金供应机构之间的中间机构，如证券公司、财务公司、信用评估公司、征信公司、担保公司、会计师事务所等。中国现有的房地产资金供应机构可以划分为专营机构和兼营机构。从世界范围来看，房地产金融专营机构包括住房储蓄银行、住房公积金管理中心、住房信用合作社、房地产开发财团等；房地产金融兼营机构包括商业银行、保险公司、信托投资公司等。有些资金供应机构也提供中介服务。

3.金融工具

知识拓展1-1

金融工具

金融工具是指在金融市场中可交易的金融资产，是用来证明融资双方权利与义务的契约。房地产金融工具主要包括商业票据、房地产抵押支持债券、房地产金融债券、房地产企业和房地产金融机构发行的股票和债券、住房抵押贷款契约等。

（二）房地产金融市场运行的条件

房地产金融市场作为金融市场的一个分支，同其他金融市场一样，具有资本转换、资源配置、经济结构调节和宏观经济状况揭示等功能。但是，要想使房地产金融市场正常、充分地发挥其功能，必须满足如下条件：

一是有完整、对称的信息。有完整的信息是指金融商品交易的双方都能够公平、公开、公正地通过房地产金融市场获得各自所需要的信息，使交易行为有可靠的依据；有对称的信息是指在同一时点上交易双方获得的信息是完全相同的，任何一方都不存在通过未公开信息获利的机会。

二是市场供求决定价格的机制能充分发挥作用。金融商品价格对房地产市场供求有弹性，供求状况的改变不断地使原有的均衡价格消失并出现新的均衡价格，任何市场以外的力量都不能影响和改变价格。

三是房地产市场上有银行、信托投资公司、小额贷款公司、住房公积金管理中心、开发商等众多的市场参与者和丰富的金融商品种类，不存在少数或个别交易者对市场的垄断行为。

四是有完善的交易方法和管理手段。需要特别强调的是，在房地产金融市场上，不可过分使用行政手段来管理市场。

不具备以上这4个条件，房地产金融市场就不能正常地发挥其功能。一般认为，信息完整、对称和价格机制有效是市场运行所需要的最基本的条件。这两个条件的完备性被认为是评价金融市场成熟和完善程度的重要标准。

（三）房地产金融市场的分类

房地产金融市场作为金融市场的一个重要组成部分，可以按照多种标准进行分类。

1.按照市场层次的不同，可分为房地产金融一级市场和房地产金融二级市场

房地产金融一级市场又称为初级市场，是指借款人通过房地产金融中介机构或从资本市场直接进行资金融通的市场，它包括初级房地产抵押贷款市场、新兴的房地产证券发行和交易市场等。房地产金融二级市场是指房地产金融工具的再交易和再流通市场，包括房地产融资中介机构将持有的房地产贷款直接或以证券的形式出售给金融机构的交易市场，以及房地产有价证券的再转让市场，如二级抵押贷款市场。

2.按照服务对象的不同，可分为房产金融市场和地产金融市场

房产金融市场是指银行及其他非银行金融机构为房屋再生产和交易，以及以房屋为抵押、以房产收入为保证等进行资金融通的市场。在房产金融市场上，住宅金融占据着非常重要的地位。而地产金融市场是指以土地作为抵押向金融机构融通资金的活动的总称，即以土地为抵押品筹集、融通资金，以达到对土地进行开发和利用的目的。实际上，房产金融市场和地产金融市场并不是截然分立的，二者有着紧密的联系，它们相互影响、相互作用，有时结合在一起共同构成完整的房地产金融市场。

知识拓展1-2

资本市场

3.按照金融交易工具期限的不同，可分为货币市场和资本市场

货币市场是融通短期资金的市场，而资本市场是融通长期资金的市场。资本市场是房地产金融市场的主要构成部分，其金融产品包括住房储蓄存款、住房按揭贷款、房地产抵押贷款、房地产信托、资产证券化、房地产保险等。随着信用工具的不断创新和日益发达，房地产金融市场的业务范围将日益扩大。

二、中国房地产业的融资途径

目前，随着金融制度的改革创新，中国国内房地产企业的融资途径越来越多样化，并逐步演化成银行贷款、信托融资、上市融资等多种融资渠道并存的状态，这期间商业银行无疑扮演了重要角色。

（一）房地产企业的融资途径

目前，中国国内房地产企业的融资途径有两类：一是企业内部融资；二是企业外部融资。房地产企业内部融资主要包括自有资金和预收的购房定金及购房款，这部分资金可以作为必要的开发资金。然而，一般的房地产项目均具有投资大、开发周期长的特点，因此房地产企业单纯依靠内部融资是不能满足全部资金需求的，更多的资金要通过外部融资获得。

房地产企业的外部融资途径主要有申请银行贷款、发行股票、吸收股权投资、发行企业债券、发行房地产信托、利用外资、合作开发、发行产业基金等。这些融资途径按照有无中介机构参与，又可归类为间接融资途径和直接融资途径两大类。间接融资是指银行或者其他房地产金融机构不直接参与房地产的开发经营与各种投

资活动，而是根据自身资金情况，为房地产开发、经营公司组织存款并发放开发经营及消费所需的贷款，其中以银行贷款为主要方式。截至2021年年底，人民币房地产贷款余额达到52.2万亿元。直接融资是指银行或者房地产金融机构直接向房地产业投资，参与公司（项目）的开发、经营活动，以获取利润，或者房地产开发公司在资本市场发行股票、债券以筹措资金。2021年，中国房地产业通过境内股票市场首发、增发和配股融资达705.1亿元，其中房地产开发类公司融资规模达366.4亿元，物业、服务类公司融资338.7亿元。2021年，中国房地产行业共发行债券555只（不包括资产证券化产品），累计发行金额5 562.5亿元，主要产品以超短期融资债券、定向工具、私募债、短期融资券、公司债和中期票据为主。但是，由于上市的门槛较高，只有那些真正有实力的大型房地产企业才能上市，而中小房地产企业风险承受能力、盈利能力、信用水平都存在一定的问题，在未来通过大规模上市或发债解决资金匮乏几乎是不可能的。

信托成为房地产融资重要渠道。自房地产调控以来，房地产信托得到突飞猛进的发展。但监管部门对房地产信托一直有所限制，实施事前报备制度，并经常约谈信托企业。到2021年，信托行业风险事件频发，房地产企业违约是“暴雷”重灾区。统计数据显示，2021年前11个月，信托行业共发生250起违约事件，涉及金额1 250.72亿元，其中房地产信托涉及违约金额707.43亿元，占比第一。截至2021年年底，境内投向房地产行业的信托资金规模为1.8万亿元，约占全部新增信托资金规模的12%，占比在不断下降。总体上看，通过基金化运作的房地产投资信托介入房地产市场，不仅部分解决了融资的问题，还推动房地产市场向国际化发展。虽然信托产品由于政策限制仍有欠缺，不过在融资渠道单一、投融资渠道难有大变化的情况下，信托业务的发展将给房地产投资带来新的市场空间。

另外，境内房地产私募基金在房地产融资中的作用也越来越大。2021年，房地产私募基金募集数量为34起，较上年减少19起；但募集金额为477.0亿元，同比增长76.1%。

（二）商业银行在中国房地产业发展中的地位

中国房地产市场的发展可以追溯至20世纪80年代，最早萌芽于80年代的蛇口，80年代中后期的住房体制改革为房地产业的发展提供了机遇。在这个过程中，商业银行在其中扮演了重要角色。在很大程度上，商业银行的资金支持（各种形式的贷款）是维系中国房地产业资金链安全的主要力量，当然房地产业的发展也给银行业的发展创造出巨大的机遇。

目前，银行贷款依然是中国房地产开发投资的主要资金来源之一。到2021年年末，人民币房地产贷款余额52.17万亿元，同比增长7.9%，比上年末增速低3.7个百分点；全年增加3.81万亿元，占同期各项贷款增量的19.1%，比上年全年水平低7.2个百分点。2021年末，房地产开发贷款余额12.01万亿元，同比增长0.9%，增速比上年末低5.2个百分点。个人住房贷款余额38.32万亿元，同比增长11.3%，增速比上年末低3.3个百分点。这些数据决定了以商业银行为代表的银行业在房地产金融领域必然会占据举足轻重的地位。图1-1表明中国的商业银行同房地产开发的各个环节都有着密切联系。

图1-1显示，商业银行对房地产开发的支持通常体现在生产和交换两个环节。在生产环节是以开发贷款的形式为开发商提供资金融通，而在交换环节则是通过发放按揭贷款的方式支持购房者对最终产品的购买。由此不难理解，一方面，商业银行在20世纪90年代中后期开始大规模实施的住房按揭贷款政策，对普通百姓住房需求的释放以及商品房销售的促进起到了关键的推动作用，从而带动了整个房地产业的蓬勃发展；另一方面，商业银行各种形式的企业贷款，包括对房地产开发企业的流动资金贷款、开发贷款以及对建筑施工企业的贷款等对中国房地产市场的支持作用也是至关重要的。

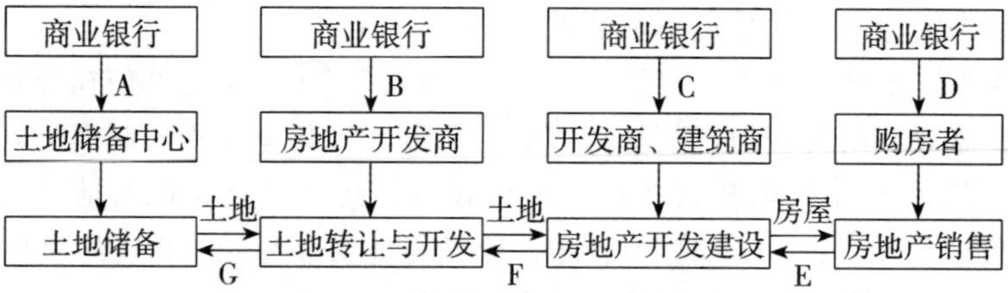

图1-1　商业银行与房地产开发的关系[①]

当前，银行信贷资金仍是中国房地产企业发展的主要融资渠道。在一级土地开发、房地产开发、房地产销售3个阶段中，每一阶段都离不开银行信贷资金的支持。即使在房地产行业宏观调控过程中，银根紧缩，很多开发企业不得不借助其他渠道筹集资金，但由于中国资本市场的发展需要一个相对较长的过程，在未来中短期内，国内大部分房地产项目的融资仍要依赖于商业银行的信贷支持。因此，对房地产开发企业而言，了解、熟悉商业银行有关房地产贷款的审批程序，加强与银行贷款相关部门的沟通，及时提交真实、完备、合规的批贷审查资料，以提高贷款申请的效率，仍是融资的主要工作。

包括四大国有商业银行在内的约50家银行已经在A股和H股上市。商业银行内部的经营管理正朝市场化、专业化的方向继续深化。商业银行作为企业，其业务发展、经营管理同样需要遵循市场经济规律。在中国，房地产业的发展前景依旧很好，自然也就成为银行贷款的重点领域。现在关于不良贷款的准确数字一般不对外公布，但我们可以根据一些报道进行推算，截至2019年年底，房地产领域的不良贷款规模大约有1 000亿元，占贷款总额的比率约1.8%。其中，开发贷款的不良率远高于按揭贷款的不良率。但从与其他国家商业银行业务发展情况的对比来看，中国房地产贷款也因收益相对高、坏账率低，成为银行青睐的资产。但是，由于调控严厉，2021年下半年，商品房销售明显降温，土地市场成交面积大幅回落，多家

① A代表土地储备贷款；B代表土地转让与开发贷款；C代表房地产开发与建设贷款；D代表个人住房（按揭）贷款；E代表购房定金；F代表业务承包与转包资金；G代表土地出让金。资金流动的时间顺序与字母编号无关。王世豪．房地产信贷战略与实务［M］．北京：中国金融出版社，2006：15.

房地产公司不能按期偿还债务本金和利息，出现流动性危机。这致使银行的不良开发贷款比率急剧上升。2021年，工、农、中、建四大行的房地产行业不良贷款合计1 102亿元，占不良贷款总额的12%，比2020年增加了4.3个百分点。而一年前，四大行的房地产贷款占比和不良贷款占比接近。2020年，四大行的房地产贷款占比为6.09%，此行业的不良贷款占比为7.7%。

第三节　与房地产有关的货币政策

政策是指国家政权机关、政党组织和其他社会政治集团以权威的形式标准化规定的在一定的历史时期内，应该达到的奋斗目标、遵循的行动原则、完成的明确任务、实行的工作方式、采取的一般步骤和具体措施。最近十几年来，中央政府为了调控房地产市场，先后出台了很多房地产调控政策，数目之多，频率之高，是国内任何行业所无法相比的。除了采用行政手段直接调控外，最常用的就是财政政策、货币政策和土地政策。由于本书篇幅的限制，这里主要介绍与房地产有关的货币政策。

一、货币政策概述

货币政策是指政府或中央银行为影响经济活动所采取的货币性措施，尤其是指控制货币供给和调控利率的各项措施。采取这些措施是为达到特定目的或维持政策目标，比如抑制通胀、实现充分就业或经济增长等。在现代市场经济中，中央银行的货币政策是对整个经济运行实施宏观调控的最重要手段之一。

货币政策有狭义和广义之分。狭义的货币政策是指中央银行为实现既定的经济目标运用各种工具（如再贴现率、存款准备金率和公开市场业务等）调节货币供给量和价格，进而影响宏观经济运行的方针和措施的总和。广义的货币政策是指政府、中央银行和其他有关部门所有有关货币方面的规定和采取的影响金融变量的一切措施，包括硬性限制信贷规模和信贷方向，开放和开发金融市场以及金融体制改革等。一般来说，货币政策是通过政府对国家的货币、信贷及银行体制的管理来实施的。

（一）货币政策的分类

货币政策分为扩张性货币政策和紧缩性货币政策两种。扩张性货币政策是通过提高货币供应量和供应增长速度来刺激总需求的政策。在这种政策下，取得信贷更为容易，利率会降低。因此，当总需求与经济的生产能力相比显得偏低时，使用扩张性货币政策最适合。紧缩性货币政策是通过降低货币供应量和供应增长速度来降低总需求的政策。在这种政策下，取得信贷较为困难，利率也随之提高。因此，在通货膨胀较严重时，采用紧缩性货币政策较适合。

（二）货币政策工具

货币政策工具是指中央银行为实现货币政策目标所运用的策略手段。一国政府拥有多种政策工具来实现其宏观经济目标。中央银行的货币政策工具主要有一般性政策工具、选择性政策工具和补充性政策工具等。一般性政策工具包括法定存款准备金率、再贴现率和公开市场业务；选择性和补充性政策工具包括消费者信用控制、证券市场信用控制、优惠利率和预缴进口保证金等。

（三）中国的货币政策工具

1.公开市场业务

公开市场业务是指中央银行在公开市场上，通过买卖有价证券和外汇交易来调节货币供应量，从而调节社会总供给和总需求的金融业务活动。中国公开市场业务包括人民币业务和外汇业务两部分。1994年3月，中国的外汇公开市场业务启动；1998年5月26日，中国的人民币公开市场业务恢复交易，并且规模逐步扩大。1999年以来，公开市场业务已成为中国人民银行货币政策日常操作的重要工具，对于调控货币供应量、调节商业银行流动性水平和引导货币市场利率走势发挥了积极的作用。

知识拓展1-3

存款准备金率

2.存款准备金率

存款准备金是指中央银行要求各商业银行按吸收存款的一定比例在其开设的准备金账户存入的资金。这些资金是为满足客户提取存款和资金清算需要而准备的资金。各商业银行按规定向中央银行缴纳的存款准备金占其存款总额的比例就是存款准备金率。存款准备金制度是在中央银行体制下建立起来的，中央银行通过调整存款准备金率，可以影响各商业银行的信贷资金供应能力，从而间接调控货币供应量。

3.中央银行贷款

中央银行贷款（习惯上称作再贷款），是指中央银行动用基础货币向专业银行、其他金融机构，以多种方式融通资金的业务总称。它是中央银行资金运用的一个重要方面，也是中央银行实施货币政策、借以控制货币供应总量的重要手段。中央银行贷款一般有再贴现、抵押贷款和信用放款3种形式。其中再贴现是最为广泛的一种做法，即商业银行以工商企业向其贴现的商业票据为抵押，向中央银行再贴现，以取得所需的资金。从政策传导和效应上看，一般来讲，中央银行贷款增加是“银根”有所放松的信号之一；反之，则是“银根”紧缩的信号之一。

4.利率

利率是一定时期内利息额与借贷资金的比率。利率政策是中国货币政策的重要组成部分，也是货币政策实施的主要手段之一。中央银行根据货币政策实施的需要，适时运用利率工具，对利率水平和利率结构进行调整，进而影响社会资金供求状况，实现货币政策的既定目标。

目前，中央银行采用的利率工具主要有调整中央银行基准利率、调整金融机构法定存贷款利率、制定金融机构存贷款利率的浮动范围、制定相关政策对各类利率的结构和档次进行调整等。

近年来，中央银行加强了对利率工具的运用，利率工具在调控宏观经济运行方面发挥了重要的作用。随着央行利率调整的频繁化，利率调控方式更为灵活，调控机制也日趋完善。

5.汇率

汇率是指一国（或地区）货币兑换另一国（或地区）货币的比率，是以一种货币表示另一种货币的价格。一个国家（或地区）为达到一定的目的，会采取一定的政策手段，通过金融法令的颁布、政策的规定或措施的推行，把本国货币与外国货币的比价确定或控制在适当的水平上。汇率政策的工具主要有汇率制度的选择、汇率水平的确定、汇率水平的变动和调整。以人民币汇率为例，如果人民币汇率升值，则中国商品的价格相对钉住的国外商品的价格要升高，从而国外对中国商品的需求会下降，中国的宏观经济活动就会受到抑制。因此，汇率也是一国货币政策的重要工具。

二、货币政策在房地产领域的应用

运用货币政策对房地产业实施宏观调控，核心是控制投入到房地产业中的货币供应量，主要体现在以下3个方面：一是控制货币投放量，以保证货币供应适应房地产业发展的需要；二是控制房地产业的投资规模，使房地产市场供给量与需求量达到动态平衡；三是控制房地产信贷总规模，使之既能满足房地产开发经营和居民购房的资金需求，又能防止过度膨胀，确保信贷平衡。

货币政策对房地产业宏观调控的作用，是通过相关的货币政策工具来实现的。

（一）利率与房地产资金供求关系

利率是房地产信贷政策中最重要的内容，国家可以通过银行运用利率杠杆来调节流入房地产业的货币量。当国家提高贷款利率时，一方面，房地产开发企业的开发融资成本上升，房地产开发投资量被抑制；另一方面，住房按揭贷款和消费贷款（指用于装修的贷款等）的负担加重，住房需求量被抑制。反之，当国家降低贷款利率时，则作用相反。如1997年东南亚金融危机爆发后，银行通过多次降低存贷款利率，不但减轻了房地产开发企业资金成本的负担，为降低房价创造了条件，还减轻了运用按揭贷款方式购房的利息支出，鼓励了居民贷款购房，对促进个人住房投资规模的提升和住宅市场的发展起到了积极的推动作用。

（二）公开市场业务与房地产资金供求关系

当国民经济出现衰退时，中央银行可以在公开市场上买进有价证券，增加货币供应量，从而刺激房地产开发投资和个人购房需求，促进经济复苏。而当出现经济过热、通货膨胀、资产价格快速上涨时，则卖出有价证券，回笼货币，减少货币供应量，从而抑制房地产开发投资和个人购房需求，促进经济稳定发展。因此，公开市场业务不仅能从总体上调节房地产供给和需求，而且通过买卖住宅债券，中央银行可以直接调节投入到房地产开发和房屋买卖中的货币供应量，达到促进房地产总供给和总需求平衡的目的。

（三）存款准备金率与房地产资金供求关系

中央银行可以通过提高或降低存款准备金率，影响商业银行的贷款能力，从而控制房地产信贷总量。提高存款准备金率，可以使商业银行收缩信贷规模，从而紧缩货币供应量，抑制房地产开发投资和房屋买卖数量增长。反之，降低存款准备金率，则使商业银行可贷资金量增加，从而扩大房地产领域货币供应量，鼓励投资和刺激消费。因此，存款准备金率的高低可以反映商业银行的信贷投放量，从而引起房地产信贷的扩张或收缩，使房地产总供给和总需求得以有效控制。例如，2015—2016年，中国经济受到全球经济不振的影响，为稳定宏观经济，保持金融体系流动性合理、充裕，2015年内中国人民银行五次下调存款准备金率，2016年3月1日央行再度下调金融机构人民币存款准备金率0.5个百分点。宽松的货币政策大大降低了房地产业的融资成本，扩大了房地产开发企业的资金来源，进而促进了房地产市场的供给。

（四）再贴现率与房地产资金供求关系

中央银行运用提高或降低再贴现率的办法来调节货币投放量。当经济过热时，中央银行通过提高再贷款标准和利率，限制商业银行的融通资金量，紧缩信贷；反之，当经济衰退时，中央银行则通过降低再贷款标准和下调再融资利率，扩大商业银行融通资金量，扩张信贷。这些年来，房地产业在中国国民经济中的地位与作用日益突出，它既表现为主导产业、支柱产业，还表现为先导产业，对GDP、就业、地方政府与中央政府的财政收入的影响越来越大。而房价上涨所带来的不满与冲突也越来越多，出于不同目的的调控活动也就显得更频繁。在调控房地产市场方面，再贴现率也开始发挥作用。由于再贴现率的高低直接影响商业银行的信贷规模，从而也调节其对房地产开发投资和房屋买卖的贷款总量。

不难看出，上面提到的这些货币政策工具，对整个国民经济发挥着关键性的调节作用。作为国民经济重要组成部分的房地产业，它的开发建设和交易都离不开金融业的信贷支持。政府运用货币政策，合理安排流入房地产业的资金总量，就可以达到控制和调节房地产经济发展水平的目的。

□ 本章小结

★房地产金融是金融业务的一种形式，它一般是指围绕房屋与土地开发、经营、管理等活动而发生的筹集、融通和结算资金的经济行为，其中最主要的是以房屋与土地作为信用保证而进行的资金融通行为。在房地产的生产、流通和消费过程中所发生的存贷款、股权融资、债券发行及房地产金融机构所进行的其他各种信用活动都是房地产金融活动。

★中国房地产金融业务包括政策性房地产金融和商业性房地产金融两类。政策性房地产金融主要是与住房制度有关的金融活动，其资金来源也具有强制性，而资金的使用则兼具优惠性与专项性（只限住房）；商业性房地产金融是以营利为主要目的的金融活动，金融机构需要自主筹措和使用资金，并可涉及各类房地产的开发和购买活动。

★中国房地产企业内部融资主要包括自有资金和预收的购房定金及购房款。但是房地产企业单纯依靠内部融资是不能满足全部资金需求的，更多的资金需要通过外部融资获得，其主要渠道有申请银行贷款、发行股票、吸收股权投资、发行企业债券、发行房地产信托、利用外资、合作开发、发行产业基金等。

★货币政策对房地产业宏观调控的作用是通过一定的货币政策工具来实现的，这些货币政策工具主要有利率、公开市场业务、存款准备金率、再贴现率。

□ 综合练习

一、本章基本概念

房地产金融；房产金融；地产金融；融资主体；融资中介；金融工具；间接融资；直接融资；内部融资；外部融资；货币政策；扩张性货币政策；紧缩性货币政策；公开市场业务；存款准备金率；中央银行贷款；利率；汇率；再贴现率

二、本章思考题

1.房地产金融具有哪些特征？

2.目前房地产企业主要有哪些融资途径？

3.房地产金融市场运行要具备哪些条件？

4.货币政策包括哪些操作手段？

5.在金融市场上，中央银行是怎样利用存款准备金率调节信贷规模的？

本章思考题答案要点

推荐阅读资料

第二章

中国房地产金融发展概况

□ 思政引导

通过本章教学，应引导学生了解如下知识：

1.半封建半殖民地制度对房地产金融业发展的影响；

2.新中国成立后恢复、发展房地产金融业对国家建设的重大意义；

3.改革开放政策对房地产金融业发展的促进作用。

□ 学习目标

通过对本章的学习，学生应了解或掌握如下内容：

1.中华人民共和国成立前房地产金融业的发展状况；

2.中华人民共和国成立后、改革开放前中国住房的投资与管理模式；

3.住房储蓄银行的出现及其影响；

4.建设银行在房地产金融业发展中的突出作用。

- 中国房地产金融发展概况
  - 新中国成立前房地产金融业的发展概况
    - 新中国成立前房地产金融业务的种类
      - 房地产抵押贷款业务
      - 房地产股票和债券的发行与交易
    - 银行的房地产开发经营活动
    - 房地产金融机构的设立
  - 新中国成立后房地产金融业的恢复与发展
    - 改革开放前的房地产投资问题
    - 改革开放后房地产金融业的再生
      - 房地产金融业的复苏时期
      - 房地产金融业的初步发展时期
      - 房地产金融业的停滞时期
      - 房地产金融业的提高、整顿时期
      - 房地产金融业的快速成长时期
      - 房地产金融业的调整、整顿时期
      - 房地产金融业的规范、创新时期
      - 房地产金融业的限购限贷时期

导　言

国家与国家之间毕竟国情不同、制度不同、历史发展条件不同，房地产金融业的表现也会有差异。房地产金融业在中国历史上有哪些作为？在今天中华民族伟大复兴过程中，作为金融与房地产两大支柱产业的结合体，房地产金融又经历了怎样的发展历程，发挥着怎样的作用？本章中我们将对此加以讲解。

第一节　新中国成立前房地产金融业的发展概况

在存在商品生产的条件下，产业资本与金融资本的互相渗透、互相结合是一种必然的趋势。马克思主义经典作家在总结帝国主义的特征时，曾将其作为一个重要特征加以看待①。房地产金融业的出现恰恰验证了这种趋势，不论是中华人民共和国成立前房地产金融业的发展还是中华人民共和国成立后房地产金融业的再生，都可以说明这一点。

一、新中国成立前房地产金融业务的种类

在中华人民共和国成立前，金融业与房地产业已产生了较强的联系，金融业开始积极参与房地产的开发和经营活动。从当时的情况来看，在整个金融市场上，房屋、土地、典当业、商业、高利贷是社会上流动资金的主要投放场所，房地产市场尤甚。从当时的生产力状况来看，土地开发市场和房产市场可以说是比较兴盛的。例如，中华人民共和国成立前银行界的代表“北四行”（盐业银行、金城银行、大陆银行、中南银行）、“南三行”（浙江兴业银行、浙江实业银行、上海商业储蓄银行）以及“四行储蓄会”，它们不仅向房地产开发商提供贷款，还直接从事房地产开发、经营活动。1932年，“四行储蓄会”用于土地开发和房产开发方面的抵押放款占存款的44.9%。中华人民共和国成立前房地产金融业务主要有如下两类：

知识拓展2-1

北四行

知识拓展2-2

南三行

（一）房地产抵押贷款业务

放贷人在发放贷款时，借款人以房屋和土地抵押担保，这是金融业与房地产业相结合的最主要形式。旧上海用房地产作抵押借款的种类有：空地押款、地上权押款、造屋押款、房地押款等。由于有一定数量的房屋和土地作抵押，当借款人不能按期偿还贷款本息时，作为抵押品的房屋和土地则部分或全部无条件地被债权人没

① 随着中国特色社会主义市场经济体制的确立、完善以及产业资本与金融资本的逐渐结合，许多传统理论和判断受到挑战，学术界面临着新的任务。

收。由于土地是重要的且不能移动的财产，所以银行很欢迎将房屋或土地作为抵押品。当时四大家族金融垄断体系在全国的金融业中占据主导地位。1935年，全国有2 566家银行机构，其中“官办”银行为1 971家，其余较大的银行都是“官商合办”或四大家族“商办”的。这些银行都开办房地产抵押贷款业务，许多银行还开设了房地产部，专营房屋和土地抵押贷款业务。上海的业广公司1934年放出土地和房产抵押款600万元；义品地产公司的前身义品放款银行，专门从事抵押贷款业务，义品地产公司每年贷款利息收入30万元；汉口、天津、广州等城市也盛行房地产抵押贷款业务；中国银行、交通银行、中南银行、盐业银行等通过发放抵押贷款业务，还取得了大量房地产。中华人民共和国成立前，上海的银行、钱庄也视房地产为可靠信用物。在钱庄的抵押贷款物中，房地产往往占到50%以上。上海商业储蓄银行在录用练习生时，规定需要殷实保人，一旦该练习生有贪污挪用之事发生，须拿保人是问，保人因此而被银行没收房产者为数不少。值得注意的是，此时外国金融机构在中国房地产金融市场上也很活跃，如英国律师高易经手英商汇丰银行的贷款达400万两白银；阜昌洋行发行贷款达二分利，比银行利息高一倍，而且不但利息高，抵押期也短，逾期不还款，房屋和土地即归放款人所有。

（二）房地产股票和债券的发行与交易

中华人民共和国成立前，房地产商通过发行房地产股票和债券筹集了大量资金。如1922年成立的美商普益地产公司，至1931年累计发行股票筹资530余万元，中国人拥有的股份占33.1%。英商沙逊系的华懋地产公司在1930年发行了大量公司债券。英商业广地产公司在光绪十四年创立时就招收华股，到1950年华股占总股份的56.44%。华股百分比虽高但却很分散，公司营运权操纵在少数英商手中。它从1888年起曾9次增资，并先后发行公司债券达30次之多，募资总金额达2 000万元以上。其他如美商普益、中国营业等房地产公司也曾发行过数百万元公司债券。经营房屋、土地的房地产公司，若缺资金，都可以房屋和土地作抵押，按一定程序委托信托公司发行房地产债券或股票。据不完全统计，到1935年，上海9家外国房地产商所发行的公司债券、股票等，募资总金额达1.3亿元之多。与这种背景相适应，许多商人、业主和略有节余的中上层职员纷纷投资于房地产股票和债券，当时在上海、天津、北京等地的证券交易机构，房地产股票和债券交易是十分狂热的。

知识拓展2-3

万国储蓄会

这里需要提一下上海万国储蓄会的储蓄券，这种储蓄券也是债券。万国储蓄会成立于1912年，名义上是一家储蓄机构，实际上是一家债券公司。当时万国储蓄会影响力比较大。据统计，至1931年万国储蓄会吸纳社会储金达6 500万元之多，占全国所有储蓄总额的1/5。储蓄会发行的是债券，可以转让但不能提前支取。储蓄会用吸收的资金建立“中国建业地产公司”，主要开拓上海法租界的房地产业，兴建了很多高中档里弄住宅、高级公寓、花园洋房，原法租界的毕卡第公寓（今衡山宾馆）、诺曼底公寓（今武康大楼）、盖司康公寓（今淮海公寓）等都是万国储蓄会的产业。

二、银行的房地产开发经营活动

上海市是银行最早参与房地产开发和经营活动的城市。第一次世界大战前后，中国民族工商业发展较快，对房地产的需求旺盛，房地产领域显得利润优厚、稳定可靠。为此，许多华商银行纷纷抽资进行土地开发和房屋建设，如盐业银行、金城银行、大陆银行、中南银行这4家所谓的“北四行”，于20世纪30年代在上海滩闹市中心南京路上购买了一块土地，动用巨资进行开发，联合建造了当时举世闻名的“国际饭店”；中国银行在上海购地开发建造了中行大厦。这两座大厦连同百老汇大厦（现改称“上海大厦”）是当时上海三鼎足的最高楼宇，现在也是上海城市的重要象征。当时外滩一条街上许多土地的所有权都属于中外银行，耸立的高楼也多为银行开发建造的。散布在市内的里弄住宅、花园洋房、公寓、店房、仓库等，也有不少是银行开发建设的。

1952年年底，公私合营银行上海分行接管上海旧银行的房地产，共计有空地430余亩、办公大楼30座、公寓11座、独立住宅55幢、连接式住宅2 648幢、市房659幢、仓库25座。这说明中华人民共和国成立前外国银行在房地产开发和经营活动中也扮演着重要角色。据史料记载，英国汇丰银行当时在沿江大道青岛路口购买地皮并投资修建了汇丰大楼，工程造价即达200余万银圆，法国、日本、美国的许多银行也大都从事房地产开发经营活动。银行从事这类活动按理说已经超越了金融领域，但由于是金融机构从事的，显示出金融业与房地产业的融合，因此我们在此总结和介绍一下。

知识拓展2-4

公私合营银行

三、房地产金融机构的设立

中华人民共和国成立前，有许多大房地产商都设有专门的地产银行或房地产银行。20世纪30年代末，沙逊集团由于子公司的不断增加，资产不断扩张，业务范围不断扩大，需要有若干金融机构作为管理中枢，以便为其所属企业筹划和调度资金，并向它们发号施令。除新沙逊洋行为沙逊集团领导的机构外，这些金融机构还包括远东营业有限公司、汉弥尔登信托有限公司及新沙逊银行等。另外，为了吞并更多企业，扩张其实力，沙逊集团还集合了一批二、三流资本集团，于1930年合资创办了两家投资公司，即中国国际投资信托公司和扬子银公司，从而使沙逊集团能以很少的资本控制巨大的生产部门，并组成以沙逊集团为核心的资本联盟。

武汉的地皮大王刘欲生为了筹借资金，利用东方汇理银行买办的身份，开设了自己的阜昌钱庄。他从东方汇理银行借入低价贷款，然后转手高价贷出，谋得暴利。此后，他借助钱庄和洋行的融资之便，还投资经营了许多工商企业。

比商仪品放款银行，又称比商仪品放款公司，为比利时、法国合资创办的银行，名义上属于比国财团，实际上其并未正式投资，总行虽设在比利时首都布鲁塞尔，但法国巴黎另设有总管理处。1912年后，该行在中国的上海、天津、汉口和香港等地设立分行，其资本总额达到1 000万法郎。每年用于土地开发和房屋建设的放款为400万~500万元，成为针对房地产领域最大的放款银行。

许多外国的教堂和医院也将高利贷活动拓展到房地产开发和经营领域，如山西省的部分教堂和医院，有专门的机构和人员从事房屋和土地的开发与经营贷款，投下的高利贷资本不下百万元。

第二节　新中国成立后房地产金融业的恢复与发展

从1949年以后至改革开放前，由于中国实行的是较严格的计划经济体制和住房无偿分配制度，房地产金融业没有存在和发展的基础，原有的房地产金融关系和交换行为逐步萎缩甚至干脆停滞下来。可以说，这一段时间尽管存在房地产投资需求，但房地产金融活动却少之又少，接近于不存在，直到改革开放后才又逐步恢复、发展起来。

一、改革开放前的房地产投资问题

1949年以后，中国面临着在战争废墟上医治创伤、重建家园的问题。为适应当时的社会制度和形势，解决城市住房不足的问题，住房建设资金由国家财政统一拨付，无偿使用。资金管理部门只负责资金的拨付，不负责资金的筹集和回笼，从当时的形势出发，采用高度计划经济体制进行住房建设也是十分必要的。

1954年，中共中央、政务院对当时的交通银行进行了改组，成立了中国人民建设银行（1996年更名为中国建设银行，以下简称建设银行），由该行负责国家的基本建设财务与信用管理工作。根据当时管理工作的需要，国家将基本建设投资划分成生产性建设资金和非生产性建设资金，其中非生产性建设资金中包括住宅建设资金。在项目的投资建设上，一方面通过对基础工业设施进行投资来改善生产条件，另一方面直接投资建设了一批住宅来解决城市居民的生活问题。当然，在建设居民住宅的同时，也兴建了一批部队用房和党政机关办公用房。对居民住房的分配采用无偿的形式，住房成为一种福利品，只象征性地收取少量租金，住房的维修、保养和改造也由政府来承担。

在计划经济体制和住房供给体制下，城市住房建设投资由国家财政预算统一承担，在城镇之中建成的住房全部作为福利品无偿分配给每家每户使用，而且分配基本上依据家庭人口数量和行政级别。在这种投资体制和分配体制之下，房地产资金的循环被人为切断，资金周转无法顺利进行下去，呈现出有投入、无回收的特点。土地属于国家，由政府审批划拨，不允许转让；住房由国家分配，不允许买卖、出租、抵押。这样整个房地产交易活动基本停滞，房地产市场不复存在。公房的使用虽然也必须缴纳房租，但这种租赁关系有名无实，根本不具有任何经济意义。房地产经济活动和房地产市场不存在，房地产金融活动显然也就无从谈起。

中华人民共和国成立后近30年间，中国城镇中用于土地开发和房屋建设的资金都是靠国家财政拨款来完成的，而不是靠信用资金，所以没有房地产信用活动。尽管建设银行负责国家基本建设财务与信用管理工作，但由于资金是无偿使用的，而且建设银行只负责资金的管理，不负责资金的筹集和回收，显然不具有信用活动的特点。在这种大背景下，房地产金融自然不存在。同时，由于土地全部通过行政划拨取得，房屋也进行福利分配，都不再具有商品属性，银行也无法向房屋和土地开发活动提供信用支持。可以说房地产金融业在中国停滞了近30年。

1956年，鉴于当时工矿企业职工极为艰苦的居住条件，政府提出了自建公助的办法，鼓励职工个人建造住宅，改善居住条件。对于自己建造住宅而资金又一时不足的企业工人和职员，由建设银行给予一定的住宅建设贷款。这项贷款业务当时在辽宁、四川、内蒙古、河北、北京、山东等18个省份试办了1年，贷款总额约400万元。虽然开办的范围窄、时间短、额度小，但仍不失为银行信贷工作与房地产业结合的有益探索，这可以说是中华人民共和国成立后房地产金融业的初次萌芽。但是，由于时间短、额度小，加上当时的政治、经济、社会因素的影响，这次房地产金融业的复苏不过是昙花一现。

二、改革开放后房地产金融业的再生

1978年，以中共十一届三中全会为标志，中国开始了全面的经济体制改革，金融体制不断变革，房地产业开始孕育、发展。银行为适应这种变革和发展，开始发展房地产金融业务，特别是信贷业务。这样，房地产金融业务逐渐复苏并发展起来，但在此过程中，房地产信贷业务一直占据主角地位。

（一）房地产金融业的复苏时期（1979年—1984年上半年）

1978年，中共十一届三中全会召开。之后，中国开始了住房制度改革，住宅商品化工作开始推进。1979年，西安、南宁、柳州、梧州4个城市率先开始全价向个人出售住宅的试点。到1982年，此类试点城市扩大到50个，共售出住宅4 000多套。在这段改革试点过程中，出售住房的卖方是政府，买方是城市居民个人，每平方米售价一般在120~150元之间。由于在此期间修建住房的责任主要由政府承担，企业改革刚刚开始，房改还没有考虑企业的作用。这样房改就等于把原来政府一方承担的责任改为由政府和居民个人双方承担。由于此时一套住宅的售价相当于一个职工10~12年的工资总额，相当于一个城市家庭5~6年的家庭总收入，因此房改使得个人负担过重，普通家庭根本买不起房。与周围普遍存在的享受无偿分房的职工相比，买房者心中也极不平衡。这样，这项改革措施的推行便遇到了阻力。不过，房改的发起为房地产金融业务的出现营造了气氛，创造了需求者。

除了上面提到的售房之外，这一时期实施的住宅商品化工作还包括在住房建设中实行统建和私建公助，推行城市综合开发建设等。部分银行为适应这种变化，开始支持住房制度改革，开办了住房信贷业务。不过，由于处于初创阶段，业务范围还很小，只是建设银行系统在一些房改试点城市和部分大中城市开办。业务内容也很单一，只开办了信贷业务，主要是向统建部门和综合开发企业发放流动资金贷款，规模也不大。到1984年年底，累计发放贷款17.63亿元，这其中有一部分资金用在了土地开发和经营上①。

（二）房地产金融业的初步发展时期（1984年下半年—1989年上半年）

我们可以从两个角度来考察这一时期房地产金融业的初步发展。

1.住房储蓄银行的出现及影响

1984年，国家总结了前一时期房改售房的经验与教训，结合企业改革全面展开后企业活力大增的情况，提出了“三三制”的售房模式，即政府、企业、居民个人分别承担房价的1/3。这样，售房者仍是政府，买房者变成了单位帮助下的个人。售价仍是土建成本价150~200元/平方米，一套住房支出相当于一个职工3~4年的工资总额或2年左右的家庭收入。这项改革在四平、常州、郑州、沙市4个城市试点，不到2年的时间即售出1 797套住房，呈现出供不应求的局面。但是，这项改革虽使个人负担减轻了，政府的负担却加重了。从4个城市售出的1 797套住房来看，实际投入资金1 400万元，但通过售房收回的资金只有270万元。再加上这项改革只涉及新房，对原有公房基本未触及，因此到1986年年初不得不暂且停止，寻找新的替代思路。在这种背景之下，烟台、蚌埠住房储蓄银行就应运而生了。

烟台、蚌埠住房储蓄银行的产生不是偶然的。1986年4月，蚌埠与烟台、唐山等城市被国务院确定为全国首批住房制度全面改革试点城市，并于1987年10月推出房改试点方案。其基本思路是“提租发券，空转起步，滚动前进，逐步向实转过渡”。即把公房租金提高到准成本租金（平均每平方米1.18元）标准，按照规定的职工工资基数发放21%的住房券补贴。在酝酿和制订房改方案的过程中，有关部门深深感到住房制度改革没有金融体制改革的配合难以起步，即使起步也难以为继。住房制度改革不能仅靠财政，更要同金融改革紧密结合起来。由于房改具有较强的地方性，需根据各地的不同情况开展，加上专业银行在垂直领导体制上的限制，所以成立一个新型的住房金融机构，由其专门承担房改金融业务，不论对房改还是对金融体制改革，都是有益的尝试。1987年5月，国务院及有关部门的领导同志和金融专家到全国房改试点城市进行调查论证，经过分析比较，一致认为“为促进建房买房，应当成立地方性质的房地产商业储蓄银行”，“房地产银行成为推动住房制度改革不可缺少的信贷和结算中心，这是现行商业银行很难代替的”，“建议先在烟台、蚌埠两市进行试点”。1987年8月，国务院召集有关部门负责同志参加会议，专题研究烟台、蚌埠住房储蓄银行组建问题。会议议定，同意在烟台、蚌埠两个房改试点城市建立住房储蓄银行，并对住房储蓄银行的性质、形式、业务范围及有关问题做了明确规定。1987年10月4日，国务院〔1987〕164号文件《国务院关

① 与1956年的住房贷款有较大区别的是，此时的贷款资金不再是国家财政拨付的，而是银行从流动资金贷款指标中划出来的，是真正的银行信贷资金。

于同意蚌埠市城镇住房制度改革试行方案的批复》同意“成立蚌埠住房储蓄银行，作为住房资金的信贷、结算中心”。1987年12月，烟台住房储蓄银行亦获批准成立。1988年2月25日，国务院在〔1988〕11号文件《国务院关于印发在全国城镇分期分批推行住房制度改革实施方案的通知》中指出“住房制度改革，要广泛而有效地筹集和融通资金，建立一套科学结算办法，金融体制必须进行相应的配套改革”，“烟台、蚌埠两市已设立住房储蓄银行，要切实办好，取得经验”。上述重要精神都为办好烟台、蚌埠住房储蓄银行指明了发展方向，创造了良好条件。

两家地方住房储蓄银行的成立对房地产金融业务的发展起到了积极作用：第一，承担了房改的运转业务，形成了住房资金的结算中心，保证了房改的顺利进行；第二，建立了住房基金制度，理顺和集中了全市的住宅资金，促进了住房资金良性循环；第三，开办了居民个人购房长期低息抵押贷款业务，对居民购、建房提供了有力支持；第四，开展了房地产信贷业务，参与了商品房的开发建设；第五，对市级住房基金的积累以及住房基金和生产资金的分离做出了贡献；第六，开办了住房储蓄业务，为房地产业筹集和融通了资金。当然，现在这两家银行已经分别转型或者被合并了。

2.建设银行在房地产金融业发展中的突出作用

银行在房地产业的发展和房地产市场的建立中起着重要作用，也承担着房地产金融业务的主体部分。在各家银行中，建设银行在房地产业发展和房地产金融业务开拓中一直独领风骚，发挥着重要作用，从建设银行支持和参与房地产业发展的实践中便可清楚地看到这一点。

1984年，国务院召开了“基本建设及建筑业管理体制改革座谈会”，会后颁发了《国务院关于改革建筑业和基本建设管理体制若干问题的暂行规定》。此规定明确指出，各地应组建房地产综合开发公司，对城市建设实行综合开发；对于城市房地产综合开发公司所需的周转资金由建设银行供应。这等于明确规定了建设银行在房地产信贷管理方面的特殊地位。根据国务院的要求，从1985年起，建设银行开始调整信贷结构，单独拿出一部分资金，在全国范围内开展了土地开发和商品房建设贷款业务。这是中华人民共和国成立后第一笔大规模用于房地产的专项贷款。不久，建设银行又在内部设立了房地产信贷部，专门负责管理房地产信贷业务，这就从组织机构上完善了对房地产信贷业务的管理。

在这段时间里，建设银行积极支持和参与房地产开发与市场建设，取得了突出成就。

（1）积极融通资金，支持房地产开发活动。从1985年起，建设银行就以每年递增10亿元的速度，增加对房地产开发企业的贷款额度。同时，为将分散的资金集中起来加以利用，建设银行通过吸收存款和发行住宅建设债券的形式积极为房地产开发企业筹措资金。在有些地区，建设银行还帮助地方政府和企业成立了“住宅基金会”或“住宅合作社”，发挥各方面的积极性，帮助城市居民解决住房问题。

（2）采取各种有效措施，促进房地产市场的建立与完善。各级建设银行配合有关部门制定了一系列关于房地产市场方面的管理办法：一是使房地产市场纳入规范化、制度化运行轨道。建设银行参与房地产价格的管理，认真帮助企业核定销售成本，合理确定销售价格。二是在稳定房地产价格的同时，积极协助企业销售房地产。建设银行开办了个人购房贷款业务，帮助想买房但暂时无力承担的居民提前实现其愿望。此外，建设银行还利用自身优势，开办了咨询业务，为房地产开发企业、买房单位和居民个人提供服务。

(3) 竭力帮助房地产开发企业加强财务管理，提高经济效益。由于历史的原因，建设银行在从事信贷管理的同时，也行使财务管理职能。从1985年起，财政部开始委托建设银行管理房地产开发企业的财务工作。建设银行与有关部门联合制定了房地产开发企业的财务管理规定，制定了房地产开发企业的成本管理办法，配合有关部门拟定了房地产开发企业的会计制度和价格管理办法，使房地产开发企业财务管理纳入法制轨道。建设银行还协助开发企业加强财务管理，提高经济效益。由于绝大多数房地产开发企业在建设银行开户，这也为建设银行加强对它们的监督和服务提供了方便。

(4) 利用自身优势，直接参与房地产的投资开发活动。这发挥了建设银行在融资方面的优势，合理引导了资金的投入，优化了房地产业结构，培育了一批较高层次的经济实体。建设银行还与其他单位联合建立了一批房地产开发公司，与部分公司进行了多种形式的合作，取得了较好的经济和社会效益。

当然，这一时期的房地产金融业务并不都是由建设银行承担的。除建设银行外，其他专业银行也纷纷从事房地产金融业务，有的设立了专营房地产金融业务的部门。可以说，此时房地产金融领域一家为主、多家并存的竞争局面正在形成。

（三）房地产金融业的停滞时期（1989年下半年—1991年年底）

1987年和1988年，中国连续两年出现经济过热的局面，全国基本建设战线迅速扩大，物价上涨比较严重。房地产业也一度超过其自身条件和市场的有效需求，片面追求速度，盲目发展，在建设规模、产品结构、市场供求等方面出现了一系列问题。于是从1989年下半年开始，中国进入了为期两年半多的治理整顿时期。针对当时经济发展过热、货币投放过多、投资规模膨胀、消费过于超前等一系列经济运行中表现出来的问题，国家出台了许多整改措施，这些措施主要包括紧缩信贷计划、压缩投资规模、清理整顿公司等。在这些措施的影响下，特别是紧缩信贷计划和清理整顿公司的措施出台后，房地产领域资金短缺、生产下降、市场疲软、产品积压等问题立即暴露出来，一些房地产开发公司、经营公司纷纷被撤销，继续保留的公司也多因银根紧缩而无法继续运转，房地产业和房地产市场出现了萧条局面。在这种背景下，房地产金融业务的发展受到了很大影响，信贷业务出现回落趋势。1989年年底，贷款余额由年初的88.6亿元下降到81亿元，房地产金融业陷入了停滞阶段。

（四）房地产金融业的提高、整顿时期（1992年—1997年年底）

1992年1月18日至2月21日，邓小平同志视察了武昌、深圳、珠海、上海等地，并对改革开放问题发表了重要谈话，通称南方谈话。在邓小平南方谈话以及中共“十四大”精神的鼓舞下，各地普遍进入了新一轮的经济高涨期，信贷活跃，投资强劲，国民经济进入高速发展阶段。在这个大背景下，房地产投资活动再度活跃起来，市场上又出现了大批房地产开发、经营公司。房地产开发经营活动的热闹场面和巨额利润使各家金融机构纷纷扩大房地产信贷业务。不但原有的房地产金融机构大显身手，许多非房地产金融机构也开始向房地产金融业务和投资业务进军。他们或向房地产公司提供贷款，或直接投资于房地产业务。这样，房地产金融业又繁荣起来。

由于再度形成的“房地产热”同样导致投资规模和信贷规模膨胀，引发了新一轮的通货膨胀，从1993年7月开始，国家不得不再度整顿金融秩序，控制流入房地产领域的信贷资金数量。但是，由于整顿力度相对较弱，加上非公有制经济成分已获得了较快发展，经济的外向程度加强，房地产企业的融资渠道拓宽，整体融资能力进一步增强，故这次调整对房地产行业的影响不是很大，持续时间也不是很长。到1995年，房地产投资规模的无序膨胀已得到有效控制，但由于商品房销售市场不景气，有效需求萎缩，供应规模仍偏大，同时房地产资金占用大，贷款拖欠，投资效益明显下降。1995年，房地产开发当年资金来源3 984亿元，其中银行贷款额为713.53亿元。与此同时，各城市都把住房公积金的建立作为深化住房制度改革的重点。截至1995年6月底，35个大中城市已归集住房公积金200多亿元。到1995年年底，全国35个大中城市全部建立了住房公积金制度，公积金缴交率占职工工资总额的5%左右，并且均建立了住房资金（公积金）管理中心。住房公积金取之于民，用之于民。各地改善了1994年以来公积金严重沉淀的情况，利用公积金贷款支持国家安居工程建设，大力发展个人抵押贷款业务，有效地提高了购房职工的支付能力。到1995年年底，上海市已向21 000户职工家庭发放了购房抵押贷款，加速了住房资金的周转。

1996年，全国房地产开发投资规模达3 247亿元，比上年增长3.05%。扣除价格因素，房地产开发实际投资量比上年减少1.80%，增幅回落20.34个百分点。房地产开发资金合计4 906亿元，其中国内贷款936亿元，占本年资金来源的19.08%。各级政府把住房公积金制度的建立和住房资金管理的规范作为1996年房改工作的重点，采取措施抓好住房公积金的归集和管理。东南沿海等发达地区住房公积金归集率达到90%左右，其他省、市住房公积金归集率也达到了70%左右。截至1996年年底，全国住房公积金归集额已达393亿元，比1995年年底增加近1倍。住房公积金的法制化工作已经开始起步，有关部门在抓紧起草《住房公积金管理条例》。在逐步健全住房公积金管理制度的同时，各地普遍建立了职工购房政策性抵押贷款制度，按照低存低贷的原则向职工个人发放贷款，大大增强了职工的支付能力。到

1996年年底，全国已累计发放职工政策性抵押贷款42亿元，其中上海、北京、天津三市发放了15.12亿元。从各城市抵押贷款的实践来看，购、建房贷款需求很大，抵押贷款发展很快，还贷情况也很好。

1997年，全国房地产开发投资达3 184亿元，比上年减少1.94%，扣除价格因素，房地产开发实际投资量比上年减少3.58%。房地产开发资金合计5 130亿元，其中国内贷款1 088亿元，占本年资金来源的21.21%。到1997年年底，在31个省、自治区、直辖市中，有213个地级城市及直辖市所属区都已建立了住房公积金制度。从公积金制度的覆盖率来看，东、中、西部分别达到80%、70%、50%。全国住房公积金累计归集额超过800亿元。各地在住房公积金的使用方向逐渐向职工购房抵押贷款倾斜。住房公积金管理的规范化、法制化工作开始起步，个人住房抵押贷款制度有了一定发展。1997年4月，中国人民银行出台了《个人住房担保贷款管理试行办法》，进一步规范了个人住房担保贷款业务，扩大了个人住房担保贷款数额，在一定程度上推动了该项业务的发展。

（五）房地产金融业的快速成长时期（1998年—2003年5月）

1998年以来，面对亚洲金融危机和全球范围内经济增长趋缓的局面，中共中央和国务院果断做出调整结构、扩大内需的重大决策，明确提出启动住宅消费、把住宅建设培育为国民经济新的增长点，随之出台了一系列的政策措施。1998年以来，住房实物分配在全国范围内停止，各地逐步推进住房分配货币化。国家对房地产交易相关的税收政策进行重大调整，房地产信贷结构也发生了很大变化，职工个人购房比例不断提高，促进了住宅建设和房地产业的快速发展。城镇个人购买商品住宅的比例从1998年的不到80%上升到2002年的94%以上，房地产业已经成为国民经济的支柱产业。2001年，城镇住房建设投资占GDP的6.53%（国际上一般占3%~8%），占固定资产投资总额的16.83%；房地产开发投资占GDP的比重达到6.61%，占固定资产投资总额的17.05%。房地产市场总体上供销两旺，连续4年投资和销售都保持较快增长，增长比例基本协调，商品房价格稳中有升，走势总体平稳。房地产开发结构也有了调整，商品住宅竣工面积占同期商品房竣工面积的比例由1997年的78.8%提高到2002年的84.4%。

随着房地产业的发展，房地产金融业也获得了空前的进步，进入繁荣时期。到2003年5月，全国房地产开工面积达7亿多平方米，70%的房地产开发资金来自银行贷款。1998年，中国商业银行房地产开发贷款余额为2 680亿元，2002年这个数字达到6 616亿元；1997年个人住房贷款余额为190亿元，2002年这个数字达到8 253亿元，年平均增长速度超过100%。截至2003年4月，房地产相关贷款余额达到18 357亿元，占商业银行各项贷款余额的17.6%，其中个人住房贷款余额为9 246亿元，占商业银行各项贷款余额的8.9%。

与此同时，政策性住房金融体系也初步形成。住房公积金管理制度不断完善，国务院于1999年颁布、2002年修订了《住房公积金管理条例》，将住房公积金管理纳入了法制化轨道。截至2002年11月，全国已有6 700万职工建立起了住房公积金账户，住房公积金累计归集总额达到4 011亿元，归集余额2 840亿元，职工买房、建房、退休累计提取1 171亿元；累计发放住房公积金个人住房委托贷款1 519亿元，贷款余额1 125亿元，帮助240万户家庭解决了住房问题。

（六）房地产金融业的调整、整顿时期（2003年6月—2008年年底）

房地产金融业的超常规发展也带来了许多问题，中国人民银行对部分城市商业银行2001年7月1日至2002年9月30日发放的房地产贷款检查显示，在抽查的20 901笔、金额为1 468亿元的房地产贷款中，违规贷款笔数和违规金额分别占9.8%和24.9%。也就是说，房地产贷款金额中有近1/4是违规的。为进一步落实房地产信贷政策，防范金融风险，促进房地产金融业健康发展，中国人民银行2003年6月13日发布了《关于进一步加强房地产信贷业务管理的通知》。对此，房地产业表示“强烈抗议”，因为在央行修改“游戏”规则后，靠银行信贷维系的房地产开发资金链很难正常运转；抬高贷款门槛，限制期房销售，对于热火朝天的房地产业来说，也无异于“晴空霹雳”。但从中央政府的角度来看，控制银行系统的金融风险显然要比维持房地产业的发展速度更重要。

针对金融体系流动性总体偏松和货币信贷持续高速增长的局面，中国人民银行决定从2003年9月21日起，提高存款准备金率1个百分点（由6%调高至7%）。此举仅冻结商业银行1 500亿元的超额准备金，但相对于信贷调控政策而言，这算是一项温和的政策措施。

2004年一季度全国固定资产投资继续保持高增长状态，房地产投资活跃。在此背景下，国务院、中国人民银行、银监会等部门加大政策力度，出台了多项房地产金融调控政策，如实行差别存款准备金率制度、实行再贷款浮息制度、发布《商业银行房地产贷款风险管理指引》、上调金融机构存贷款基准利率等。

2005年，国家继续出台房地产金融调控政策，开始调整商业银行自营性个人住房贷款政策，并支持和引导房地产金融创新。2005年5月，中国人民银行与银监会联合发布了《信贷资产证券化试点管理办法》，此后又发布了《资产支持证券发行登记与托管结算业务操作规则》《金融机构信贷资产证券化试点监督管理办法》。银监会强化风险监控，于2005年9月发布了《关于加强信托投资公司部分业务风险提示的通知》。

2006年5月中旬，国务院常务会议提出了六条房地产调控意见（简称“国六条”）。5月30日，建设部、发改委等九部委联合发布《关于调整住房供应结构稳定住房价格意见的通知》（简称“国十五条”）。在房地产金融政策方面有一系列措施，如上调商业银行贷款利率、严格房地产贷款条件、收紧商业银行流动性、严格对外资房地产企业开发经营活动的管理、控制境外购房需求等。

2007年，国家出台的房地产金融调控政策更是令人眼花缭乱。除了1年之内6次加息外，还两度出台政策，加强对外资的管理，并规定第二套住房贷款首付不得低于40%，贷款利率不得低于中国人民银行公布的同期同档次基准利率的1.1倍。

但是，由于这一系列的调控政策都具有紧缩特点，而中国房地产需求正处于爆发期，在2007年以前，房地产价格随着调控逆势而行，引起了更多的冲突和矛盾。进入2008年以后，由于“拐点论”、“汶川大地震”、奥运会、美国次贷危机与华尔街金融风暴等一系列因素的影响和负面舆论的泛滥，市场又突然陷入观望状态，交易量大幅度下滑，一些地区的房价甚至下跌，金融政策又不得不放松，利率与存款准备金率同时下调，试图让房价和交易量回到相对稳定上来。

（七）房地产金融业的规范、创新时期（2008年年底—2010年3月）

为积极应对国际金融危机对中国的不利影响，实现“保增长、扩内需、调结构”的目标，国务院于2008年12月出台了进一步扩大内需、促进经济增长的10项措施，国务院办公厅相继印发《国务院办公厅关于当前金融促进经济发展的若干意见》《国务院办公厅关于促进房地产市场健康发展的若干意见》等政策措施，明确加快保障性住房建设，鼓励住房合理消费，促进房地产市场健康发展，要求商业银行加大对居民购买普通自住房和改善性住房的信贷支持力度，加大对保障性住房建设和棚户区改造的信贷支持。

这一阶段，住房货币化政策极大地推动了城镇商品住房建设和居民住房消费的积极性，带动了商业银行房地产信贷业务的大发展，个人住房贷款规模开始迅猛增长。2010年6月8日，中国人民银行发布的《2009年中国区域金融运行报告》显示，2009年全国个人住房贷款累计发放2.2万亿元，累计支持购买住房707.1万套，其中新房和二手房贷款累计发放额分别为1.6万亿元和0.6万亿元。2009年，全国个人住房贷款累计发放额占同期住房销售额的53.8%。报告认为，个人住房贷款增长较快，发挥了鼓励居民普通自住房消费、促进内需扩大的作用。2009年年末，全国中外资金融机构人民币个人住房贷款余额达4.4万亿元，同比增长47.9%。个人住房贷款在各项贷款中的占比为11.0%。分地区看，东部地区在全国个人住房贷款余额中占比最高，而西部和东北地区增速较高。2009年，全国共完成房地产开发投资3.6万亿元，同比增长16.1%。从资金来源看，2009年房地产开发企业资金面趋宽松，全国房地产开发到位资金5.7万亿元，增长44.2%，其中以定金及预收款为主的其他资金同比增长71.9%，国内贷款同比增长48.5%，构成房地产开发投资的主要资金来源。2009年年末，全国主要金融机构商业性房地产贷款余额为7.3万亿元，同比增长38.1%，增速比上年同期增长27.7个百分点，超过同期各项贷款增速6.7个百分点。

这种快速发展势头持续到2010年4月限购限贷政策出台之前。《2010年一季度金融机构贷款投向统计报告》显示，一季度房地产开发贷款新增3 207亿元，季末余额同比增长31.1%，比上年年末上升0.5个百分点；个人购房贷款新增5 227亿元，季末余额同比增长53.4%，比上年年末上升10.3个百分点。

同时，为配合和支持国家深化住房制度改革和居民住房消费，商业银行房地产金融业务的经营管理逐步规范，在产品种类、业务范围和经营模式等方面获得了长足发展。房地产金融不仅发挥了资源配置作用，而且自身也得到了发展壮大。不仅房地产金融机构体系逐步完善，而且形成了全面覆盖房地产各个环节的金融产品和服务体系。在该阶段，中国住房公积金制度进入改革和调整的关键阶段，房地产信托业务也在不断创新和试点，房地产投资信托基金也开始起步。

（八）房地产金融业的限购限贷时期（2010年4月—2021年8月）

市场的恢复、房价的上涨又引起了舆论压力，国务院也担心房价过高、上涨过快会增加金融风险，不利于房地产市场的健康发展。为坚决遏制部分城市房价过快上涨，严格限制各种名目的炒房和投机性购房，国务院办公厅在2010年4月17日发布《国务院办公厅关于促进房地产市场平稳健康发展的通知》，行政手段更强烈地介入市场运行过程，限购限贷政策登台亮相，房地产调控进入一个新的阶段。

在《国务院办公厅关于促进房地产市场平稳健康发展的通知》中，政府明确规定第二套房贷首付不能低于40%，贷款利率严格按照风险定价，同时要求增加保障性住房和普通商品住房的有效供给，合理引导住房消费、抑制投资投机性购房需求等。进入2010年9月，号称史上最严厉房产调控政策出台，各商业银行暂停发放居民家庭购买第三套及以上住房贷款，消费性贷款禁止用于购买住房，并要求房价过高、上涨过快、供应紧张的城市，要在一定时间内限定居民家庭购房套数。对有违法违规记录的开发商，要暂停其发行股票、公司债券和新购置土地，各商业银行停止对其发放新开发项目贷款和贷款展期。

2011年1月14日，央行决定从2011年1月20日起，上调存款类金融机构人民币存款准备金率0.5个百分点。1月17日，银监会召开2011年工作会议，会议指出，对房地产领域风险要继续实施差别化住房信贷政策。

2011年1月26日，国务院召开常务会议，再度推出8条房地产市场调控措施，其中要求强化差别化住房信贷政策，对贷款购买第二套住房的家庭，首付款比例不低于60%，贷款利率不低于基准利率的1.1倍。此后，中国人民银行连续上调金融机构人民币存贷款基准利率。住房和城乡建设部也发布通知，要求从2011年2月9日起，上调个人住房公积金贷款利率。

2013年2月20日，国务院召开常务会议，又出台了关于房地产的“新国五条”，继续强调严格实施差别化住房信贷政策。

2015年12月，中央经济工作会议提出“房地产去库存”的要求，房地产信贷政策开始放松，“只认贷不认房”等套数核定方式，大大促进了居民购房需求，从2015年年底到2016年下半年，多个城市的房价出现了新一轮的攀升。

2016年国庆节前后，全国20余个热点城市纷纷发布调控新政，要求强化差别化住房信贷政策，提高二套房首付比例，房屋套数核定方法有所收紧。不过，新政出台后房价仍然稳中有升，部分热点区域的房价上涨较快。

2016年12月中旬，中央经济工作会议召开，安排下一年度的经济工作。会议提出，要坚持“房子是用来住的，不是用来炒的”的定位，要求回归住房居住属性。2016年12月21日下午，习近平总书记在中央财经领导小组第十四次会议上进一步指出，“要准确把握住房的居住属性”。

基于这样的房地产调控精神，自2017年3月，部分城市限购限贷调控升级，甚至出现了限售、限价等规定，住房信贷政策进一步收紧。由于开发规模、交易规模较大，房地产金融的业务量仍然较大。但总体上看，增速有趋缓甚至有的指标有下降趋势。

2018年，为配合日益趋严的房地产调控政策，住建部、财政部等四部门联合发布通知：防止提取住房公积金用于炒房投机。央行还会同有关部门一起，结合即将开始的互联网金融的专项整治活动，对房地产中介机构、房地产开发企业及其与P2P平台合作开展的金融业务，开始进行清理和整顿，打击为客户提供首付贷融资、加大购房杠杆、变相突破住房信贷政策的行为。

2019年3月，银保监会强调“房地产金融政策总方针不变”：保持房地产金融监管政策连续性稳定性。保持个人住房贷款合理适度增长，严禁消费贷款违规用于购房，加强对银行理财、委托贷款等渠道流入房地产的资金管理。加强对存在高杠杆经营的大型房企融资行为的监管和风险提示，合理管控企业有息负债规模和资产负债率。5月，银保监会发布通知，开始整顿表内外资金直接或变相用于土地出让金融资、违规向“四证”不全的开发项目提供融资以及个人综合消费贷款、经营性贷款、信用卡透支等资金挪用于购房等情况。7月，为加强房地产信托领域风险防控，针对部分房地产信托业务增速过快、增量过大的信托公司，银保监会开展了约谈警示，提出了5个方面的整顿要求。

2020年2月，央行召开2020年金融市场工作会议，要求保持房地产金融政策的连续性、一致性和稳定性，继续“因城施策”，落实好房地产长效管理机制，促进市场平稳运行。7月，住建部召开房地产工作座谈会，强调确保房地产市场平稳健康发展，并要实施好房地产金融审慎管理制度，稳住存量、严控增量，防止资金违规流入房地产市场。2020年8月，央行、银保监会等机构针对房地产企业融资提出新的管理指标，即开发商剔除预收款项后资产负债率应不超过70%、净负债率应不超过100%、现金短债比应大于1，这就是“三道红线”。

2021年前8个月，房地产行业基本延续打压政策，金融政策仍然很紧。7月2日，国家发改委印发了《关于进一步做好基础设施领域不动产投资信托基金（REITs）试点工作的通知》，明确将保障性租赁住房（包括各直辖市及人口净流入大城市的保障性租赁住房项目）纳入基础设施REITs试点项目。

（九）纠正过严的限购限贷，促进市场稳定时期（2021年9月至今）

进入2021年，各地房地产市场普遍不景气，已经严重影响到GDP增长、就业与地方财政收入。上海、南通、广州、南京、杭州、北京等城市，纷纷通过调整公积金贷款政策，试图促进房地产交易的回升，房地产调控在地方层面出现了松动迹象。

9月24日，央行货币政策委员会2022年第三季度例会召开，会议针对楼市提出“两个维护”：维护房地产的健康发展、维护住房消费者的合法权益。中央层面的调控政策也出现缓和迹象。12月8日至10日，中央经济工作会议在北京举行。会议称加快发展长租房市场，推进保障性住房建设，支持商品房市场更好地满足购房者的合理住房需求。11月9日，中国银行间市场交易商协会举行房企代表座谈会，主要内容为针对部分房企有计划在银行间市场注册发行债务融资工具的要求进行讨论，境内发债政策开始松动。11月12日，银保监会党委扩大会指出，稳地价、稳房价、稳预期，健全房地产调控长效机制，促进房地产业稳定健康发展。房地产信贷政策随后陆续松动，重回支持发展的思路上来。

为提振经济，缓解房地产市场和整个国民经济的困境，2022年，房地产政策进一步明确要“稳地价，稳房价，稳预期”的目标，突出“因城施策”。4月29日，中共中央政治局召开会议强调，支持各地从当地实际出发完善房地产政策，支持刚性和改善性住房需求，优化商品房预售资金监管，促进房地产市场平稳健康发展。5月31日，《国务院关于印发扎实稳住经济一揽子政策措施的通知》发布。受新冠肺炎疫情影响企业，可按规定申请缓缴住房公积金，原则上不超过2022年年底；在此期间，缴存职工可正常提取和申请住房公积金贷款。受新冠肺炎疫情影响的缴存人，不能正常偿还住房公积金贷款的，不作逾期处理，不作为逾期记录报送征信部门。各地根据当地房租水平和合理租住面积，可提高住房公积金租房提取额度，支持缴存人按需提取，更好地满足缴存人支付房租实际需要。在稳增长的政策大背景下，宏观政策的主基调进一步偏暖。为更好满足购房者的合理住房需求，房地产金融政策总体上进一步宽松，居民房贷利率逐步小幅下调，个人按揭贷款控制放松；银行按揭贷款首付和公积金贷款首付比例进一步下降，以释放合理的购房需求。地方政府也将积极发力，落实稳楼市的举措。有条件的城市不断减少或彻底取消了限制性购房政策，支持房地产市场良性循环和健康发展，地方金融机构也都做了积极配合。

□ 本章小结

★中华人民共和国成立前，金融业与房地产业已产生了较强的联系，金融业开始积极参与房地产的开发和经营活动。从当时的情况来看，在整个金融市场上，房屋、土地、典当业、商业、高利贷是社会上流动资金的主要投放场所，房地产市场尤甚。从当时的生产力状况来看，土地开发市场和房产市场可以说是比较兴盛的。

★中华人民共和国成立前，银行界的代表“北四行”（盐业银行、金城银行、大陆银行、中南银行）、“南三行”（浙江兴业银行、浙江实业银行、上海商业储蓄银行）以及“四行储蓄会”，它们不仅向房地产开发商提供贷款，还直接搞房地产开发、经营活动。

★从中华人民共和国成立后至改革开放前，由于中国实行的是较严格的计划经济体制和住房无偿分配制度，房地产金融业失去了存在和发展的条件，原有的房地产金融关系和交换行为逐步萎缩甚至干脆停顿下来。可以说，这一段时间尽管存在房地产投资问题，但房地产金融活动却少之又少，接近于不存在。

★改革开放后，房地产金融业的发展已经经历了9个阶段。在这个过程中，建设银行曾经发挥过突出作用，但现在银行、信托公司、私募基金等各类、各家金融机构竞争激烈，“一行独大”的格局已经被打破了。

□ 综合练习

一、本章基本概念

北四行；南三行；住房储蓄银行

二、本章思考题

1.中华人民共和国成立前的金融机构是通过哪些业务向房地产领域渗透的？

2.为什么说改革开放前，房地产金融业在中国停顿了近30年？

3.20世纪80年代，建设银行在房地产金融业发展中具有怎样的作用？

4.查阅资料后讨论：为什么两家地方住房储蓄银行后来转型或被合并了？

本章思考题答案要点

推荐阅读资料

第三章

中国房地产金融机构

□ 思政引导

通过本章教学，应引导学生了解如下知识：

1.国家金融政策对房地产业发展的支持；

2.中外房地产融资与监管模式的异同点；

3.房地产金融业发展与国家金融安全与经济安全的关系。

□ 学习目标

通过对本章的学习，学生应了解或掌握如下内容：

1.商业银行在房地产金融业中的地位与作用；

2.住房公积金的含义与住房公积金管理中心的职责；

3.信托公司的含义、业务范围及介入房地产经营活动的方式；

4.房地产保险、房地产典当、小额贷款、住房置业担保的含义与基本规定。

- 中国房地产金融机构
  - 商业银行
    - 商业银行对房地产业的支持
      - 支持企业的房地产开发、投资活动
      - 个人住房信贷扩大房地产需求
    - 房地产开发贷款业务状况
    - 个人住房按揭贷款状况
    - 监管制度与规定
  - 住房公积金管理中心
    - 住房公积金管理委员会与住房公积金管理中心的职责
    - 住房公积金的管理与住房公积金管理中心的运作
    - 对住房公积金管理委员会和住房公积金管理中心的监管
  - 信托公司
    - 信托业务及其当事人
    - 信托业务的特点
    - 委托人的权利与受托人的义务
    - 房地产信托业务
      - 融资类
      - 投资类
      - 并购类
      - 综合类
    - 信托公司的监管
  - 其他房地产金融机构
    - 私募基金管理公司
    - 保险公司
    - 小额贷款公司
    - 典当行
    - 住房置业担保有限公司

导 言

房地产金融机构是指经营房地产金融业务的各种金融中介和经营附属房地产金融业务的各种金融企业，即专营或兼营各类房地产金融业务的市场主体。中国的房地产金融机构主要由非专业性房地产金融机构构成，包括银行类房地产金融机构和非银行类房地产金融机构（住房公积金管理中心、信托公司、私募基金管理公司、住房置业担保有限公司、保险公司、小额贷款公司、典当行等）。在党的二十大报告中，中央强调要依法将各类金融活动全部纳入监管，守住不发生系统性风险底线。了解房地产金融体系的构成，熟悉各类机构的设置，既是发展房地产金融业务的需要，也是加强房地产金融监管的前提。

第一节 商业银行

1998年以来，随着城镇住房制度改革的深入，中国的房地产市场出现了蓬勃发展的良好势头，其庞大的市场容量和发展潜力为商业银行拓展房地产金融业务提供了巨大商机。商业银行通过调整信贷结构来支持城镇居民购房、拉动房地产投资，以扩大国内需求，从而有力地推动了国民经济的发展。

一、商业银行对房地产业的支持

国内最早从事房地产金融业务的银行是中国建设银行。1998年中国住房制度实施货币化改革后，更多的银行介入了房地产金融领域，房地产金融机构迅速增加，初步形成了以工、农、中、建、交和国家开发银行等六大国有或国有控股商业银行、开发银行为主体，12家全国性股份制商业银行和134家城市商业银行为基本骨架，众多金融机构参与的组织机构体系。20世纪80年代中期，中国分别在烟台和蚌埠成立了住房储蓄银行，专门办理与房改工作配套的住房基金筹集、信贷、结算等政策性金融业务。20世纪90年代，随着公积金制度的建立，住房储蓄银行的职能逐渐被住房公积金管理中心所取代，住房储蓄银行曾一度消失[①]。2004年2月15日，中国建设银行与德国施威比豪尔住房储蓄银行在天津合资成立了中德住房储蓄银行，成为目前中国唯一一家住房储蓄银行。

知识拓展3-1

中德住房储蓄银行

商业银行的信贷资金主要从两个方面对房地产业进行支持：一是直接支持企业的房地产开发、投资活动；二是通过个人住房信贷扩大房地产需求。

① 在2013年11月公布的《中共中央关于全面深化改革若干重大问题的决定》中，中共中央又重新提出了建立住宅政策性金融机构的建议。

二、房地产开发贷款业务状况

从商业银行获得开发投资资金一直是房地产开发企业融资的重要渠道，对信贷资金的依赖也因此成为中国房地产行业融资的重要特征之一。统计数据显示，截至2021年年末，全国主要金融机构人民币房地产贷款余额为52.2万亿元，同比增长7.9%，增速较上年年末回落3.7个百分点。房地产贷款余额增加2.6万亿元，占同期人民币各项贷款增量的13%，比上年底低13.3个百分点。其中，住房开发贷款余额为9.1万亿元，同比增长0.5%，增速较上年年末回落7.7个百分点。

在房地产信贷业务发展过程中，以2008年次贷危机之后的救市为背景，自2009年以后，商业银行对房地产开发企业的信贷业务有了一个大变化，越来越多的银行开始热衷于与房地产开发企业签署授信协议，并以此为基础对它们进行融资支持。有数据显示，2009年以工、农、中、建四大银行为主的商业银行向房地产开发企业提供授信额度超过了3 300亿元，其中又以中国建设银行对万科的授信额度为最。2009年8月17日，万科与中国建设银行股份有限公司签署《战略合作协议》。根据协议，建设银行将为万科提供授信额度500亿元人民币，进一步深化双方业已建立的长期战略合作关系。500亿元的授信额度，一举创造了房地产开发企业获得的银行授信额度单笔最高纪录。最近几年，银行对开发商的授信规模继续增加，范围继续扩大。从授信分布来看，大型上市公司、国资背景企业获得的资金支持明显高于中小企业，其中万达、万科、绿地、金地等大企业的授信额度凸显房企融资“马太效应”。虽然受宏观调控影响，对开发商的银行授信工作也有波折，但2021年年末，房地产开发贷款余额仍达12.01万亿元，大开发商确实从这项工作中受益较多，稳定了资金来源。

知识拓展3-2

马太效应

还有一个变化是政策性银行——国家开发银行对房地产行业的支持。在2014年4月2日召开的国务院常务会议上，针对棚户区改造的政策支持方面，国务院明确提出“尤其要发挥好依托国家信用、服务国家战略、资金运用保本微利的开发性金融的‘供血’作用，为棚改提速提供依法合规、操作便捷、成本适当、来源稳定的融资渠道”。当年开发银行成立住宅金融事业部，成为棚改的主力部队，重点解决城市棚户区和城中村改造，特别是对中西部和东北地区采煤沉陷区、国有工矿、林区、垦区、资源枯竭型城市、三线企业集中地区棚改的信贷支持，迄今已经有5万亿元以上的信贷投放，这些资金总共建设了2 300万套住房，解决了1亿基层群众出棚进楼的问题。

知识拓展3-3

棚户区

三、个人住房按揭贷款状况

从中国个人住房按揭贷款的实践来看，1998年以后，国家鼓励商业银行向购房者发放按揭贷款，有的银行甚至按购房款全额放贷，在上海、深圳等地都曾出现过这种情况。这导致商业银行个人住房按揭贷款风险的加大。为规范个人住房贷款按揭成数，降低信贷风险，2001年6月19日，中国人民银行印发《关于规范住房金融业务的通知》(银发〔2001〕195号)，2003年6月13日，又发布《关于进一步加强房地产信贷业务管理的通知》(银发〔2003〕121号)。上述两个文件都提出银行在发放个人住房贷款时严禁“零首付”现象出现，并提出按揭贷款成数最高不得超过80%，对购买第二套或二套以上住房的，应适当再降低按揭贷款成数。此后，央行根据房地产市场情况，相应调整按揭成数，以实现对个人住房按揭贷款的风险控制。

自2009年以来，国家对二套房贷款政策收紧。以北京银行业为例，其于2016年年底通过了《关于加强自律管理促进个人住房贷款业务健康发展的公约》，其中规定：不得以任何形式提供或变相提供首付贷等违法违规产品，不得与未在房地产主管部门备案的中介机构进行业务合作。对于通过压低贷款利率、降低贷款成数进行恶性竞争、扰乱市场秩序的情况，可向监管部门进行举报。由此，商业银行的个人住房贷款业务受到巨大冲击。为了不放弃这块商业银行最优质的贷款业务，诸如深圳发展银行等在内的中小股份制商业银行率先在行业内开发和推出各类个人房贷新产品，包括“气球贷”[①]（固定利率和浮动利率）、循环贷[②]和存抵贷[③]等，以此来赢得市场。但是，自房地产调控实行限购限贷政策以来，因为房地产交易和贷款都受到严格限制，房地产个人贷款增长幅度大大变缓。截至2021年年末，个人住房贷款余额达38.32万亿元，同比增长11.3%，增速比上年年末低3.3个百分点。

四、监管制度与规定

需要注意的是，在中国，由银保监会对从事房地产金融业务的商业银行进行管理，包括设立管理和日常管理。凡设立从事房地产金融业务的银行，包括普通商业银行和独立的专门从事房地产金融业务的银行，都必须经银保监会审批。银保监会按照有关法律规定，审批银行机构的设立、变更、终止及其业务范围。银保监会也有权对开发银行等政策性银行的房地产金融业务进行指导和监督。当商业银行已经或者可能发生信用危机，严重影响存款人的利益时，中国人民银行可以对该商业银行实行接管。银保监会还介入商业银行的解散、撤销、破产过程，实施清算监督。

① “气球贷”是针对那些计划中短期持有贷款的客户设计的，为其提供了一个较短的贷款期限，又以一个较长的期限来计算月供，减轻前期还款压力。同时，由于贷款期限短，相应的贷款利率也低。“气球贷”是一种真正省息的房贷产品，也是目前市场上唯一一款针对利率进行创新的房贷产品。“气球贷”主要有3个特点：第一，“短贷低供”，前期每期还款压力较小；第二，利率较低，由于“气球贷”的贷款期限较短，其对应的贷款利率较低，从而能够节省贷款利息；第三，如果还款记录好，气球贷到期后银行可安排再融资。

② 循环贷是一种个人住房循环授信业务，是指客户将商品住房抵押给银行，就可获得一定的贷款额度，在房产抵押期限内客户可分次提款、循环使用，不超过可用额度单笔用款时，只需客户填写提款申请表，不用专门再次审批，一般1小时便可提取现金。

③ 存抵贷是指按揭购房者将自己的闲置资金放在约定的还款账户上，银行按照一定的比例视作提前还贷，并将节省的贷款利息作为理财收益返还给按揭购房者。

第二节　住房公积金管理中心

住房公积金是指各单位及其在职职工缴存的长期住房储金，用于职工购买、建造、翻建、大修自住住房。住房公积金的管理实行住房公积金管理委员会决策、住房公积金管理中心运作、银行专户存储、财政监督的原则。住房公积金制度自建立以来，发挥了巨大的作用，为广大职工家庭改善住房需求提供了资金支持。2021年，住房公积金缴存额为29 156.87亿元，比上年增长11.24%；提取额为20 316.13亿元，比上年增长9.51%；提取率为69.68%，比上年降低1.10个百分点。截至2021年年末，住房公积金累计缴存总额为224 991.31亿元，缴存余额为81 882.14亿元，分别比上年年末增长14.89%、12.10%；结余资金为12 942.48亿元。截至2021年年末，住房公积金累计提取总额为143 109.17亿元，占累计缴存总额的63.61%。2021年，发放住房公积金个人住房贷款310.33万笔，比上年增长2.50%；发放金额13 964.22亿元，比上年增长4.52%。截至2021年年末，累计发放住房公积金个人住房贷款4 234.71万笔、125 302.81亿元，分别比上年年末增长7.91%和12.54%。

一、住房公积金管理委员会与住房公积金管理中心的职责

直辖市和省、自治区人民政府所在地的市以及其他设区的市（地、州、盟），应当设立住房公积金管理委员会，作为住房公积金管理的决策机构。住房公积金管理委员会的成员中，人民政府负责人和建设、财政、中国人民银行等有关部门负责人以及有关专家占1/3，工会代表和职工代表占1/3，单位代表占1/3。住房公积金管理委员会主任应当由具有社会公信力的人士担任。

住房公积金管理委员会在住房公积金管理方面履行下列职责：①依据有关法律、法规和政策，制定和调整住房公积金的具体管理措施，并监督实施；②拟定住房公积金的具体缴存比例；③确定住房公积金的最高贷款额度；④审批住房公积金归集、使用计划；⑤审议住房公积金增值收益分配方案；⑥审批住房公积金归集、使用计划执行情况的报告。

直辖市和省、自治区人民政府所在地的市以及其他设区的市（地、州、盟）应当按照精简、效能的原则，设立一个住房公积金管理中心，负责住房公积金的管理运作。县（市）不设立住房公积金管理中心。但住房公积金管理中心可以在有条件的县（市）设立分支机构。住房公积金管理中心与其分支机构应当实行统一的规章制度，进行统一核算。

住房公积金管理中心是直属城市人民政府的、不以营利为目的的、独立的事业单位，它履行下列职责：①编制、执行住房公积金的归集、使用计划；②负责记载职工住房公积金的缴存、提取、使用等情况；③负责住房公积金的核算；

④审批住房公积金的提取、使用；⑤负责住房公积金的保值和归还；⑥编制住房公积金归集、使用计划执行情况的报告；⑦承办住房公积金管理委员会决定的其他事项。

二、住房公积金的管理与住房公积金管理中心的运作

住房公积金的存贷利率由中国人民银行提出，经征求国务院建设行政主管部门的意见后，报国务院批准。

国务院建设行政主管部门会同国务院财政部门、中国人民银行拟定住房公积金政策，并监督执行。

省、自治区人民政府建设行政主管部门会同同级财政部门以及中国人民银行分支机构，负责本行政区域内住房公积金管理法规、政策执行情况的监督。

住房公积金管理委员会应当按照中国人民银行的有关规定，指定受委托办理住房公积金金融业务的商业银行（以下简称受委托银行）；住房公积金管理中心应当委托受委托银行办理住房公积金贷款、结算等金融业务和住房公积金账户的设立、缴存、归还等手续。

住房公积金管理中心应当与受委托银行签订委托合同，并在受委托银行设立住房公积金专户。

各单位应当到住房公积金管理中心办理住房公积金缴存登记，经住房公积金管理中心审核后，到受委托银行为本单位职工办理住房公积金账户设立手续。每个职工只能有一个住房公积金账户。

住房公积金管理中心应当建立职工住房公积金明细账，记载职工个人住房公积金的缴存、提取等情况。

住房公积金贷款的风险，由住房公积金管理中心承担。住房公积金管理中心在保证住房公积金提取和贷款的前提下，经住房公积金管理委员会批准，可以将住房公积金用于购买国债。住房公积金管理中心不得向他人提供担保。

住房公积金管理中心的管理费用，由住房公积金管理中心按照规定的标准编制全年预算支出总额，报本级人民政府财政部门批准后，从住房公积金增值收益中上交本级财政，由本级财政拨付。

住房公积金管理中心的管理费用标准，由省、自治区、直辖市人民政府建设行政主管部门会同同级财政部门按照略高于国家规定的事业单位费用标准制定。

三、对住房公积金管理委员会和住房公积金管理中心的监管

住房公积金管理中心违反规定，有下列行为之一的，由国务院建设行政主管部门或者省、自治区人民政府建设行政主管部门依据管理职权，责令限期改正；对负有责任的主管人员和其他直接责任人员，依法给予行政处分：①未按照规定设立住房公积金专户的；②未按照规定审批职工提取、使用住房公积金的；③未按照规定使用住房公积金增值收益的；④委托住房公积金管理委员会指定的银行以外的机构

办理住房公积金金融业务的；⑤未建立职工住房公积金明细账的；⑥未为缴存住房公积金的职工发放缴存住房公积金的有效凭证的；⑦未按照规定用住房公积金购买国债的。

违反法律规定挪用住房公积金的，由国务院建设行政主管部门或省、自治区人民政府建设行政主管部门依据管理职权追回挪用的住房公积金，没收违法所得；对挪用或者批准挪用住房公积金的人民政府负责人和政府有关部门负责人以及住房公积金管理中心负有责任的主管人员和其他直接责任人员，依照刑法关于挪用公款罪或者其他罪的规定，依法追究刑事责任；尚不够刑事处罚的，给予降级或者撤职的行政处分。

住房公积金管理中心违反财政法规的，由财政部门依法给予行政处罚。违反规定，住房公积金管理中心向他人提供担保的，对直接负责的主管人员和其他直接责任人员依法给予行政处分。国家机关工作人员在住房公积金监督管理工作中滥用职权、玩忽职守、徇私舞弊，构成犯罪的，依法追究刑事责任；尚不构成犯罪的，依法给予行政处分。

第三节　信托公司

信托是指委托人基于对受托人的信任，将其财产权委托给受托人，由受托人按委托人的意愿，以自己的名义，为受益人的利益或者特定目的进行管理或者处分的行为。信托制度的最大优势在于信托财产的独立性和避税功能。[①]信托公司过去一般被称为信托投资公司，是以营利为目的并以受托人身份经营信托投资业务的金融企业。根据《信托公司管理办法》，为突出信托业务，目前在营业的68家信托公司的名称中大都去掉了“投资”二字，称为信托公司。在房地产投融资过程中，它也是一方参与者，截止到2021年年底，信托行业投向房地产领域的资金有1.8万亿元，这还是经严格整顿、业务大大萎缩后的数据。

一、信托业务及其当事人

信托公司本是能够像证券公司、基金公司、第三方理财公司那样从事资产管理业务的公司。信托业务方式灵活多样，适应性强，有利于搞活经济，加强地区间的经济技术协作；信托业务也有利于吸收国内外资金，支持企业的设备更新和技术改造。

信托公司的主要业务范围包括资金信托、动产及不动产信托、资产证券化信托、其他财产或财产权信托，或作为投资基金或者基金管理公司的发起人从事基金发行与管理、企业资产重组、购并及项目融资、公司理财、财务顾问等业务，或受

① 信托财产独立于受托人的自有资产和其他信托财产，不受受托人的自有财产和其他信托财产管理运作情况的影响，信托财产在法律上不属于受托人的破产清偿财产。

托经营国务院有关部门批准的证券承销业务，或代保管及保管箱业务，以及租赁、居间、咨询、资信调查及法律法规规定或中国银行保险监督管理委员会批准的其他业务。

信托业务的关系人有委托人、受托人和受益人3个方面。转移财产权的人即原财产的所有者是委托人；接受委托代为管理和经营财产的人是受托人；享受财产所带来的利益的人是受益人。

二、信托业务的特点

1921年以前，中国的信托业务由银行设立的信托部门经营，且主要集中在上海。1921年，上海成立了一家“上海通商信托公司”，这是中国最早的信托公司。1949年中华人民共和国成立后至1979年间，中国基本上没有正式、独立的信托机构。改革开放以后，中国开始恢复信托业务。1979年，中国恢复信托咨询部；同年10月，中国国际信托投资公司成立。1980年，中国人民银行系统试办信托业务，同时各地政府也纷纷成立了信托公司或信托投资公司。

信托公司的业务范围包括商事信托、民事信托、公益信托等。经央行或银保监会批准的金融信托投资公司可以经营资金信托、动产信托、不动产信托和其他财产信托等四大类信托业务。从这些业务的内容上看，信托具有如下几个特点：

首先，信托是以信任为基础，受托人应具有良好的信誉，这是业务发生的前提条件之一。

其次，信托成立的另一个前提条件是委托人要将自有财产委托给受托人管理、运营。委托人应当是具有完全民事行为能力的自然人、法人或者依法成立的其他组织。

再次，信托财产具有独立性，不属于信托公司的固有财产，也不属于信托公司对受益人的负债。信托依法成立后，信托财产即从委托人、受托人以及受益人的自有财产中分离出来，成为独立运作的财产。信托公司终止时，信托财产不属于其清算财产。

最后，受托人必须尽心尽责，在遵守法规的前提下，为受益人的最大利益处理信托事务。

三、委托人的权利与受托人的义务

对委托人来说，我们需要特别关注的是其权利。委托人的权利主要表现在如下4个方面：

第一，委托人有权了解其信托财产的管理、运用、处分及收支情况，并有权要求受托人作出说明。委托人有权查阅、抄录或者复制与其信托财产有关的信托账目以及处理信托事务的相关文件。

第二，因设立信托时未能预见的特别事由，致使信托财产的管理方法不利于实现信托目的或者不符合受益人的利益时，委托人有权要求受托人调整该信托财产的管理方法。

第三，受托人违反信托目的处分信托财产或者因违背管理职责、处理信托事务不当致使信托财产受到损失的，委托人有权申请人民法院撤销该处分行为，并有权要求受托人恢复信托财产的原状或者予以赔偿；该信托财产的受让人明知是违反信托目的而接受该财产的，应当予以返还或者予以赔偿。

第四，受托人违反信托目的处分信托财产，或者管理运用、处分信托财产有重大过失的，委托人有权依照信托文件的规定解任受托人，或者申请人民法院解任受托人。

对受托人——信托公司来说，我们需要特别关注的是其作为受托人的义务。信托公司的义务主要表现在如下8个方面：

第一，受托人从事信托活动，应当遵守法律法规的规定和信托文件的约定，不得损害国家利益、社会公共利益和受益人的合法权益。受托人要为受益人的最大利益处理信托事务。受托人管理信托财产，必须恪尽职守，履行诚实、信用、谨慎、有效管理的义务。

第二，受托人除依照合同约定取得报酬外，不得利用信托财产为自己谋取利益。受托人违反合同约定，利用信托财产为自己谋取利益的，所得利益归入信托财产。受托人违背管理职责或者处理信托事务不当对第三人所负债务或者自己所受到的损失，以其固有财产承担。

第三，受托人不得将信托财产转为其固有财产。受托人将信托财产转为其固有财产的，必须恢复该信托财产的原状；造成信托财产损失的，应当承担赔偿责任。

第四，受托人不得将其固有财产与信托财产进行交易或者将不同委托人的信托财产进行相互交易，但信托合同另有规定或者经委托人或者受益人同意，并以公平的市场价格进行交易的除外。受托人违反规定，造成信托财产损失的，应当承担赔偿责任。

第五，受托人必须将信托财产与其固有财产分别管理、分别记账，并将不同委托人的信托财产分别管理、分别记账。

第六，受托人必须保存处理信托事务的完整记录。受托人应当每年定期将信托财产的管理运用、处分及收支情况，报告给委托人和受益人。

第七，受托人对委托人、受益人以及处理信托事务的情况和资料负有依法保密的义务。

第八，受托人违反信托目的处分信托财产，或者因违背管理职责、处理信托事务不当致使信托财产受到损失的，在未恢复信托财产的原状或者未予赔偿前，不得请求给付报酬。

四、房地产信托业务

目前信托公司开展的房地产信托业务主要有4类：融资类、投资类、并购类、综合类。各类业务的基本含义如下：

第一，融资类房地产信托业务，是指受托人以债权方式运用信托资金，并最终由资金占用方按照约定的资金占用费率和偿付方式支付占用费、偿还信托资金本金的一种信托业务。融资类业务包括：①项目开发贷款——以贷款方式，将资金用于房地产项目开发建设的信托融资。房地产信托贷款业务是目前中国信托业介入房地产业时采取的主要业务形式，也是最为成熟的地产类信托业务。②股权投资附加回购——将信托资金投资于房地产项目或企业股权，并约定到期回购和回购溢价的房地产信托业务。③经营性物业贷款——是指向经营性物业的所有权人发放的，以其所拥有的物业作为贷款抵押物，还款来源包括但不限于经营性物业的经营收入的贷款。

第二，投资类房地产信托业务，是指将信托资金以股权方式投资于房地产项目公司，并主要依靠项目自身开发经营获取投资收益的一种信托业务。投资类业务包括：①普通股型（合作投资）——投资于项目公司股权，按持股比例与合作方享有同等分红权利。②优先股型——投资于项目公司股权，按一定比例享有优先分红权利。在该模式中，信托公司发行集合信托计划筹资后，以股权投资方式对房地产开发商进行增资，增资后的房地产开发商符合申请银行贷款的条件，从银行获得资金后，完成房地产项目开发建设，最后信托资金获益退出。由于这种股权在退出时附固定比例的投资收益，在性质上类似于优先股，故称其为优先股融资模式。③夹层型——投资于项目公司股权，按持股比例享有项目公司红利，合作方提供信托本金和最低收益保障。

第三，并购类房地产信托业务，是指信托公司通过发行信托计划的方式募集资金，并采用贷款、股权投资或者权益投资等多元化的资金运用策略，在灵活配置资源和专业防控风险的基础上，助力合作伙伴完成房地产并购。

第四，综合类房地产信托业务，即同时具备债权融资和股权投资特点的一类信托业务。

五、信托公司的监管

在中国，对从事房地产金融业务的信托公司的管理（包括设立管理和日常管理）由中国银行保险监督管理委员会负责。

银保监会依照法律法规和审慎监管原则对信托公司的设立申请进行审查，作出批准或者不予批准的决定；不予批准的，应说明理由。银保监会根据信托公司行业发展的需要，可以调整信托公司注册资本的最低限额。未经银保监会批准，信托公司不得设立或变相设立分支机构。

银保监会对信托公司的日常管理主要体现在以下几个方面：发布信托公司从事信托业务的有关组织和管理的规章；定期或者不定期对信托公司的经营活动进行检查；审查批准信托公司名称变更、注册资本变更、住所变更、组织形式改变、业务范围调整、董事或高级管理人员更换、股东变更、股权结构调整等；对监管中发现的重大问题，有权质询信托公司的高级管理人员，并责令其采取有效措施，限期改正；责令管理混乱、经营陷入困境的信托公司采取措施进行整顿或重组，并可以建议撤换高级管理人员，在必要时可以接管有关信托公司。

第四节 其他房地产金融机构

从中华人民共和国成立至1979年，中国的住房建设活动处于相对停滞状态。1979—1998年，陆续建设了一些各类房屋，但规模不大。由于建设领域长期实行的是计划体制，供应短缺，这为1998年后需求的爆发和大规模的开发建设创造出一个历史背景，进而为房地产金融业的发展创造了条件。尽管中国房地产金融业的发展历史还不长，但体系已经初步形成，除了上面提到的以商业银行、住房公积金管理中心、信托公司为主导的金融机构外，还有几类金融机构对房地产融资和交易也产生作用。

一、私募基金管理公司

基金作为一种专家管理的集合投资制度，在国外有几十个种类，如按照组织形式划分，有契约型基金、公司型基金；按照设立方式划分，有封闭型基金、开放型基金；按照投资对象划分，有股票基金、货币市场基金、期权基金、房地产基金等。金融或投资市场中常说的“私募基金”或“地下基金”（“私募基金”来自英文“private-equity fund”），往往是相对于受政府主管部门监管的、向不特定投资人公开发行受益凭证的证券投资基金而言的，是一种非公开宣传的、私下向特定投资人募集资金的集合投资。

（一）私募基金与私募基金管理公司

基金管理公司是指凭借专门的知识与经验，运用所管理基金的资产，根据法律、法规及基金章程或基金契约的规定，按照科学的投资组合原理进行投资决策，谋求所管理的基金资产不断增值，并使基金持有人获取尽可能多收益的机构。其主要职责是对基金的募集、基金份额的申购和赎回、基金财产的投资、收益分配等基金运作活动进行管理。当基金管理公司管理的是私募基金时，它便成为私募基金管理公司。

这里要注意基金管理公司与基金公司的区别：基金公司是指经中国证券监督管理委员会（以下简称“证监会”）批准，在中华人民共和国境内设立，从事证券投资基金业务的企业法人，公司董事会是基金公司的最高权力机构。而基金管理公司成立以后主要的任务就是发行、管理基金，它是基金资产的管理者和运用者。

在中国，大部分的基金准确地应该叫作证券投资基金，例如大成、华夏、嘉实等，这些公募基金受证监会严格监管，投资方向与投资比例有严格限制，它们大多管理二三千亿甚至上万亿元的资金。

私募在中国是受严格限制的，因为私募很容易成为“非法集资”，两者的区别在于：是否面向一般大众集资，资金所有权是否发生转移。如果募集人数超过50人，并转移至个人账户，则定为非法集资。非法集资是极严重的经济犯罪，罪至死刑。

目前，中国的私募按投资标的分，主要有：私募证券投资基金（经阳光化后又叫作阳光私募，投资于股票市场）、私募房地产投资基金、私募股权投资基金（即PE，投资于非上市公司股权，以IPO为目的）、私募风险投资基金（即VC，风险大）。

知识拓展3-4

IPO

特别需要强调的是，公募基金是证券投资基金，只能投资股票或债券，不能投资非上市公司股权，不能投资房地产项目，不能投资有风险的企业，而私募基金可以，这就是房地产私募基金和房地产基金管理公司不断涌现的原因。

（二）私募基金管理公司的房地产业务

在中国，一些私募基金通过非公开方式募集资金，投向房地产项目。这些基金项目一般不得利用传播媒体做广告宣传，其参加者主要通过获得的所谓“投资可靠消息”，或者直接认识基金管理公司的形式加入。在募集对象上，私募基金的募集对象只是少数特定的投资者，圈子虽小门槛却不低，而且对参与人数也有相应的限制。因此，房地产私募基金具有针对性较强的投资目标，它基本上是为投资者量身定做的房地产投资产品。

由于私募基金和公募基金的信息披露要求不同，房地产私募基金在这方面的要求不严格，加之政府监管也相应比较宽松，因此私募基金的投资更具隐蔽性，私募基金管理公司运作也更为灵活，相应获得较高房地产收益的机会也更多。

面向房地产行业的私募基金管理公司以其自有资金和所管理的股权投资基金，直接投资于成长型房地产企业，以及对房地产项目实施股权投资或发放“过桥”贷款。它们为众多客户提供投资、融资、资产管理等一系列的金融服务。它们除投资并参与管理房地产企业外，同时作为专业机构受托管理一批房地产投资项目。一些知名公司的管理团队整合了具备海内外基金投资经验的专业人士和房地产开发与投资管理的优秀人才，以确保项目的成功运营和投资人的资金安全。在追求投资回报的同时，它们帮助行业增加了保障性住房和普通商品住房的有效供给，缓和了供求矛盾、平抑了房价，也缓解了政府建设保障房的资金压力，优化了房地产开发的融资结构，搭建了社会资本源头性分享房地产开发红利的投资平台。2021年，私募股权基金投向房地产领域的资金量为477亿元。

二、保险公司

保险公司是指经中国银行保险监督管理机构批准设立，并依法登记注册的经营保险业务的经济组织，包括直接保险公司和再保险公司。它销售保险合约、提供风险保障。保险公司分为两大类型：人寿保险公司、财产保险公司。保险公司是采用公司组织形式的保险人，它享有收取保险费、建立保险费基金的权利。同时，当保险事故发生时，有义务赔偿被保险人的经济损失。

知识拓展3-5

再保险

（一）房地产保险

房地产保险是整个社会保险的组成部分。所谓房地产保险，主要是指以房屋设计、建造、销售、消费和服务等环节中的房屋及其相关利益与责任为保险标的的保险，属于财产保险的范畴。保险公司承担的房地产风险是纯粹风险，带有偶然性、意外性和可测定性。房地产虽然风险较少，但并不是毫无风险。因自然灾害和意外事故造成房屋毁损的可能性随时都存在。一旦这种可能性转化为现实，那将会给房屋所有者带来经济损失甚至人员伤亡。因此，为了尽量规避风险、减少经济损失，购买房地产保险就很有必要。

房地产保险的建立或发展，为房地产业的经营和管理提供了保障和支持。房地产商品是一种高价值资产，在设计、营建、销售、分配和使用的各个环节中一旦遭受意外事故，则损失巨大。如果参加了房地产保险，这种损失就能降到最低限度。因为房地产保险将众多投保人的保险费集中到一起，建立起强大的经济后备，可以为遭受损失的投保单位提供必要的资金补偿，从而为房地产资金的正常运用提供良好的条件，在一定程度上能起到保障资金融通顺利实施的作用。因此，房地产保险也是房地产金融的重要内容。

房地产保险的组成要素，即房地产保险运行的必备要素主要有：

（1）保险基金。保险基金是指专门从事风险经营的保险机构，根据法律或合同规定，以收取保险费的办法建立的、专门用于保险事故所致经济损失的补偿或人身伤亡的给付的一项专用基金，是保险人履行保险义务的条件。房地产保险基金是房地产保险公司向投保人收取的保险费或称保险付款的总和，是专为应付房地产意外事故的损失而作经济补偿之用的特殊资金，是房地产保险业务经营的必要条件。保险费主要依据房地产的保险金额、保险费率及保险期限来确定。

（2）房地产投保人。房地产投保人是指对投保的房地产具有保险利益，与保险人订立保险契约，并交纳保险费的人，可以是法人，也可以是自然人。房地产投保人必须是被保险房地产的所有人或经营管理人，或者是对保险房地产有利害关系的人。

（3）房地产保险人。房地产保险人即是与房地产投保人订立保险契约，收取保险费和在房地产出险后负责赔偿的人，如保险公司、房地产保险公司以及承办保险业务的银行等金融机构。

目前中国与房地产业有关的保险公司主要有中国人民保险公司、太平洋保险公司和平安保险公司等。保险公司承担的房地产金融业务目前还局限于房屋财产保险范畴。具体来说，各保险公司推出的与房地产业相关的保险险种主要有：房屋建筑工程保险、房地产人身保险、房地产财产保险、房地产责任保险和个人住房贷款保险。

个人住房贷款保险属于房地产融资保险的一种，是为了保障贷款资金安全而由借款人作相关投保的一种房地产保险。近些年来，中国很多商业银行都开办了个人住房抵押贷款业务。为了保障受押人的利益，保证抵押房屋在抵押期间若遭受灾害事故损失时能得到相应的赔偿，各商业银行都规定办理“个人住房贷款保险”作为获得抵押贷款的条件之一。个人住房贷款保险一般分为3类：一是抵押住房的财产险，主要保障房产免受意外事故和自然灾害毁损的风险；二是贷款者的定期信用人寿险，主要是在还贷期内贷款人因疾病或意外伤害而丧失工作能力或死亡的情况下，保证银行能安全收回贷款，贷款者的家人能继续居住；三是抵押贷款购房履约保证险，当投保人因为死亡、失业等约定原因无力还贷时，保险公司代其向银行清偿剩余债务，同时行使追偿权，从抵押物中得到补偿或向投保人追回赔款。个人住房贷款保险在实际运行中存在银行指定保险公司、强制购买和保费过高等问题，因此，中国当前阶段应进一步研究个人住房贷款保险，科学设计风险分担比例。

另外，中国近几年在房地产保险品种创新方面也做出了积极探索。自2004年以来，中国保险监督管理委员会就拟在广州、北京、上海等全国几大重点城市，试点推出主要面向老人群体的住房反向抵押贷款的寿险品种。住房反向抵押贷款于20世纪80年代起源于荷兰，如今在美国日趋兴旺，随后欧洲国家、新加坡等纷纷效仿，并逐步发展成熟。根据中国保监会①的设计思路，住房反向抵押贷款是将已经拥有房屋产权的投保人的房屋产权抵押，按其房屋的评估价值减去预期折损和预支利息，并按人的平均寿命（男性69岁）计算，将其房屋的价值化整为零，分摊到预期寿命年限中去，按年或月将现金支付给投保人，直至投保人亡故，保险公司才将房屋收回，进行销售、出租或者拍卖。住房反向抵押贷款使得投保人终身可以提前支用该房屋的销售款，并一直享有居住权和出租权，从而使房产具有了融资和养老的功能。目前，住房反向抵押贷款业务正在上海小范围试点；在北京，中房集团理事长孟晓苏先生倡导、组建了中国首个开展“以房养老”试点业务的保险公司——幸福人寿保险公司。但短期内，在中国推广这种保险创新产品可能还会面临诸如产权、金融体制、观念和技术等问题和障碍。

（二）保险资金对房地产的投资

2010年9月5日，中国保监会印发《保险资金投资不动产管理暂行办法》，指

① 2018年3月，第十三届全国人民代表大会第一次会议批准了《国务院机构改革方案》，组建中国银行保险监督管理委员会，不再保留中国保险监督管理委员会。

出保险资金可以投资基础设施类不动产、非基础设施类不动产和不动产相关金融产品。保险资金投资的不动产，是指土地、建筑物及其他附着于土地上的定着物。保险资金投资不动产相关金融产品形成的财产，应当独立于投资机构、托管机构和其他相关机构的固有财产及其管理的其他财产。投资机构因投资、管理或者处分不动产相关金融产品取得的财产和收益，应当归入不动产相关金融产品财产。

文件规定的不动产类别很多，但实际业务操作者很少有保险资金投向公路、堤坝、桥梁等不动产类型，主要还是投向了房地产，特别是写字楼、酒店、商业设施等。

保险公司投资不动产，应当在每季度结束后的15个工作日内和每年3月31日前，向中国保监会提交季度报告和年度报告，至少包括以下内容：①投资总体情况；②资本金运用情况；③资产管理及运作情况；④资产估值；⑤资产风险及质量；⑥重大突发事件及处置情况；⑦中国保监会规定的其他审慎性内容。除上述内容外，年度报告还应当说明投资收益及分配、资产认可及偿付能力、投资能力变化等情况，并附经专业机构审计的相关报告。

投资机构应当于每年3月31日前，就保险资金投资不动产相关金融产品情况，向中国保监会报告，至少包括以下内容：①保险资金投资情况；②产品运作管理、主要风险及处置、资产估值及收益等情况；③基础资产或者资产池变化、产品转让或者交易流通等情况；④经专业机构审计的产品年度财务报告；⑤中国保监会规定的其他审慎性内容。除上述内容外，投资机构还应当报告专业团队和投资能力变化、监管处罚、法律纠纷等情况。

中国保监会依法对保险公司投资不动产进行现场监管和非现场监管，必要时可以聘请专业机构协助检查。保险公司投资不动产，出现偿付能力不足、重大经营问题、存在重大投资风险，或者可能对金融体系、金融行业和金融市场产生不利影响的，中国保监会应当采取有关法律法规规定的停止投资业务、限制投资比例、调整投资人员、责令处置不动产资产、限制股东分红和高管薪酬等监管措施。保险公司投资不动产后，不能持续符合第八条规定的，中国保监会应当责令予以改正。违规投资的不动产或者超比例投资的不动产，中国保监会按照有关规定不计入认可资产范围。突发事件或者市场变动等非主观因素，造成不动产投资比例超过规定的，保险公司应当在规定期限内，按照规定调整投资比例。

2012年7月，中国保监会又发布了《关于保险资金投资股权和不动产有关问题的通知》，对涉及不动产的投资活动做了一些调整规定，主要包括：

第一，保险公司投资不动产，不再执行上一会计年度盈利的规定；上一会计年度净资产的基本要求，均调整为1亿元人民币；偿付能力充足率的基本要求，调整为上季度末偿付能力充足率不低于120%；开展投资后，偿付能力充足率低于120%的，应当及时调整投资策略，采取有效措施，控制相关风险。

第二，保险公司投资自用性不动产，对其专业人员的基本要求，调整为资产管理部门应当配备具有不动产投资和相关经验的专业人员。

第三，保险公司购置自用性不动产，除使用资本金外，还可以使用资本公积金、未分配利润等自有资金。保险公司非重大股权投资和非自用性不动产投资，可以运用自有资金、责任准备金及其他资金。

第四，保险公司投资非自用性不动产及不动产相关金融产品，可以自主确定投资标的，账面余额合计不高于本公司上季度末总资产的20%。其中，投资非自用性不动产的账面余额，不高于本公司上季度末总资产的15%。

第五，保险公司投资不动产投资计划的账面余额，不高于该计划发行规模的50%，投资其他不动产相关金融产品的账面余额，不高于该产品发行规模的20%。保险集团（控股）公司及其保险子公司，投资不动产相关金融产品的账面余额，合计不高于该计划（产品）发行规模的60%，保险公司及其投资控股的保险机构比照执行。

该通知还明确了一些具体业务事项。例如，保险资金以间接方式投资公共租赁住房和廉租住房项目，该类项目应当经政府审定，权证齐全合法有效，地处经济实力较强、财政状况良好、人口增长速度较为稳定的大城市；保险公司不得用其投资的不动产提供抵押担保。保险公司以项目公司股权方式投资不动产的，该项目公司可用自身资产抵押担保，通过向其保险公司股东借款等方式融资，融资规模不超过项目投资总额的40%；保险公司根据业务发展需求，可以自主调整权属证明清晰的不动产项目属性，自用性不动产转换为投资性不动产的，应当符合投资性不动产的相关规定，并在完成转换后30个工作日内，向中国银保监会报告。

三、小额贷款公司

小额贷款公司是由自然人、企业法人与其他社会组织投资设立的，不吸收公众存款而经营小额贷款业务的有限责任公司或股份有限公司。小额贷款公司是企业法人，有独立的法人财产，享有法人财产权，以全部财产对其债务承担民事责任。小额贷款公司股东依法享有资产收益、参与重大决策和选择管理者等权利，以其认缴的出资额或认购的股份为限对公司承担责任。

作为非银行类房地产金融机构，小额贷款公司应遵守国家法律、行政法规，执行国家金融方针和政策，执行金融企业财务准则和会计制度，依法接受各级政府及相关部门的监督管理；应执行国家金融方针和政策，在法律、法规规定的范围内开展业务，自主经营，自负盈亏，自我约束，自担风险，其合法的经营活动受法律保护，不受任何单位和个人干涉。

小额贷款公司的注册资本来源应全部为实收货币资本，由出资人或发起人一次足额缴纳。有限责任公司的注册资本不得低于5 000万元；股份有限公司的注册资本不得低于7 000万元。主发起人原则上净资产不得低于5 000万元，资产负债率不高于70%，连续3年盈利且利润总额在1 440万元以上。主发起人持股原则上不超过20%，其他单个股东和关联股东持有的股份不超过注册资本总额的10%。按照中国人民银行的现行规定，小额贷款公司贷款利率上限为基准利率的4倍。但中国人民银行条法司司长周学东2010年2月25日在中英非银行金融机构贷款研讨会上表示，央行计划取消对小额贷款公司贷款利率上限的规定，同时使现有一些非银行私营贷款机构合法化，但目前尚未有文件出台。

一般而言，小额贷款公司专为个体工商户、小企业业主和个人提供快速简便、免抵押、免担保小额贷款服务，以对借款人的收入水平、信用状况的评估为依据而发放。贷款额度一般在30万元以下，期限为一年或一年半，分期还款。虽然小额贷款公司的业务审核门槛较低，但因为小额贷款公司的利率较高，前几年高峰时，个人贷款年息普遍维持在27.6%~33.6%，因此对于非房地产投资人来说，他们一般不会通过小额贷款公司来获得资金的补充。小额贷款公司的放贷业务对象大部分是房地产的投资客，并且通过月利率来计算的短期业务占其房贷业务的大多数。自2010年“史上最严”二套房首付政策出台后，不少有改善型需求的购房者也被抵挡在房地产市场外。面对二套房高额的5成甚至8成首付，部分购房者动起了用无担保小额贷款解决首付的念头。这使得小额贷款公司开始较深地介入到个人住房融资业务中来。

需要说明的是，2014年以来，中国银监会会同人民银行研究起草《小额贷款公司管理暂行办法》，多次征求了有关部门和省、自治区、直辖市人民政府意见，并就相关问题深入研究论证，不断修改完善。但由于该办法涉及行政许可等事项，需由上位法予以授权，所以难以迅即出台。2020年9月7日，为进一步加强监督管理、规范经营行为、防范化解风险，促进小额贷款公司行业规范健康发展，《中国银保监会办公厅关于加强小额贷款公司监督管理的通知》发布。

四、典当行

典当行，俗称当铺，是专门发放质押贷款的非正规、边缘性金融机构，是以货币借贷为主和商品销售为辅的市场中介组织。典当行的主营业务为典当业务，其法律性质几乎等同于商业银行的短期抵押贷款业务。但是与商业银行的贷款相比，典当具有当物多样化、手续便捷、当金使用不受限制等优势。因此，典当行完全可以通过细分市场，与商业银行展开错位经营，从而发挥其比较优势，为中小企业和业主救急解困提供商业银行无法比拟的个性化零售服务。

鉴于上述原因，中国政府历来十分重视典当行业的发展，根据环境变化不断出台相应法规，如中国人民银行总行于1996年4月发布《典当行管理暂行办法》（以下称《暂行办法》）；经贸委于2001年8月发布《典当行管理办法》（以下称“老办法”）；商务部和公安部于2005年2月联合公布的《典当管理办法》（以下称“新办法”）。以上法规的实施使典当行正式具有了经营房地产典当业务的法律资格，只有商业银行才能进行财产权利质押和房地产抵押贷款的垄断局面被打破。

房地产典当是房地产权利特有的一种流通方式，它是指房地产权利出典人在一定期限内，以一定典价将其所有的房地产权利过渡给承典人的行为。通常，设典的房地产权利为房屋所有权。设典时，承典人可以占有、使用房屋；也可以行为上不占有、使用该房屋，但有权将出典的房屋出租或将房屋典权转让。设典时，一般应明确典期，出典人应在典期届满时交还典价和相应利息以按约定赎回出典的房屋；也可以双方约定，由承典人补足典房的差额而实际取得房屋的所有权。

当前，房地产典当作为房地产融资的一个补充途径，逐渐受到人们的关注。典当行也已逐步成为市民理财融资和中小企业直接融资的途径之一。具体来讲，典当行在房地产融资中发挥的作用体现在以下几个方面：

首先，对一些急需凑钱付房屋全款的个人客户，通过选择典当原有房子可凑齐全价房款。其融资行为的优势表现为既可不损失定期存款的利息，又可不错过意向购买的房屋，从而以较小的代价实现房屋的购买。从国内主流操作来看，目前典当行的房屋折当率一般为60%~67%，房子条件好的最高能达到80%。因此，通过原有房产典当，典当人可拿到一笔可观的贷款，以进行二次购房交易。

其次，尽管目前国内的房地产典当息费一般为3.2%/月，但房地产典当作为一种快速、灵活和便捷的短期融资理财工具，已越来越多地融入市场经济活动和日常生活当中，运用房地产典当的人也越来越多。以北京较早设立的宝瑞通典当行为例，其房地产典当业务可实现最快在12小时内放款。因此，房地产典当给急需资金的客户提供了一条快速融资之路。

最后，国内的房地产典当业务涉及的抵押物范围极其广泛，既包括个人房地产，也包括公司名下的房地产；既包括住宅、公寓、别墅、四合院、经济适用房、成本价房（含央产房）和危改回迁房，也包括写字间、商铺和厂房，还包括土地以及在建工程等；既包括付清全款且无银行贷款的房地产，也包括还有银行贷款的按揭房地产。

五、住房置业担保有限公司

住房置业担保有限公司是指依照《住房置业担保管理试行办法》设立的公司。在借款人无法满足贷款人要求提供担保的情况下，住房置业担保有限公司为借款人申请个人住房贷款而与贷款人签订保证合同，提供连带责任保证担保。因此，住房置业担保有限公司是为借款人办理个人住房贷款提供专业担保、收取服务费用、具有法人地位的房地产中介服务企业。

与商业银行相比，住房置业担保有限公司拥有对住房处置、变现的专业优势，能从专业的角度，对抵押物房地产的风险做出相对科学的预测和防范。以上海市为例，住房置业担保有限公司主要提供个人住房类融资担保，包括纯公积金贷款担保、组合贷款担保、商业性贷款担保、转按揭担保、住房贷款阶段性担保、期房阶段性贷款担保、拍卖类房产贷款担保等。

理解住房置业担保的概念需把握以下3点：

首先，住房置业担保有限公司提供的住房置业担保，是个人住房贷款担保方式的一种补充。

其次，住房置业担保是特定的专业性担保机构提供的担保，以区别其他形式的住房担保行为。

最后，住房置业担保规定了保证方式和反担保方式。住房置业担保有限公司提供的保证方式是连带责任保证，依照连带责任保证的法律规定，购房的债务人在主合同规定的债务履行期限届满时没有履行债务的，债权人（一般指发放贷款的商业银行）可以要求债务人履行债务，也可以要求保证人在其保证范围内承担连带保证责任。在连带责任保证中，由于住房置业担保有限公司承担的清偿责任与购房的借款人几乎相同，因此，住房置业担保有限公司为避免风险，可以要求债务人将其所有的房屋抵押给担保人，以作为清偿之后可以追索还款的保障，这种担保方式即为反担保。这种担保方式也是住房和城乡建设部与中国人民银行规定的操作方式。

住房置业担保有限公司在中国是与住房公积金制度相配套而产生的。2000年，建设部出台《住房置业担保管理试行办法》，中国的个人住房贷款担保机制开始建立。经过20多年的发展，全国各地已经成立住房置业担保机构累计近百家，大部分属于中小规模，其中1 000万~5 000万元规模的公司占比约为80%。

虽然20多年的发展让中国的住房置业担保制度逐渐成熟，但由于行业的独特性，住房置业担保并没有引起广泛重视。加之这几年房地产市场总体上需求旺盛，住房置业担保作为提振市场的手段自然被搁置在一边。因此，当前中国住房置业担保存在经营市场“条块分割”、住房置业担保的规模小、担保收费标准不明确、风险防范措施尚不完善等一系列问题。因此，如何制定住房置业担保的长远发展规划，对保障中国房地产市场的健康发展，使购房人、住房置业担保机构和商业银行三方都获利，至关重要。

□ 本章小结

★中国的房地产金融机构主要由非专业性房地产金融机构构成，包括银行类房地产金融机构和非银行类房地产金融机构（住房公积金管理中心、信托公司、私募基金管理公司、住房置业担保有限公司、保险公司、小额贷款公司、典当行等）组成。

★商业银行的信贷资金主要从两个方面对房地产业进行支持：一是直接支持企业的房地产开发、投资活动；二是通过个人住房信贷扩大房地产需求。

★住房公积金的管理实行住房公积金管理委员会决策、住房公积金管理中心运作、银行专户存储、财政监督的原则。

★目前信托公司开展的房地产信托业务主要有4类：融资类房地产信托业务、投资类房地产信托业务、并购类房地产信托业务、综合类房地产信托业务。在中国，对从事房地产金融业务的信托公司的管理由中国银行保险监督管理委员会负责。

★中国房地产金融体系已经初步形成，除了以商业银行、住房公积金管理中心、信托公司为主导的金融机构外，还有私募基金管理公司、住房置业担保有限公司、保险公司、小额贷款公司、典当行等几类金融机构，它们对房地产融资和交易也具有积极作用。

□ 综合练习

一、本章基本概念

住房公积金；信托；信托公司；私募基金管理公司；房地产保险；住房置业担保；小额贷款；典当

二、本章思考题

1.住房公积金管理中心的职责有哪些？

2.商业银行是如何支持房地产业发展的？

3.信托公司是如何介入房地产经营活动的？

4.什么是私募基金管理公司？它如何介入房地产业务？

5.什么是房地产保险？房地产保险主要包括哪些业务种类？

6.如何理解住房置业担保的含义？

本章思考题答案要点

推荐阅读资料

第四章

房地产信贷

□ **思政引导**

通过本章教学，应引导学生了解如下知识：

1. 中国房地产业的主要融资方式；
2. 党和国家相关重要会议对房地产信贷调控工作的基本精神；
3. 房地产信贷政策对国民经济的影响。

□ **学习目标**

通过对本章的学习，学生应了解或掌握如下内容：

1. 房地产信贷的含义、特征及条件；
2. 房地产信贷资金的筹集渠道及筹集特征；
3. 房地产信贷的现状；
4. 房地产信贷的积极效应。

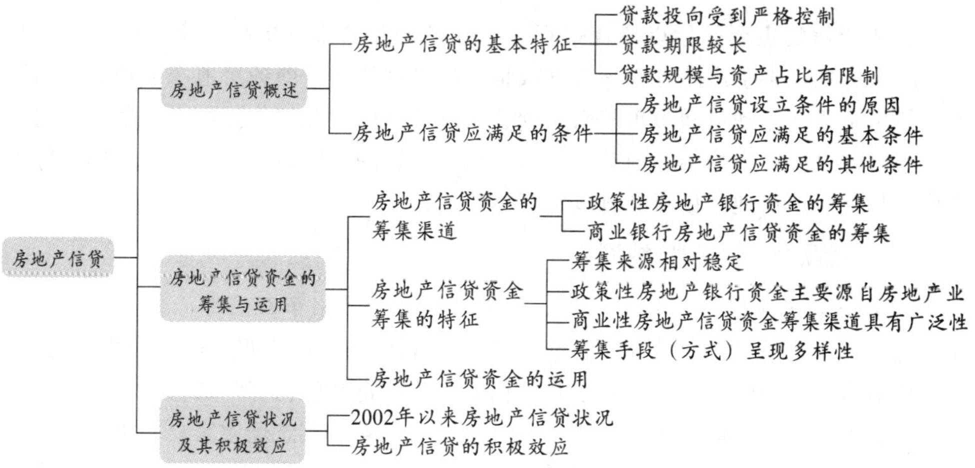

导 言

党的二十大报告强调，要“健全资本市场功能，提高直接融资比重”。但是，这只是金融体制改革的目标之一，提高直接融资比重并不是一朝一夕的事情，这在房地产领域表现得很明显。目前，间接融资方式仍然是中国房地产业的基本融资形式，其中最典型、最重要的间接融资方式就是商业银行的房地产信贷业务。商业银行等金融机构以追求利润最大化为经营目标，而房地产业具有广阔的发展前景，且能够获得较高的经济效益，这与金融机构的经营目标相一致，因而房地产信贷业务成为商业银行的主营业务之一，是各商业银行同业竞争的热点。但由于房地产业投资同时又具有规模大、期限长、风险高等特点，再加上各地区发展极不平衡，所以商业银行的房地产信贷业务又成为其主要风险业务之一，是各商业银行风险防范的重点。因此，需要从全面深化改革和防范化解重大金融风险的双重视角，来深入理解和学习房地产信贷。

第一节 房地产信贷概述

信用是商品经济发展到一定阶段的必然产物，是在货币发挥支付手段职能的基础上产生的。房地产商品属性的确定和房地产商品市场的建立是房地产信用产生的前提条件，通过信用手段来筹集房地产资金能更好地实现房地产资金的融通，解决房地产业的资金需求问题。鉴于房地产业的特点，房地产信贷具有不同于其他信贷产品的特征、信贷条件，并表现出不同的信贷效应。

一、房地产信贷的基本特征

房地产信贷主要是指以商业银行为主体的房地产金融机构以房地产为服务对象，围绕房地产再生产的各个环节发放贷款的借贷活动，即各房地产金融机构运用各种信用手段，把动员和筹集起来的社会闲散资金的支配权让渡给土地和房屋的开发、经营者以及住房购买、消费者。与房地产投资的风险高、期限长、规模大等投资特性相对应，房地产信贷具有以下基本特征：

（一）贷款投向受到严格控制

为了防范房地产信贷风险，各商业银行通常会严格审查房地产信贷的发放条件，适时调整和优化房地产信贷投向。在政府对房地产行业实施调控的背景之下，房地产信贷的这一特征被进一步强化。例如，建行持续优化客户结构，新增贷款主要支持房价走势平稳区域中资金实力强、开发资质高的重点优质客户，重点支持符合国家产业政策的住宅类项目，包括居民住宅和经济适用房项目开发。工行严格实行房地产行业限额管理，加强房地产开发企业“名单制”管理，提高房地产贷款客户准入标准和项目条件，优化房地产贷款品种投向和区域投向。交行从严控制总量特别是信用贷款总量，继续实行比例管理；进一步强化房地产开发企业“名单制”管理，优选运作规范的房地产开发企业；信贷资源重点投向符合国家政策，能满足居民住房合理需求的普通商品房开发贷款业务，加大力度支持保障性住房领域，审慎发展商业用房开发领域和土地储备贷款；高度关注房地产行业风险及开发企业资金链状况，严格防范合规性风险和市场风险，落实房地产贷款抵、质押，全面提升综合回报率。①

（二）贷款期限较长

房地产开发贷款期限可能达到1~3年，甚至到5年；个人住房贷款的合同贷款期限可达20~30年，具有较高的信用风险和流动性风险。现实中，解决信用风险的手段是用房地产本身作抵押，而解决流动性问题的手段是发行抵押转手债券。该债券的收益因为有众多的房地产作抵押而有了保证，而债券的持有者可以随时将债券转移给市场创造者，这种债券的市场创造者是由政府扶持的机构。当市场中诞生了抵押转手债券后，投资者投资的工具增加了；而对于房地产商来说，其融资渠道增加了，竞争力得到加强。

（三）贷款规模与资产占比有限制

虽然房地产贷款属于各商业银行的优质资产，但各商业银行还是对这种资产的规模与比例进行了严格的控制。通常，房地产开发贷款一般控制在商业银行全部信贷资产的10%左右；个人住房贷款占比一般在10%~15%，或更高一点。某些国家和地区的著名商业银行的个人住房贷款甚至高达其信贷资产的40%以上。2020年1月16日，中国人民银行金融市场司司长邹澜在金融统计数据新闻发布会上表示，要推动商业银行转变经营理念，继续严格控制房地产在新增信贷资源中的占比，实施信贷资源的增量优化和存量的调整，推动金融机构加大对小微企业的实体经济的信贷投放。这是进一步提升金融服务水平的重要方面之一。

二、房地产信贷应满足的条件

信贷条件是指银行等金融机构为保证贷出资金的按期回收和应有效益，事先对申请贷款的单位或个人提出的要求。房地产信贷与其他信贷一样，是资金的有偿转让，是以偿还为条件的借贷活动，即必须以一定的信贷条件为借贷活动成立的前提。

（一）房地产信贷设立条件的原因

信贷条件是借贷双方一致承诺的信贷合同的实际内容，体现了借贷双方的利

① 佚名．严控开发贷款 多家银行房地产贷款现“双降”[EB/OL]．[2012-11-09]．http：//finance.people.com.cn.

益、权利和责任。房地产信贷条件的设立是否符合实际，对房地产业的发展有着重要影响。从国际上看，一般情况下，政府制定的房地产信贷政策旨在鼓励住房信贷的发展，并尽量放宽住房信贷条件。然而，金融机构则从降低贷款风险的角度考虑，其贷款管理趋向于从严要求借款条件，而借方则更希望有宽松的信贷条件。因此，房地产信贷条件的确定，就必然要考虑到多方面的要求和利益。苛刻的信贷条件虽然对银行有利，但却限制了信贷业务的扩大；宽松的信贷条件虽然对借方有利，也符合政府的要求，但要以按期偿还本息为限。这样，一定的信贷条件就成为房地产信贷活动展开的前提条件。

（二）房地产信贷应满足的基本条件

房地产信贷必须以抵押或担保作为设立的基本条件。之所以有这种规定，是因为将贷款的偿还风险降到最低限度是房地产信贷机构的首要任务，这就决定了信贷条件的出发点和归宿点是：贷方能否如期回收本息，借方能否按期偿还所贷款项的本金和利息。

以房地产作为抵押品为条件来发放房地产贷款，是降低贷款偿还风险的有效办法，从而房地产抵押信贷便成为现行最普遍、最基本的一种信贷形式。除此之外，世界上有些国家和地区，还设立了以经济保证或担保为偿还条件的房地产信贷。在这些国家和地区，国家控制了居民一定数量属于个人的资产，根据国家法令，允许个人动用这部分资产偿还信贷债务，这样就使金融机构降低了信贷风险，使贷出的房地产资金得到了可靠的偿还来源和保证。

在实际生活中，尤其是在房地产市场没有充分发展的情况下，也存在既没有抵押也没有担保的住房信贷，不过这是一种不规范的、过渡性的、有待完善的住房信贷。这种住房信贷的缺陷在于，金融机构贷款风险太大，借款人一旦违约不按期还本付息，银行势必难以继续经营。无抵押无担保信贷虽对借款方有利，但也有不利之处，因为没有抵押合同作为依据，贷方也有可能损害借方利益，如贷方可能会从贷款期限、贷款数额等方面来严格限制借方行为。同时，无抵押无担保的房地产信贷还可能凭关系和权力等获得贷款，干扰房地产信贷市场的良性发展。总之，以抵押信贷去替代无抵押无担保信贷是房地产信贷发展的方向，是确定房地产信贷条件时首先需要考虑的问题。

（三）房地产信贷应满足的其他条件

房地产信贷除了以抵押和担保作为基本信贷条件以外，还应对借款单位、个人借款应满足的条件（包括首付款额度、利息支付、借贷期限）等方面作出相应规定，以充分降低信贷风险。

1.借款单位应满足的条件

银行等金融机构发放房地产贷款，要求借款单位具备一定的基本条件，以保证其具有偿还贷款本息的能力。这些条件具体是：

（1）借款单位必须是依法批准设立的法人单位。如果是房地产开发、经营性企业，必须具有房地产主管部门核发的企业经营资格证书，同时应持有经县级以上市场监督管理部门注册登记后颁发的营业执照。

（2）借款单位必须实行自主生产经营和独立核算。只有自主经营，才能独立核算。自主经营和独立核算的企业具有比较固定的经营收入，从而具备还款条件。而且只有这样的单位才拥有独立经营的资金，才能独立核算盈亏，独立处理债权债务关系。金融机构与这样的单位办理信用往来，才能保证贷款按期归还，并能使贷款与企业的生产经营活动相结合，充分发挥贷款促进生产的作用。

（3）借款单位必须拥有一定的自有资金。这是房地产企业进行生产经营活动的基础。如果借款单位全靠借入资金来组织生产，一方面企业要负担较重的利息；另一方面企业也难以保证按期归还贷款，从而会影响信贷资金的正常周转。同时，这对于借款单位的经济核算也是不利的。那么房地产企业自有资金应达到什么水平时才能给予贷款呢？这要根据具体情况而定。目前具体要求有以下两个方面限定：一是企业自有流动资金要达到生产流动资金总量的30%；二是预收购房款时开发建设工程量不低于总工程量的1/3。这些规定保证了企业生产经营活动的正常进行，但应注意这些比例又会因情况的变化而变化。

（4）借款单位要在银行开立账户，将所有业务收入存入开户银行，并由银行办理结算业务。只有这样，才便于金融机构对企业的资金往来和经营活动进行必要的监督，有利于贷款管理。

（5）借款单位必须具有年度开发计划和开发项目规划设计文件，这些计划和设计文件是经过企业审批部门认可和确定的。

（6）借款单位必须具有健全的管理机构和财务管理制度，并定期向贷款银行提供经费计划和财务收支计划以及会计、统计报表等有关资料。

2.个人借款应满足的条件

商业银行对居民个人购房的首付款额度、贷款期限以及利息支付等方面做了相应规定。

（1）首付款额度。首付款额度是指购房者支付占住房总价一定比例的先期购房款额度。世界各国通行的做法都是如此，即不给予购房者100%的贷款，而要求购房者自己先垫付房价款总额一定比例的现金，这种首付款额度制度具有降低贷款风险的作用。目前国外的首付款大多不低于房价的20%，这一比例也就规定了住房贷款额度为房价款的80%；也有的国家将首付款额度规定为房价的50%，那么贷款额度就为房价的50%。即使在有住房抵押的情况下也是如此，首付款是银行等金融机构规避放贷风险的重要手段。如果没有首付款，即贷款比例为100%，住房贷款额度与房价相等，则当借款人违约而不能按期还贷时，银行固然可以通过没收房产或拍卖抵押房产来回收贷款，但购房者即借款方不承担任何经济损失，全部经济损失都要由银行等金融机构承担。因为金融机构放贷的目的是通过经营货币而获利，并不是要没收抵押物，没收抵押物是不得已而为之。相反，如果建立了首付款制度，那么从借贷关系确立时起，住房实际价值与住房贷款额之间就存在一个差额，造成受押物实际价值要大于未偿还债务的客观事实。在这种情况下，一旦出险即借款人违约而不按期偿还，就会造成其自身的经济损失，这就促使借款人不会贸然违约，而是千方百计履行借贷合同的义务。由此可见，首付款制度对房地产贷款借贷双方有着完全不同的意义。首付款额度越高，则金融机构的贷款额度越小，其贷款风险也越小；相反，首付款额度越低，越有利于借款人而不利于放贷人。总之，首付款与放贷者的风险成反比，而与借款人的利益也成反比。

首付款支付比例的确定，不仅成为房地产信贷的一个重要条件，而且也是不断扩大住房信贷的重要保证。因为对居民购房来说，首付款是通过吸收居民储蓄来实现的。首付款越高，吸收居民持有的现金越多。这对银行等金融机构扩大信贷资金来源来说，当然是有利的，但这要受到居民支付能力的限制。因此，超过居民现有储蓄水平和支付能力的首付款支付比例，会影响居民购买住房的积极性，从而不能实现扩大住房信贷的目的。只有适度的首付款支付比例才既能保证贷款的安全性，又能扩大住房信贷。就扩大住房信贷和促进房地产业的不断发展来说，国家应该支持和鼓励银行等金融机构降低首付款支付比例，但有时受金融资金的限制而难于实现，即使信贷资金许可，也应出于对金融机构的安全考虑而不能降得太低，因此房地产市场发达的经济发达国家首付款比例一般在20%左右。目前在中国居民个人购买首套住房的首付款比例一般在30%左右，但受宏观调控政策的影响，居民个人购买首套房和二套房的首付款比例存在较大差别，在限购政策下，居民个人购买三套房甚至不给提供按揭贷款。

（2）贷款期限。贷款期限是指借方从贷方取得房地产贷款到偿还时的期限。由于房地产价格高，因此贷款期限也较长，国外有的长达20~30年，最长的可达40年，贷款期限的长短因借款人的信用程度和不同金融机构的资金实力而异。经国务院批准，中国人民银行决定从1999年9月21日起，延长个人住房贷款期限并降低其利率以支持城镇居民购房。各商业银行个人住房贷款的最长期限由20年延长到30年。对于借款人来说，贷款期限的长短具有两个方面的影响：一是与借款人利息负担呈正相关，即借期越长，借款人的利息负担越重，借期越短，利息负担越轻；二是与借款人每月的偿还额呈负相关，即借期越长，每月或每个分期偿还的债务所体现的金额相对越小。借贷双方要根据实际情况，确定合理的贷款期限，这需要在住房贷款发放前商定，并在贷款合同中载明。贷款期限是住房信贷合同的重要内容，是住房贷款的一个条件。

（3）利息支付。借款人按期支付利息是建立个人住房贷款的重要条件。借贷利息和贷款期限是房地产信贷两个相互依存的借贷条件。贷款期限越长，借贷利息越高。中国住房贷款在刚刚起步时期，有些地区曾采取与住房储蓄贷款同步发展的做法，实行存贷额度、期限、利息3个方面相一致的政策，即采取了“同额、同期、同息”的优惠措施。在贷款额度上，居民个人存足房价的50%，银行就贷给50%；在贷款期限上，个人住房储蓄贷款时间有多长，银行贷款偿还时间就可以有多长；在利息安排上，存款利息与贷款利息保持同一水平，利息率的高低可按储户的意愿来选择。这样，既降低了银行和金融机构的信贷风险，又给居民以较大的灵活性，创造了良好的房地产贷款条件。随着中国金融市场的发展和完善，以及居民住房购房信贷热情的高涨，房地产信贷的一些具体条件正在逐步放松，从而进一步促进了中国房地产业和房地产金融业的发展。

第二节　房地产信贷资金的筹集与运用

房地产信贷应该包括房地产信贷资金的筹集和运用两个方面。房地产信贷业务的规模和发展速度，取决于房地产信贷资金的来源情况。因此，多方筹集房地产信贷资金是发展房地产信贷业务的基础；而房地产信贷资金的运用效率情况，又反过来推动或抑制房地产信贷业务的展开。而政策性金融机构与商业性金融机构对房地产信贷资金的筹集与运用则具有各自不同的范围和特点。

一、房地产信贷资金的筹集渠道

商业银行和其他金融机构是房地产信贷资金的筹资主体，社会上各种闲散资金都有可能成为房地产信贷的资金来源，包括居民的储蓄、购房者的准备金、住房公积金和其他资金等。由于银行等金融机构职能的不同，政策性金融机构与商业性金融机构具有不同的筹资渠道，这里我们主要介绍政策性房地产银行和商业银行房地产信贷资金的筹资渠道。

（一）政策性房地产银行资金的筹集

政策性银行是以国家政策为指导，以计划管理为手段，在特定的业务范围内，直接或间接地从事政策性融资活动的金融机构。国内理论界对中国建立政策性房地产银行尚有争论，但从房地产经济运行的一般理论及国际经验来看，中国应当设立房地产政策性专门金融机构，类似日本的住房贷款金融公库、韩国的住房金融公司、巴西的国家住房银行。政策性房地产银行的资金运作总格局是取之于房，用之于房，业务开展应克服商业化倾向，以保本微利为原则，不向社会直接组织储蓄存款和单位存款，其资金来源主要有：①国家财政基本建设资金；②预算内行政事业单位住房基金；③预算内行政事业单位出售公房回收的资金及住房租赁保证金；④职工住房公积金；⑤发行地方住房建设债券筹集的资金；⑥国际金融机构向地方政府提供的住房贷款资金；⑦政策性住房信贷。这些资金都是以特定行政命令为前提来筹集的，带有一定的强制性。

（二）商业银行房地产信贷资金的筹集

对商业银行而言，信贷资金主要包括银行自有资金、各类存款、借入资金、同业往来资金、发行金融债券和出售可转让大额定期存单、国外借款等。目前，我国工行、农行、中行、建行4家商业银行还开展政策性住房信贷业务，所以其信贷资金来源还包括集资款项、个人住房公积金、住房合作社存款和保证金等款项。

1.自有资金

自有资金是商业银行进行信用货币活动的本钱，是其他负债业务的基础，分为两个部分：一是国家拨入资金或其他股东投入的部分；二是商业银行在经营中资金增值部分中银行留成的部分。在国外，许多商业银行都是通过股份制形式设立的，其自有资本包括股本、资本盈余、未分配利润、准备金。一般自有资本在银行总资产中的比例不超过10%，但它是银行可以独立自主运用的最稳定可靠的信贷资金来源，是银行吸收外来资金的基础，与非自有资金相比，具有稳定性、增值性、安全性。

2.各类存款

这部分是其信贷资金的最大来源，一般占商业银行资金来源的70%以上。商业银行为迎合存款人的不同需要，开办了各种各具特色的存款种类。按不同标准可将存款分为不同种类，如按存款主体不同可分为各级政府部门存款、企事业单位存款、个人存款；按存款用途不同可分为房地产开发经营存款、基金存款、个人住房储蓄存款；按提取存款的方式不同可分为定期存款、活期存款等。

3.借入资金

知识拓展4-1

同业拆借资金

借入资金包括同业拆借资金和向中央银行借款或再贴现。同业拆借资金是房地产金融机构为解决头寸不足而向其他银行或金融机构拆入的短期资金，短的只有几个小时，长的一般不超过3个月。同业拆借活动可促进资金的横向流通，调剂银行短时间内的资金余缺。在商业银行信贷资金不足时，其可向中央银行借款或向中央银行申请再贴现未到期的票据，以获得资金来源。中央银行向商业银行贷款的种类可按期限和用途分为年度性、季节性、月拆性贷款和再贴现贷款4种。

4.同业往来资金

房地产企业之间，房地产企业与其他企业之间的资金往来和货币收付都是通过银行进行转账结算的，这就引起银行间互为代收、代付款项，这种代收代付一般经银行之间的联行往来进行清算，在清算之前，由于代收和代付金额时间的差异性，有时会有一部分汇差资金停留，可将之视为一项资金来源。

5.发行金融债券和出售可转让大额定期存单

金融债券是金融机构为筹措资金而向居民个人发行的债务凭证，当银行信贷资金紧张时，经中央银行批准，可以发行一定数量的金融债券，所筹集资金用于发放利率较高的特种贷款。可转让大额定期存单是金融机构发放的定额定期存款凭证，存单可以转让、抵押，在一定期限后可以随时到银行兑现，利率一般略高于银行同期存款利率。对房地产金融机构而言，发行金融债券和出售可转让大额定期存单，资金成本高于银行存款，对此有两种方法解决：一是提高贷款利率，用高收益弥补高成本；二是降低债券和存单利率，同时用优惠政策来加以弥补，如证券投资者优先购买住房、优先使用土地并给予一定的价格优惠等。

6.国外借款

房地产金融机构可以积极创造条件争取国际资本，扩展自身资金来源。吸引外资的形式有在国外金融市场上发行金融债券和吸收国外贷款，包括外国政府贷款、国际金融组织贷款、国际商业银行贷款等。

7.其他

除上述几种主要来源外，房地产金融机构在办理一些中间业务过程中，可以占用一部分客户的资金作为自己的资金来源。例如，通过办理代客买卖有价证券、代收款项、信用证、承兑票据等业务，占用客户的资金；通过同业间代理业务，占用同业和其他金融机构的资金等。

二、房地产信贷资金筹集的特征

房地产信贷资金的筹集是一个广义概念，只要是通过金融手段与杠杆筹集到的社会闲散资金，都可以作为房地产信贷资金的来源加以使用，这是我们一般讲的筹措资金的共性。但房地产生产、流通、消费过程所需的资金都具有期限长、资金占用大的特点，客观上需要金融机构提供长期稳定的资金来源，以保证其经营发展的需要。因此，房地产信贷资金的筹集又具有不同于一般信贷资金的特征，主要表现在以下几个方面：

（一）筹集来源相对稳定

这种特征主要表现在政策性房地产银行资金的筹集中，如住房储蓄存款，只有存款人存足了一定款项并达到规定的期限后，才能获得住房储蓄贷款。无论是在此之前的资金积累，还是在此之后偿还贷款的资金都具有相对稳定性，这为房地产信贷业务提供了可靠的资金来源。同时，政府为了加快解决城镇居民的住房问题，推出了一系列住房政策措施，这些政策措施也保证了政策性资金来源具有相对稳定性，并构成房地产金融机构信贷资金的主要来源之一，如城镇、企事业单位、个人三级住房基金，出售公有住房资金、住房公积金、住房债券的资金等，这些资金沉淀的数额大、期限长、利率低，随着住房政策的进一步推行和完善，必将有稳定的增长。

（二）政策性房地产银行资金主要源自房地产业

从目前看，与住房政策有关的政策性资金来源、渠道基本理顺，政策比较清晰，资金相对稳定，是房地产信贷资金的重要来源，而这些来源都与房地产有关，如城市、企事业单位、个人三级住房基金、住房公积金、住房租赁保证金、出售公有住房资金等。另外，房地产生产经营性企业，如开发企业、经营企业以及管理和服务企业的各类资金，也是房地产信贷资金的重要来源，在整个房地产信贷资金中占有相当的比重。因此，从目前看，房地产信贷资金的来源主要是房地产领域，其筹集对象也主要是与房地产有关的地区、部门、单位或个人。

（三）商业性房地产信贷资金筹集渠道具有广泛性

与政策性房地产银行资金的筹集渠道相比，商业银行房地产信贷资金的筹集渠道更加广泛。房地产信贷资金来源不仅限于房地产业或与房地产有关的产业，还包括其他行业和经济领域的资金，即房地产金融机构的融资对象不仅包括房地产业及其相关产业，也包括经济领域里的其他行业。其原因主要在于，房地产信贷资金占用时间长、投资大、数额大，单纯依靠房地产业的资金显然难以满足其发展的需要，必须用其他方面的资金进行补充；同时，其他行业闲置不用的资金，也愿意寻找低风险、高收益的投资途径，而房地产业正好满足了这部分资金的投资需求。

（四）筹集手段（方式）呈现多样性

房地产信贷资金来源的广泛性，必然导致筹集手段（方式）呈现多样性。在国家金融政策允许的范围内，房地产金融机构可充分发挥其筹资渠道广泛性的特点和优势，积极参与和支持房地产业的发展，通过对房地产生产者、经营者、消费者的双向资金融通，面向全社会广泛地筹集资金，壮大自己的资金实力。

三、房地产信贷资金的运用

相对于房地产信贷资金的筹集来说，房地产信贷资金的运用更为重要。对于金融机构而言，筹集资金是其开展房地产金融业务的前提和条件，而如何用好这笔资金，使其产生预期的经济效益，才是其房地产金融业务的核心部分以及房地产资金运用的最终目的。因此选择合理的资金投向和运用途径，提高资金的使用效率，就成为金融机构经营房地产信贷业务的重要环节。

信贷资金投向的选择是资金运用当中的关键一环。从房地产业开发经营流程及其融资需求来看，资金问题涉及每一个流程阶段。一般来讲，房地产开发经营流程包括生产阶段、经营阶段和消费阶段。其中，生产阶段包括项目的选址、征地、土地规划及修整、房屋建筑物建设4个流程阶段；经营阶段包括土地及建筑物的出售及出租；消费阶段包括对土地及建筑物的消费或其他形式的使用。在上述流程中，开发商需要在生产阶段不断投入资金，购买土地和进行土地整理开发以及房屋建筑物的建设，这些都需要巨额资金的投入。这种预支的投资只有等到土地或建筑出售之后才能收回，在此之前将会被长期占用。巨大的资金支出和流动资金的缺乏常常使开发商处于严重的负债地位，它需要用各种手段向银行等债权人提供融资保证，以获得所需资金。就买房者而言，他们要一次性支付资金购买土地或建筑物也是十分困难的，总要依赖抵押贷款或其他信用形式获得购买房屋和土地的资金。因此，房地产业的运行要求金融机构从买卖双方两端注入资金，即金融机构参与房地产业是通过对房地产商品开发、经营和消费的双向支持来体现的。

房地产信贷资金的具体运用途径主要包括房地产开发贷款和个人买房贷款等，关于这两方面的详细内容将在本书第五章、第六章中阐述。

第三节　房地产信贷状况及其积极效应

近几年，中国房地产信贷业务尤其是个人住房信贷业务所孕育的商业机会不断被放大，房地产信贷业务步入了加速发展的轨道，对商业银行调整信贷结构、支持城镇居民购房、拉动住房投资、扩大国内需求、推动国民经济发展起到了非常积极的作用。但过于单一的融资渠道加大了房地产信贷领域的风险，而贷款银行缺乏完善的风险控制系统又进一步放大了信贷风险。上述问题对进一步规范和促进房地产信贷业务发展提出了很大的挑战。

一、2002年以来房地产信贷状况

表4-1给出了2002年以来中国国内房地产开发企业资金来源及金融机构人民币各项贷款总额（年底余额），数据来源于中国统计年鉴（2004—2021）。表4-2是根据表4-1中的数据计算得出来的。

从表4-1与表4-2可以看出，目前中国房地产开发企业资金的50%以上来源于金融机构贷款，而且开发企业所获得的金融机构总贷款占其各项贷款余额的比例大多在6%以上，这个比例是比较高的。开发企业的国内贷款也在逐年增长，但同比增长的幅度差异较大；个人住房贷款也随着交易的完成演化为开发商的贷款，总额逐年增长，但开发总贷款的同比增长幅度从2003年的35.61%下降到2021年的3.82%。

表4-1　房地产开发企业资金来源及金融机构人民币各项贷款总额　单位：亿元

年份	本年资金来源小计	国内贷款	利用外资	自筹资金	其他资金来源	其他资金来源×0.8	各项贷款总额（年底余额）
2002	9 749.95	2 220.34	157.23	2 738.45	4 619.90	3 695.92	131 293.90
2003	13 196.92	3 138.27	170.00	3 770.69	6 106.05	4 884.84	158 996.20
2004	17 168.77	3 158.41	228.20	5 207.56	8 562.59	6 850.07	178 197.80
2005	21 397.84	3 918.08	257.81	7 000.39	10 221.56	8 177.25	194 690.40

续表

年份	本年资金来源小计	国内贷款	利用外资	自筹资金	其他资金来源	其他资金来源×0.8	各项贷款总额（年底余额）
2006	27 135.55	5 356.98	400.15	8 597.09	12 781.33	10 225.06	225 347.20
2007	37 477.96	7 015.64	641.04	11 772.53	18 048.75	14 439.00	261 691.00
2008	39 619.36	7 605.69	728.22	15 312.10	15 973.35	12 778.68	303 468.00
2009	57 799.04	11 364.51	479.39	17 949.12	28 006.01	22 404.81	399 685.00
2010	72 944.04	12 563.70	790.68	26 637.21	32 952.45	26 361.96	479 196.00
2011	85 688.73	13 056.80	785.15	35 004.57	36 842.22	29 473.78	547 947.00
2012	96 536.81	14 778.39	402.09	39 081.96	42 274.38	33 819.50	629 910.00
2013	122 122.47	19 672.66	534.17	27 424.95	54 490.70	43 592.56	718 961.00
2014	121 991.48	21 242.61	639.26	50 419.80	49 689.81	39 751.85	816 770.00
2015	125 203.16	20 214.38	296.53	49 037.556	55 654.60	44 523.68	939 540.00
2016	144 214.05	21 512.40	140.44	49 132.85	73 428.37	58 742.70	1 066 040.00
2017	156 052.62	25 241.76	168.19	50 872.22	79 770.46	63 816.37	1 201 321.00
2018	165 962.89	24 004.52	107.98	55 830.65	86 019.74	68 815.80	1 362 967.00
2019	178 608.59	25 228.77	175.72	58 157.84	95 046.26	76 037.01	1 531 123.20
2020	193 114.85	26 675.94	192.01	63 376.65	102 870.26	82 296.21	1 727 452.07
2021	201 132.21	23 295.79	107.36	65 427.69	112 301.37	89 841.10	1 926 902.81

表4-2 **表4-1中相关数据计算结果**

年份	国内贷款（亿元）	同比增长（%）	开发总贷款（亿元）	同比增长（%）	国内贷款/各项贷款余额（%）	开发总贷款/各项贷款余额（%）	开发总贷款/资金来源（%）
2002	2 220.34	—	5 916.26	—	1.69	4.51	60.68
2003	3 138.27	41.34	8 023.11	35.61	1.97	5.05	60.80
2004	3 158.41	0.64	10 008.48	24.75	1.77	5.62	58.29

续表

年份	国内贷款（亿元）	同比增长（%）	开发总贷款（亿元）	同比增长（%）	国内贷款/各项贷款余额（%）	开发总贷款/各项贷款余额（%）	开发总贷款/资金来源（%）
2005	3 918.08	24.05	12 095.33	20.85	2.01	6.21	56.53
2006	5 356.98	36.72	15 582.04	28.83	2.38	6.91	57.42
2007	7 015.64	30.96	21 454.64	37.69	2.68	8.20	57.25
2008	7 605.69	8.41	20 384.37	−4.99	2.51	6.72	51.45
2009	11 364.51	49.42	33 769.32	65.66	2.84	8.45	58.43
2010	12 563.70	10.55	38 925.66	15.27	2.62	8.12	53.36
2011	13 056.80	3.92	42 530.58	9.26	2.38	7.76	49.63
2012	14 778.39	13.19	48 597.89	14.27	2.35	7.72	50.34
2013	19 672.66	33.12	63 265.22	30.18	2.74	8.80	51.80
2014	21 242.61	7.98	60 994.46	−3.59	2.60	7.47	50.00
2015	20 214.38	−4.84	64 738.06	6.14	2.15	6.89	51.71
2016	21 512.40	6.4	80 255.10	23.97	2.01	7.53	55.65
2017	25 241.76	17.3	89 058.13	10.97	2.10	7.41	57.07
2018	24 004.52	−4.9	92 820.32	4.22	1.76	6.81	55.93
2019	25 228.77	5.1	101 265.78	9.10	1.65	6.61	56.70
2020	26 675.94	5.74	108 972.15	7.61	1.54	6.31	56.43
2021	23 295.79	−12.67	113 136.89	3.82	1.21	5.87	56.25

信贷资金的变化情况与政府的宏观调控政策密切相关。2003年8月，国务院发布《国务院关于促进房地产市场持续健康发展的通知》，指出房地产业已经成为国民经济的支柱产业，应发展住房信贷，强化管理服务。同期国内房地产市场上的金融机构贷款，无论是对开发企业的国内贷款，还是开发总贷款均大幅增长，分别同比增长41.34%和35.61%。2004年4月，国务院发布《国务院关于调整部分行业固定资产投资项目资本金比例的通知》，房地产行业被列为“投资过热”行业之一，房地产开发项目资本金比例由20%及以上提高到35%及以上，同期开发企业的国

内贷款大幅度下滑，同比增长0.64%。2007年9月，中国人民银行、中国银行业监督管理委员会联合发布《中国银行业监督管理委员会关于加强商业性房地产信贷管理的通知》（“二套房贷”政策），提高购买非首套住房的首付款比例和贷款利率，抑制住房需求增长，房地产信贷开始大幅度萎缩，加上2008年四季度全球金融危机全面爆发，对中国经济产生严重冲击，房地产开发企业国内贷款同比增长8.41%，开发总贷款呈现负增长。为应对危机，宏观经济政策从“两防”转向保增长。在房地产方面，2008年12月，国务院办公厅发布《关于促进房地产市场健康发展的若干意见》，提出鼓励普通商品住房消费；支持房地产开发企业积极应对市场变化。房地产开发企业国内贷款同比大幅度增长49.42%，开发总贷款同比更是增长了65.66%。2010年一季度至今，为抑制房价过快上涨势头，中央出台了差别化信贷政策以及包括限购、限贷、行政问责在内的行政性调控措施，对购房需求特别是投资投机性需求实行严控。2010年1月，国务院办公厅发布《国务院办公厅关于促进房地产市场平稳健康发展的通知》（“家庭二套房贷”政策），强调合理引导住房消费，抑制投资投机性购房需求，提出“家庭二套房贷”首付款比例不低于40%，相比2007年9月的“二套房贷”政策更加趋紧。2010年4月，国务院发出《国务院关于坚决遏制部分城市房价过快上涨的通知》，进一步提高“家庭二套房贷”首付款比例至50%，并对外埠居民购房进行限制。2010年9月，暂停第三套及以上购房贷款，并严格施行问责制。2011年1月，国务院召开会议，确定了8项政策措施（“新国八条”政策），再次提高“家庭二套房贷”首付款比例至60%，并从严制定和执行住房限购措施。2011年7月，国务院常务会议要求必须坚持调控方向不动摇、调控力度不放松，促进房价合理回归。这些调控政策直接降低了房地产信贷的增长幅度，这点也可以通过表4-1中2011年的相关数据反映出来。

从2012年2月24日起，金融机构连续下调各类存贷款利率。从2012年2月24日起，央行宣布下调存款类金融机构人民币存款准备金率0.5个百分点。5月12日，央行再次下调存款类金融机构人民币存款准备金率0.5个百分点，大型金融机构存款准备金率降至20%，中小型金融机构存款准备金率降至16.5%。6月7日央行宣布下调金融机构人民币存贷款基准利率。金融机构一年期存款基准利率下调0.25个百分点；一年期贷款基准利率下调0.31个百分点；其他各档次存贷款基准利率及个人住房公积金存贷款利率相应调整。6月7日住建部宣布，将当年归集的个人住房公积金存款利率下调0.1个百分点，由0.5%下调至0.4%；上年结转的个人住房公积金存款利率下调0.25个百分点，由3.1%下调至2.85%。五年期以上个人住房公积金贷款利率下调0.2个百分点，由4.9%下调至4.7%；五年期以下（含五年）个人住房公积金贷款利率下调0.25个百分点，由4.45%下调至4.2%。7月6日央行再度下调金融机构人民币存贷款基准利率。与上一次不同的是，此次为明显的不对称降息，这也是自2008年9月16日以来央行首次不对称降息，其中金融机构一年期存款基准利率下调0.25个百分点，一年期贷款基准利率下调0.31个百分点。

与此同时，金融机构贷款利率浮动区间的下限调整为基准利率的0.7倍。各项存贷款利率政策的变化引起了贷款额度的变化，国内贷款同比增长率由2011年的3.92%增加到2012年的13.19%。

2013年，“宏观稳，微观活”成为房地产调控的关键词，全国整体调控基调贯彻始终，不同城市政策导向出现差别化。在年初房地产市场持续火热的背景下，2月20日，国务院召开常务会议研究部署房地产市场调控工作，会议提出五条调控措施，即“国五条”，作为两会前上届政府最后一次重要会议，此次会议旨在释放继续调控房地产的信号，强调政策的连续性，稳定市场预期。3月1日发布“国五条”细则（《国务院办公厅关于继续做好房地产市场调控工作的通知》（国办发〔2013〕17号），再次重申坚持执行以限购、限贷为核心的调控政策，要求各地公布年度房价调控目标。对于房价上涨过快的城市，进一步提高第二套住房贷款的首付款比例和贷款利率；对出售自有住房按规定应征收的个人所得税，通过税收征管、房屋登记等历史信息能核实房屋原值的，应依法严格按转让所得的20%计征①。

2013年11月，党的十八届三中全会审议通过了《中共中央关于全面深化改革若干重大问题的决定》，政府的调控思路转为以市场为主，由市场来满足居民日趋多样化的住房需求，政府将更多地在民生保障领域发挥作用。促进农民工市民化、推进棚户区改造保障性安居工程、鼓励民间资本参与养老服务业等构成新一届政府调控政策的亮点。各地方政策由坚持房地产调控逐步转向市场化、差别化。房价快速上涨的热点城市，坚持调控仍然是主基调，部分房价反弹大的城市的政策进一步升级；对房地产市场持续低迷的城市，在不突破调控底线的前提下，政策出现放松，以达到当地房地产市场与社会经济实现同步健康发展的目的。

2014年，我国整个宏观经济环境呈现低迷状态，而作为国民经济重要一环的房地产市场，自然也无法独善其身。受到此前一系列宏观调控政策的影响，不论是一线城市还是二、三线城市，房地产销售面积和销售额同比都大幅下滑，全国各地尤其是众多二、三线城市均面临楼市较大的库存压力。为此，从中央到地方都采取了一系列调控措施，对房地产市场加以调整。

2014年3月5日，李克强总理在政府工作报告中提出：“针对不同城市情况分类调控，增加中小套型商品房和共有产权住房供应，抑制投机投资性需求，促进房地产市场持续健康发展。”5月12日，央行要求银行“优先满足居民家庭首次购买自住普通商品住房的贷款需求”“合理确定首套房贷款利率水平”“及时审批和发放符合条件的个人住房贷款”。6月下旬呼和浩特发文取消限购以来，全国已有40多个城市相继取消或者大幅度松绑限购，仅有北京、上海、广州、深圳以及三亚这5

① “国五条”后各地细则纷纷出台，落实力度不一，北京政策最为严厉。根据“国五条”要求，各地纷纷落实相关措施。但在公布细则的城市中，对国五条各项调控政策的落实力度也存在差异，仅有北京、上海等城市在地方细则中严格落实国五条相关要求。

个城市的限购还没有放开。9月30日，中国人民银行、中国银监会联合下发《关于进一步做好住房金融服务工作的通知》（以下简称“9·30房贷新政”），内容涉及加大对保障房金融支持、支持居民合理住房贷款需求、支持房企合理融资需求等多项政策。其中，最受购房者欢迎的是“贷清不认房”、贷款利率下限为基准利率的0.7倍等措施。11月21日，央行宣布降息，决定自2014年11月22日起下调金融机构人民币贷款和存款基准利率。其中规定，金融机构一年期贷款基准利率下调0.4个百分点至5.6%；一年期存款基准利率下调0.25个百分点至2.75%。同时结合推进利率市场化改革，将金融机构存款利率浮动区间的上限由存款基准利率的1.1倍调整为1.2倍。

纵观这一年的政策，可以看到政府正尝试着减少对房地产市场的行政干预，转而让市场供需去调节。但总体上来说，房地产市场仍然是供过于求的格局，去库存问题已经引起中央的重视，2014年房地产开发企业国内贷款同比增长从2013年的33.12%降为2014年的7.98%。

2015年房地产政策坚持促消费、去库存的总基调。在中央政府出台多轮政策组合刺激下，楼市持续回暖，但中小城市库存压力仍然严峻，年末中央多次表态化解房地产库存，政策继续放松。

金融环境更加宽松，信贷调整成为2015年主要的调控手段。年内，央行先后5次下调金融机构人民币贷款和存款基准利率0.25个百分点（3月1日、5月11日、6月28日、8月26日、10月24日），一年期贷款基准利率下调至4.35%，一年期存款基准利率下调至1.5%，其他各档次贷款及存款基准利率、中国人民银行对金融机构贷款利率相应调整，五年以上长贷利率降至4.9%，五年以上公积金贷款利率降至3.25%，均处于历史低点。

国家的房贷标准持续放宽。继2014年“9·30房贷新政”之后，2015年的“3·30”政策明确降低商贷二套房首付比例，鼓励改善性住房需求，同时也降低了公积金购买首套房首付比例；“8·31”政策明确对拥有1套住房并已结清相应购房贷款的居民家庭，公积金最低首付款比例降至20%；“9·30房贷新政”指出在不实施“限购”措施的城市，商贷首套房最低首付比例降至25%。对于实施限购的城市，个人住房贷款政策按原规执行。

2016年贷款预期年利率下调，在不实施“限购”的城市，商贷首套房最低首付比例同2015年相同，对拥有1套住房且相应购房贷款未结清的居民家庭，最低首付款比例调整为不低于30%。对于实施限购的城市，个人住房贷款政策按原规执行。2018年7月调整的房贷政策指出，对于购买首套普通自住房的家庭，贷款最低首付比例为30%，贷款利率下降为基准利率的0.7倍。

公积金政策逐步放开，购房门槛持续降低。除了降低首付比例、提高贷款额度外，还通过放宽提取条件和使用范围、推行异地通贷、与商业贷款挂钩等，进一步提高了公积金使用效率。

但是从2020年开始，大型房地产企业开始逐步出现风险性事件，为了防范化解重大金融风险、进一步落实房地产长效机制，增强房地产企业融资的市场化、规则化和透明化，人民银行和住建部会同相关部门共同制定了重点房企资金检测和融资管理规则（时称“三道红线”）。2022年，央行又再次对于房地产信贷进行了市场化调整，将拥有1套住房并已结清贷款的家庭再次申请购买普通商品住房的认定为首套房，并且同年发布《关于阶段性调整差别化住房信贷政策的通知》，明确符合条件的城市政府，可自主决定在2022年年底前阶段性维持、下调或取消当地新发放首套住房贷款利率下限。根据人民银行发布的最新一期贷款市场报价利率（LPR），首套房贷款利率下限最低可至4.1%。

信贷政策的逐步放宽，明显降低了首置和部分改善需求居民的购房门槛，并在一定程度上缓解了各级城市的库存压力。此外，各地逐步取消楼市限购政策，增值税免征期限的调整，住房保障货币化安置工作的大力推进，户籍制度改革等多项政策的出台，进一步缓解了房地产市场库存压力，激发了市场活力。

二、房地产信贷的积极效应

房地产信贷的推行，具有一定的积极效应。它彻底改变了中国人的住房面貌，扩大了信贷资金的增值功能和再生能力，促进住房资金的合理运行，同时也改变了人们的消费结构，这使得房地产信贷具有了一定的积极效应。同时，房地产信贷政策对房地产市场产生了广泛而深远的影响，成为房地产市场的晴雨表。

（一）房地产信贷的推行，彻底改变了住房面貌

住房是一个家庭价值量最大的财产，一般居民家庭难以承受一次性付款购买的经济压力。在没有住房信贷之前，居民若要购买住房，必须首先进行长时期的储蓄；而住房信贷的推行，把个人通过长期储蓄积累的购买力转变为通过信用方式现实的购买力，这样就解决了居民住房资金不足的问题，节省了原来个人储蓄的时间，使住房需求能够提前实现。也正是因为有了住房信贷，让中低收入的人也能有机会像高收入者一样，较早买到房子，从而全面改变了中国人的住房面貌。

（二）房地产信贷的推行，有利于解决居民的住房问题

房地产的增值性以及房地产信贷的有偿使用和还本付息的特质，使得房地产信贷资金的增值功能和再生能力得以进一步增强。这种增值功能和再生能力不仅来自分期收回的信贷本息所引起的基期信贷资金总额的增值，而且主要还来自收回的信贷本息的再贷款，从而使得更多的人享受到住房信贷所带来的便利。例如，基期A年某商业银行发放20 000万元的住房贷款，如贷放给400户，每户平均可取得50万元，可购买一套住房，如每户每月收回贷款本息2 500元，400户合计收回100万元，这100万元又可以增加对2户的贷款，1年可增加24户。10年以后，这20 000万元的住房贷款本金就不只是解决了400户的住房资金问题，而是共为640户筹集了购房资金。这个简单的推算可以让我们清楚地看到房地产信贷的功能确实

扩大了信贷资金的增值功能和再生能力，对居民住房问题的解决发挥着重要的作用。

（三）房地产信贷的推行，促进了住房资金的合理运行

房地产信贷资金按有偿使用原则运行，有借有还，按期还本付息，决不能亏本经营，这是由信贷资金的客观属性决定的。房地产信贷资金的广泛筹集和运用，能在更大程度上解决资金短缺的问题，减轻国家财政负担，改变只采用财政拨款来进行住房投资、资金利用效率低下甚至亏本经营的局面，在很大程度上保证了住房资金的合理运行。

（四）房地产信贷的推行，促进了居民消费结构的改善

世界上凡实行公有住房出租和低租金制度的国家，其住房费用在个人支出中所占比重都很低，这样必然导致以下两种不合理现象的发生：一方面是国家财政对住房投资的负担日益加重；另一方面是居民消费需求结构畸形发展。房地产信贷能大量吸引社会闲散资金，将居民的需求导向住房领域，这为建立合理的消费结构创造了良好条件：一方面可把闲置的资金集中起来用于住房建设；另一方面房地产信贷的出现，在快速改善广大城市居民住房条件的同时，必然要求他们有一部分自有资金的投入，这样就会改变其原有的消费结构，特别是相对缩减了对高档消费品的需求，从而促进了居民消费结构的合理化。

（五）房地产信贷政策成为房地产市场的晴雨表①

2002年以来的房地产信贷状况的变化对房地产市场所发生的实际影响，已充分验证了房地产信贷政策成为房地产市场的晴雨表这种说法的可靠性。适度宽松的信贷政策有利于促进房地产业的发展，表现为市场交易活跃，量价可能快速齐升，投资投机活动加剧，同时带动了其他很多相关行业市场的发展。但是，过度繁荣的市场往往会引发各方对“泡沫”或“通货膨胀”等方面的担忧，到了一定阶段必将促使决策层出台紧缩政策。紧缩的信贷政策会对房地产市场产生一定的抑制作用，表现为市场交易活跃程度降低，投资投机活动减少，成交量下降，房地产价格快速上升的局面可能得到暂时控制。同时，其他相关行业市场也不可避免地要受到冲击，这是紧缩信贷政策的一个负面影响。此外，紧缩的信贷政策若导致房价下跌严重，就可能引起银行不良贷款率的大幅上升，直至影响到国家金融系统的安全。党的二十大报告强调：统筹发展和安全，以新安全格局保障新发展格局。国家金融体系安全是国家安全的重要组成部分，健全金融安全治理体系是维护国家安全的需要，同时也是促进高质量发展的需要，是加快构建新发展格局的需要。

知识拓展4-2

通货膨胀

从经济学的角度来看，由于土地资源稀缺性不断加大，房价持续上涨是合理

① 张所续．我国银行信贷政策对房地产市场的影响［J］．资源与产业，2011（4）：166-170．

的。因此，并不能因为房价上涨就采取紧缩的信贷政策加以控制，房价下跌就采取宽松的信贷政策加以刺激。在中国，房价问题受到太多因素的影响，要想改变国人对房地产市场的投资预期，还应在房地产市场之外想办法。

□ 本章小结

★房地产信贷目前仍然是房地产行业最典型、最基本的融资方式，具有贷款投向受到严格控制、贷款期限较长、贷款规模与资产占比有限制等特征。房地产信贷除了以抵押和经济担保作为基本信贷条件以外，还应对借款单位、个人借款应满足的条件（包括首付款额度、利息支付、借贷期限）等方面作出相应规定，以充分降低信贷风险。

★房地产信贷应该包括房地产信贷资金筹集和运用两个方面，其中政策性金融机构与商业性金融机构具有不同的筹资渠道。相对于资金的筹集来说，房地产信贷资金的运用更为重要，主要包括房地产开发贷款和个人买房贷款。

★房地产信贷的推行彻底改变了中国人的住房面貌，有利于解决居民的住房问题，促进了住房资金的合理运行，促进了居民消费结构的改善。同时，房地产信贷政策对房地产市场具有广泛而深远的影响，成为房地产市场的晴雨表。

□ 综合练习

一、本章基本概念

房地产信贷；首付款额度；贷款期限；同业拆借资金

二、本章思考题

1.房地产信贷的基本特征是什么？

2.房地产信贷应满足的条件是什么？

3.房地产信贷资金的筹集特征是什么？筹集渠道有哪些？

4.房地产信贷的积极效应表现在哪些方面？

本章思考题答案要点

推荐阅读资料

第五章

房地产开发贷款

□ 思政引导

通过本章教学，应引导学生了解如下知识：

1. 房地产开发贷款良性发展对于中国金融体系安全的重大意义；
2. 国家对于房地产开发贷款的管理政策；
3. 房地产开发贷款在房地产市场宏观调控中的作用。

□ 学习目标

通过对本章的学习，学生应了解或掌握如下内容：

1. 房地产开发贷款的含义、贷款的“杠杆效应”原理及其表现形式；
2. 房地产开发贷款的主体、分类及特点；
3. 房地产开发贷款抵押担保方式；
4. 房地产开发贷款的操作流程；
5. 房地产开发贷款的风险主要类型、风险管理原则以及风险防范措施。

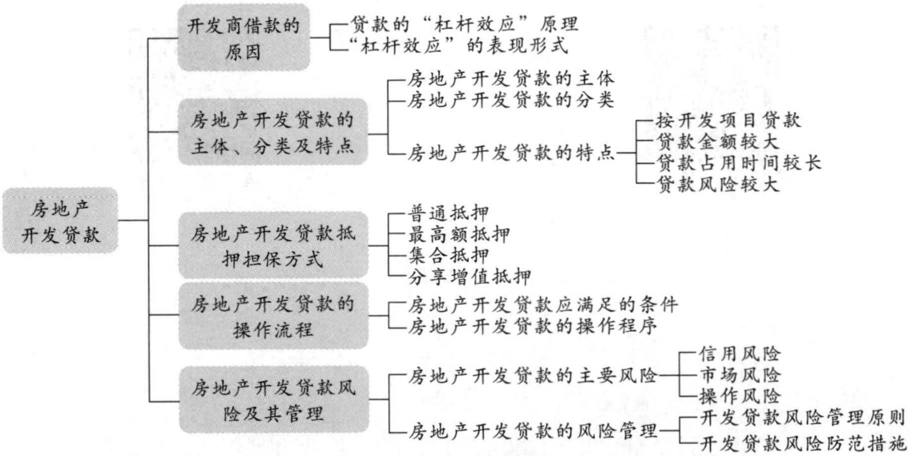

导　言

所谓房地产开发贷款，是指贷款人向借款人（开发商）发放的用于房地产开发及其配套设施建设的资金。房地产开发贷款与国民经济增长和国家金融体系安全均具有重大影响，目前，房地产开发贷款仍然属于国内各大商业银行的主要业务之一，而对房地产开发企业来说，各大商业银行的贷款也依然是其主要的资金来源。因此，与房地产开发贷款有关的专业知识，就成为金融行业以及房地产行业从业人员首先必须了解的一项内容。相对于其他业务品种的贷款而言，房地产开发贷款具有收益大、风险高的特点，因此贷款人一般需要以借款人提供某种担保为前提，在评价综合收益的基础上谨慎办理。

第一节　开发商借款的原因

作为开发商，无论其资金多么雄厚，都不可能也没有必要全部利用自有资金开发经营某一房地产项目，它总是会在投入部分自有资金的基础上，借入一定数量的他人资金来完成开发任务。开发商通过借贷筹措开发资金的主要目的就是要充分发挥这部分借贷资金的“杠杆效应”。

一、贷款的“杠杆效应”原理

在第一章中，我们讲到房地产金融的特征时，曾从按揭贷款的角度举例谈了杠杆效应问题，也简单谈到开发贷款的杠杆效应。这里，我们再以实例详细讲解杠杆效应在开发领域的体现。

例5-1：假设自有资金为1 000万元，贷款与自有资金的比例为2∶1，贷款利率为10%，投资收益率为20%，投资期限为1年。

投资收益=（1 000+2 000）×20%×1=600（万元）

贷款利息=2 000×10%×1=200（万元）

投资净收益=600−200=400（万元）

自有资金收益率=400÷1 000×100%=40%

由上述简单的例子我们可以给出计算贷款“杠杆效应”的有关公式，如下：

$$R=M\times i+E\times y \tag{5.1}$$

其中：R为投资收益率；i为贷款利率；y为自有资金收益率；M为借贷资金所占比例；E为自有资金所占比例。

例5-2：在例5-1中，假设贷款与自有资金的比例由2∶1变为5∶1，其他条件不变。则有：

投资收益=（1 000+5 000）×20%×1=1 200（万元）

贷款利息=5 000×10%×1=500（万元）

投资净收益=1 200−500=700（万元）

自有资金收益率=700÷1 000×100%=70%

可见，开发商使用借贷资金更重要、更真实的目的是通过其“杠杆效应”尽可能提高自有资金收益率。

二、“杠杆效应”的表现形式

由公式（5.1）可以得到：

$$y=i+\frac{1}{1-M}(R-i) \tag{5.2}$$

设D=R−i，表示投资收益率与贷款利率之差；$L=\frac{1}{1-M}$，即自有资金所占比例的倒数，我们称之为杠杆因子，反映了贷款的杠杆作用。则有：

$$y=i+L\times D \tag{5.3}$$

例5-3：在例5-1中，投资收益率由20%降为8%，其他条件不变。那么，此时自有资金收益率变为多少?

由公式（5.2）和公式（5.3）得到：

$$y=10\%+\frac{1}{1-\frac{2}{3}}\times(8\%-10\%)=4\%$$

例5-4：在例5-2中，投资收益率由20%降为8%，其他条件不变。那么，此时自有资金收益率变为多少?

由公式（5.2）和公式（5.3）得到：

$$y=10\%+\frac{1}{1-\frac{5}{6}}\times(8\%-10\%)=-2\%$$

通过上述分析可知，对于开发商来说，借款的“杠杆效应”并非总能产生正面影响，这与i、L以及D有关。如果借款利率低于投资收益率即D>0，则杠杆作用对借款人有利，借款越多即L越大，赚钱越多即y越大。如果借款利率高于投资收益率即D<0，则杠杆作用对借款人有不利影响，借款越多即L越大，赚钱越少即y越小，损失越多，甚至亏损。也就是说，当借款利率低于投资收益率时，杠杆原理对投资者产生积极的影响，借款越多，效益越大；当借款利率高于投资收益率时，杠杆原理对投资者产生消极的影响，借款越多，亏损越大。

第二节　房地产开发贷款的主体、分类及特点

房地产开发贷款作为商业银行的最基本业务和主要资产业务，涉及不同的主体：双方各自享有相应的权利并承担不同的责任。同时，由于房地产开发活动的复

杂性，决定了房地产开发贷款具有不同的分类，并呈现出不同的特点。

一、房地产开发贷款的主体

房地产开发贷款涉及两方主体：一方为贷款人，另一方为借款人。根据中国人民银行《贷款通则》第二十一条规定，贷款人必须经中国人民银行批准经营贷款业务，持有中国人民银行颁发的“金融机构法人许可证”或“金融机构营业许可证”，并经市场监督管理部门核准登记。这里，房地产开发贷款的贷款人主要限于商业银行，借款人限于房地产开发企业，但土地储备贷款的借款人为政府土地储备机构，高校学生公寓建设贷款的借款人可以是高等院校。

在房地产开发贷款的借贷关系中，存在借贷双方密切相关的两种合同关系，一种为借款合同关系，另一种为担保合同关系。借款合同是贷款人把一定数量的货币交借款人所有，到期返还借款并支付利息的合同，是贷款人和借款人权利义务关系的基础。实践中，借款合同多为格式合同，一般是由贷款人提供的，借贷双方的权利义务由借款合同约定。担保合同从属于借款合同，受担保法调整。在担保合同关系中，如果是借款人自己提供物的担保，则借款人又成为抵（质）押人，贷款人为抵（质）押权人，借款人到期不履行借款合同的义务，贷款人可以就该抵（质）押物优先受偿。如果第三人为借款人提供保证或物的担保，则应签订保证合同或抵（质）押合同；第三人为保证人或抵（质）押人，借款人到期不还本付息的，则由该第三人承担相应的担保责任或通过处分抵（质）押物偿还。

二、房地产开发贷款的分类

按照贷款对象、贷款发放方式以及贷款用途的不同，可以将房地产开发贷款划分为不同的类别。

（一）按照贷款对象划分

按照贷款对象的不同，房地产开发贷款可以分为房地产开发项目贷款和房地产企业贷款两类。前者以房地产项目为贷款对象，主要考察具体项目的盈利能力，以项目土地使用权或在建工程等固定资产为抵押的封闭贷款。后者以房地产企业为对象，注重房地产企业整体还债能力，贷款方式以综合授信①和纯信用贷款为主，主要发放流动资金贷款。目前，根据中国人民银行发布的《关于进一步加强房地产信贷业务管理的通知》（银发〔2003〕121号）和《关于加强商业性房地产信贷管理的通知》（银发〔2007〕359号），商业银行向房地产开发企业发放的贷款只能通过房地产开发贷款科目发放，严禁以房地产开发流动资金贷款及其他形式贷款科目发放。

---

①　授信，就是相信，就是单位或个人给予某个人或某个企业的一种诚信肯定。例如，银行根据借款人的资信及经济状况，授予其一定期限内的贷款额度，在授信期限及额度内，借款人可根据自己的资金需求情况，随用随借，不必每次都办理烦琐的贷款审批手续，而且可以尽可能地减少利息支出。而综合授信是指商业银行在对综合授信客户的财务状况和信用风险进行综合评估的基础上，确定能够和愿意承担的风险总量，即最高综合授信额度，并加以集中统一控制的信用风险管理制度。综合授信的对象一般只能是法人。

（二）按照贷款方式划分

按照贷款发放方式的不同，房地产开发贷款可以分为信用贷款和担保贷款两类。信用贷款是指以借款人的信誉发放的贷款，借款人不需要提供其他担保。其特征就是借款人无须提供抵押品或第三方担保，仅凭自己的信誉就能取得贷款，并以借款人的信用作为还款保证。这种信用贷款是中国商业银行长期以来的主要放款方式，但这种贷款方式风险较大。担保贷款是贷款的主要形式，是指贷款人要求借款人根据规定的担保方式提供贷款担保而发放的贷款。中国目前的贷款担保方式主要有保证、抵押和质押3种方式，相应地，中国的担保贷款也包括保证贷款、抵押贷款和质押贷款3种。保证贷款，指按担保法规定的保证方式以第三人承诺在借款人不能偿还贷款时，按约定承担一般保证责任或者连带责任而发放的贷款；抵押贷款，指按担保法规定的抵押方式以借款人或第三人的财产作为抵押物发放的贷款；质押贷款，指按担保法规定的质押方式以借款人或第三人的动产或权利作为质押物发放的贷款。由于房地产开发贷款的高风险性，商业银行一般以发放担保贷款为常态，以发放信用贷款为例外，如《中国建设银行高等院校学生公寓建设贷款暂行办法》第十二条规定："学生公寓建设贷款方式分为担保贷款和信用贷款。"但信用贷款的对象限于符合条件的高等院校。

（三）按照贷款用途划分

按照贷款用途的不同，房地产开发贷款可以分为住房开发贷款、经济适用住房（安居工程）开发贷款（含科教文卫单位经济适用住房建设贷款）、商业用房开发贷款、高等院校学生公寓建设贷款、土地储备贷款及其他房地产开发贷款等。住房开发贷款是指贷款人向借款人发放的用于商品住房及其配套设施开发建设的贷款；经济适用住房开发贷款指贷款人用信贷资金向借款人发放的用于支持经济适用住房开发建设的贷款；商业用房开发贷款指向借款人发放的用于宾馆（酒店）、写字楼、大型购物中心及其配套设施等商用项目建设的贷款，对非住宅部分投资占总投资比例超过50%（含）的综合性房地产项目，其贷款视同商业用房开发贷款；高等院校学生公寓建设贷款指商业银行向经国家有关部门批准设立的高等院校及承担高等院校学生公寓建设任务的企业发放的，专门用于高等院校学生公寓开发建设的贷款；土地储备贷款指向借款人发放的用于土地收购及土地前期开发、整理的贷款。①

三、房地产开发贷款的特点

作为商业银行的一项主要业务，房地产开发贷款主要有下列特点：

---

① 银监会发布的《商业银行房地产贷款风险管理指引》第二条将土地储备贷款单独列出来，与房地产开发贷款共同列为房地产贷款的组成部分，并进行了如下定义："本指引所称土地储备贷款是指向借款人发放的用于土地收购及土地前期开发、整理的贷款。土地储备贷款的借款人仅限于负责土地一级开发的机构。房地产开发贷款是指向借款人发放的用于开发、建造向市场销售、出租等用途的房地产项目的贷款。"《中国银行房地产开发贷款管理办法（试行）》也仅仅列出了房地产开发贷款的3种形式，即住房开发贷款、商业用房开发贷款及其他房地产开发贷款。

（一）按开发项目贷款

房地产开发贷款一般是借款人按开发项目申请贷款，贷款人按该项目的开发周期及其资金占用量核定贷款额度。借款人只能将贷款用于规定的开发项目，不能挪作他用。

（二）贷款金额较大

在房地产开发过程中，土地征用和房屋拆迁补偿、市政配套、施工建设等环节复杂，开发成本高，这就决定了房地产开发项目需要投入大量资金，因此贷款成为其主要的融资手段，并且贷款额度较大。

（三）贷款占用时间较长

房地产的生产经营活动具有环节多、周期长、室外作业受季节影响等特点。房地产开发产品的生产，涉及前期开发、工程建设、配套设施等各复杂环节，因此在开发建设阶段资金周转速度慢，只有到了经营销售阶段才可以分期分批收回，且速度也慢，这就决定了房地产开发贷款占用时间较长的特点。

（四）贷款风险较大

房地产开发项目的销售易受经济、政治等诸多因素的影响，而房地产开发贷款的偿还主要来源于项目销售收入，尤其当宏观经济形势或市场环境发生较大变动时，项目的销售收入可能得不到正常实现，这往往会带来贷款难以收回的风险。

第三节　房地产开发贷款抵押担保方式

房地产开发贷款具有期限长的显著特点，因此银行一般要求开发商提供某种担保方式，以此作为还款的保障。实践中，相对于保证和质押两种担保方式而言，抵押是房地产开发贷款中最广泛采用的一种担保方式，包括普通抵押、最高额抵押、集合抵押和分享增值抵押。

一、普通抵押

普通抵押主要包括房地产抵押和在建工程抵押。房地产抵押是抵押人以其合法的房地产，以不转移占有的方式向抵押权人提供债务履行担保的行为。当债务人不履行债务时，债权人有权依法以抵押的房地产拍卖所得的价款优先受偿。在建工程抵押指抵押人为取得工程继续建造资金的贷款，以其合法方式取得的土地使用权连同在建工程的投入资产，以不转移占有的方式抵押给银行作为偿还贷款履行担保的行为。

在建工程是指经审批正在建设中的房屋及其他建筑物。关于在建工程抵押的法律依据，担保法未作明确规定。

在建工程抵押作为抵押的一种特殊形式，因具有加速资金流动和促进资金融通等优点，在满足银行拓展客户需求的同时，又可解决企业的融资需求，现广泛地被开发商和银行所采用。但是，在建工程抵押毕竟不同于已取得房屋产权证的房地产抵押，在建工程抵押的法律关系较为复杂，不确定因素较多，隐含较多的风险，如操作不当，很可能出现法律风险，造成信贷资产损失。因此，开发商以在建工程进行抵押的，必须满足如下条件：

第一，在建工程抵押贷款的用途为在建工程继续建造所需资金。《中华人民共和国物权法》[①]（以下简称《物权法》）出台前，信贷客户不得用在建工程为他人的债务提供担保，也不能为自己其他用途的债务进行担保，而只能为取得在建工程继续建造资金的贷款担保。《物权法》实施后，在建工程抵押可以为其他债权种类设定抵押，对在建工程抵押担保的种类没有限定。

第二，在建工程占用范围内的土地，已经交纳全部土地出让金，并取得国有土地使用权证。

第三，《城市房地产抵押管理办法》明确规定，在建工程抵押合同应载明土地使用权证、建设用地规划许可证和建设工程规划许可证三证的编号，故在建工程抵押必须已经取得土地使用权证、建设用地规划许可证和建设工程规划许可证。同时，正在建造的在建工程抵押还必须取得建设工程施工许可证。

第四，投入工程的自有资金必须达到工程建设总投资的25%以上，并已经确定工程施工进度和工程竣工交付日期。

二、最高额抵押

最高额抵押是指抵押人与抵押权人协议在最高债权额限度内，以抵押物对一定期间内连续发生的债权作担保，属于未来债权担保种类。担保法和物权法等均对最高额抵押的设定作了相关规定。最高额抵押不同于普通抵押之处在于：

（一）最高额抵押是为将来发生的债权作担保

普通抵押，其抵押权的设定是以债权的存在为前提的，债权不存在，抵押权也不存在，即所谓抵押权在发生上具有从属性。而最高额抵押权是对将来发生的债权作担保，因此该种抵押权的设定并不以债权的存在为前提。

（二）最高额抵押是为一定时期内连续发生的债权作担保

普通抵押是对已经存在的债权作担保，这个债权通常具有独立性，抵押权可以随着债权的转移而发生转移。而最高额抵押是对一定时期内连续发生的债权作担保，因而它适用于连续发生债权的法律关系，这也就决定了最高额抵押权在决算期[②]到来之前，主债权是不确定的，因而是不能转移的。

① 2021年《民法典》施行后，原《物权法》已经废止。

② 决算期是最终确定最高额抵押所担保债权的实际数额的日期。举例说明，A在一年内以房子作抵押向B持续借款，房子估值100万元，则这100万元即为最高额抵押。假设二者约定在本年的最后一天结算借款总额，则这一天即为决算期。

（三）最高额抵押所担保债权具有不确定性

普通抵押所担保的债权都是特定的。最高额抵押由于是对将来发生的债权作担保，而将来的债权是否发生、债权额是多少等均不确定，因而最高额抵押所担保债权具有不确定性。不过，在决算期到来之际，最高额抵押所担保的债权数额能够确定。

（四）最高额抵押物品所担保的债权具有最高限额

普通抵押设定时所担保的债权已经确定，因此不存在最低或最高额的限定。而最高额抵押虽然说是对未来连续发生的债权作担保，但也不能以价值有限的抵押物担保将来可能发生的无数债权，否则会对抵押权人造成极大伤害。因此，需要对最高额抵押物品所担保的债权设定最高限额，实际发生债权数额是不确定的，可以低于最高限额，但不得超过最高限额。若债权数额超过最高抵押额时，超过部分则需要重新设定抵押权。

三、集合抵押

集合抵押是指同一人以其所有的不同种类的特定财产作为集合物，以其为担保为特定债权设定抵押权。这里所说的“集合物”，是由具有同一用途的多个单一物结合而成的，各个物仍保持其独立存在，至于哪些物可以成为“集合物”的组成部分，由当事人在设定抵押权时决定。

集合抵押是近代以来企业发展而不断要求融通资金的产物，其主体一般是企业，因此又被称为企业财产集合抵押。企业财产集合抵押的优点是可以回避以企业各种动产、不动产分别设立抵押权的烦琐，且将企业全部动产、不动产合为一体，能够充分发挥企业财产的担保价值，以便获得数额较大的融资。《民法典》第三百九十五条所谓“抵押人可以将前款所列财产一并抵押”①，即是企业财产集合抵押。

集合抵押与普通抵押的最大区别在于，其抵押标的物既非单纯的动产、不动产也非单纯的权利，而是由抵押人可以处分的不动产、不动产权利、动产以及其他财产权利所组成的总体。集合抵押的设定必须注意如下问题：

第一，集合抵押的设定除了需要具备普通抵押设定所具有的条件、程序外，其主要特点是应制定抵押财产目录并予以登记。原因在于集合抵押的标的为集合物，而该集合物包括哪些财产必须加以明确。

第二，集合抵押设定以后，抵押人新增加的财产不应列入集合物为抵押标的，原因是集合抵押在设定时抵押标的已经确定。

第三，标的的集合性与不可分割性是集合抵押权成立的两个基石。集合抵押的

① “前款所列财产”包括：建筑物和其他土地附着物；建设用地使用权；海域使用权；生产设备、原材料、半成品、产品；正在建造的建筑物、船舶、航空器；交通运输工具；法律、行政法规未禁止抵押的其他财产。

标的物为集合物，其各个组成部分是可以分离的。若设定抵押后其组成部分分离，则必然会降低抵押物的价值，这会给抵押权人的利益带来不利影响。因此，丧失标的的集合性与不可分割性，集合抵押权也就不存在了。

四、分享增值抵押

知识拓展5-1

分享增值抵押贷款

分享增值抵押贷款是以发放房贷的机构有权利分享未来住房增值收益为条件，赋予借款人远低于市场利率的贷款利率或者给予借款人一定比例本金免息政策的方式，降低了借款人每月的还款数额，从而提高了居民住房的有效需求。

在中国的相关法律中并没有对分享增值抵押贷款的相应规定，到目前为止，也尚无任何一家商业银行推出“分享增值抵押贷款”这一住房抵押贷款新品种。本章最后的推荐阅读资料6中表明，这种金融创新产品在中国的推广十分有益，也是十分必要的，但需要进一步完善房产交易体系、价格评估体系以及相关法律法规。

第四节　房地产开发贷款的操作流程

本节从商业银行的角度加以阐述。为了确保贷款的安全性，商业银行对各类贷款的发放一般都非常审慎。在遵循国务院、中国人民银行以及银保监会发布的有关政策的基础上，各商业银行逐步形成了一套严格的放贷操作流程。这里，以建行发放房地产开发类贷款的相关规定为基础，阐述房地产开发贷款的操作流程。[①]

一、房地产开发贷款应满足的条件

房地产开发商在向银行申请开发贷款时，借款人及所需贷款的项目应满足一定的要求，这是能否成功申请到贷款的前提条件。

（一）借款人应满足的条件

借款人除了应满足商业银行《信贷业务基本操作流程》公司类客户的基本条件外，还应满足房地产开发贷款的相应规定。

1.借款人应满足的基本条件

（1）有按期还本付息的能力，原应付贷款利息和到期贷款已清偿，没有清偿的，已经作了建设银行认可的偿还计划；

（2）除不需要经市场监督管理部门核准登记的事业法人外，应当经过市场监督管理部门办理年检手续；

（3）在建设银行开立存款账户（业务品种另有规定的除外）；

① 各大商业银行对发放贷款的具体要求有所差别。

（4）除国务院规定外，有限责任公司和股份有限公司对外股本权益性投资累计额未超过其净资产总额的50%；

（5）借款人的资产负债率符合有关规定要求；

（6）持有中国人民银行核发的年检合格的贷款卡（证）。

2.房地产开发贷款对借款人的特殊要求

（1）借款人为房地产开发企业或具有房地产经营开发资格的企业的：

①应具有建设行政主管部门核准的房地产开发企业资质证书或具有承担贷款项目开发建设的资格；

②如接受其他单位委托进行房地产开发建设，还要求与业主单位正式签订房地产开发建设工程合同。

（2）借款人为事业单位的：

①经主管机关核准登记，具有事业法人资格，取得事业法人登记证；

②实行独立核算，有健全的管理机构；

③按规定办理年检手续，年检合格。

（3）土地储备机构还需要具备以下条件：

①所在城市经济稳定发展，财政状况良好，具有良好的政府信誉；房地产市场化程度高，房地产经营机制较健全，财产抵（质）押、招标、拍卖、挂牌出售、权属登记等行为规范；房地产市场容量大，具有良好的发展前景，土地有一定的升值潜力。

②对所辖城区土地一级市场具有较高的垄断经营地位，所经营土地纳入近期开发建设规划，列入政府土地储备决策机构制订的年度计划，并持有相应地块的收购、储备和出让前期工作的批文，具有土地储备机构自身资金总体安排计划；所收购、储备和拟出让的土地主要用于经营性设施建设，地段区位较好；所从事土地收购、储备和出让前期工作等经营活动符合国家和地方有关法律法规和政策。

③具有与所经营的土地收购、储备和出让前期工作业务量相匹配的资本金或专用基金，实行统收统支的政府土地储备中心应经当地政府同意，能够根据土地储备量的增加从土地收益中提取一定比例的留存收益，逐步增加资本金或专用基金。

④能提供合法、足值的抵押物。

（二）借款项目应满足的条件

并非任何项目都可以从商业银行取得贷款，获批贷款的项目通常需要满足如下条件：

（1）贷款项目经可行性研究论证，能够有效满足当地住房开发市场的需求，市场前景较好；

（2）贷款项目已经纳入国家或地方房地产开发建设计划，其立项文件完整、真实、有效，能够进行实质性开发；

（3）贷款项目工程预算和施工计划符合国家和当地政府的有关规定；

（4）贷款项目的工程预算投资总额能够满足项目完工前由于通货膨胀和不可预见等原因追加预算的需要；

（5）贷款项目的基础设施、公共设施建设配套齐全，项目建成后，能及时投入正常使用；

（6）贷款项目的自有资金投入不少于总投资的35%；单位职工集资建房，集资额达到项目总投资的30%以上并存入贷款行专户；如集资所建住房被本单位职工预订，预付购房款须达到20%，并已存入贷款行专户；对单幅土地的土地储备贷款金额最高不超过该幅土地的收购、储备和出让前期工作成本的80%或者土地评估价值的70%（以两者较低额为准）。

（三）贷款期限与利率规定

房地产开发贷款期限一般为1~3年（含），土地储备贷款最长为2年，高等院校学生公寓建设贷款最长为10年。在贷款利率及计结息方式方面，则是根据中国人民银行和中国建设银行的有关定价政策确定，并在借款合同和贷转存凭证中载明。

二、房地产开发贷款的操作程序

房地产开发类贷款操作程序可分为借款受理、贷前调查、贷款审批与发放、贷后管理4个环节。

（一）借款受理

借款受理主要包括借款人提交相关材料以及银行对上述材料进行初步审查。对符合资格要求的借款人，受理人员向借款人发送“中国建设银行信贷业务申请书”和“中国建设银行信贷业务申请材料清单”。

1.提交材料

房地产开发商作为借款人除了需要提交《信贷业务基本操作流程》规定的公司类客户基本材料外，还应提交房地产开发贷款所要求的相关材料。

（1）基本材料。

①法人营业执照或营业执照（副本及影印件）。

②组织机构代码证书（副本及影印件）。

③法定代表人或负责人身份证明。

④贷款卡（证）（原件及影印件）。

⑤财政部门核准或会计师（审计）事务所审计的近3个年度财务报告和审计报告及最近的财务报告；成立不足3年的企业，提交自成立以来的年度和近期财务报表；新设法人主要股东经财政部门核准或会计（审计）事务所审计的前3个年度财务报告（如有）和审计报告（如有）及背景、新设法人的验资证明。

⑥税务部门年检合格的税务登记证明。

⑦公司章程或企业组织文件（原件及影印件）。

⑧企业董事会成员和主要负责人、财务负责人名单和签字样本等。

⑨信贷业务由授权委托人办理的，须提供企业法定代表人授权委托书（原件）。

⑩客户为有限责任公司、股份有限公司、合资合作企业或承包经营企业的，要求提供依照公司章程或组织文件规定的权限，由有权机构（人）出具的同意申请信贷业务的决议、文件或具有同等法律效力的文件或证明。

（2）房地产开发贷款所要求的相关材料。

①建设行政主管部门核准的房地产开发企业资质证书或承担贷款项目开发建设的批准文件；

②申请贷款项目的有关材料，主要包括项目建议书、可行性研究报告及批准文件、项目年度投资计划、扩初设计以及批准文件、“建设用地规划许可证”、“建设工程规划许可证”、“国有土地使用证”、“建筑工程施工许可证”[①]，如已获得“商品房屋销（预）售许可证”等相关文件或材料，也应同时提供；

③项目开发建设自有资金落实的证明文件、资料；

④项目租售方案及有效的收益分配协议；

⑤如贷款项目收益不足以偿还银行贷款本息，还应提供经有权部门批准的可用于还款的其他资金来源证明；

⑥如借款人接受其他单位委托进行房地产开发建设，还应提供与业主单位正式签订的房地产开发建设工程合同；

⑦申请政策性房地产开发类贷款的借款人，还应提供住房资金管理中心出具给贷款行的委托贷款通知书；

⑧申请土地储备贷款的借款人，应提供机构县级及县级以上人民政府批准成立的，受政府委托代表政府实施土地收购、储备和出让前期工作的有关文件。

2.初步审查

初步审查重点审查以下几项内容：

（1）借款人是否具有进行房地产开发建设的资格。

（2）借款人开发建设资格批准文件是否在有效期内。

（3）贷款项目是否经有权机关批准；项目建议书、可行性研究报告及批准文件、项目年度投资计划、扩初设计以及批准文件等是否完备、有效。

（4）项目建设条件是否落实：

①贷款项目是否列入国家或地方政府的建设计划；经济适用住房是否列入国家经济适用住房（安居工程）建设计划。

②有无“建设用地规划许可证”“建设工程规划许可证”“国有土地使用证”“建筑工程施工许可证”（四证）。

③土地出让、转让手续是否办妥，科研机构、大专院校、文化团体和卫生医疗单位利用自有土地自建经济适用住房的，是否拥有划拨土地的“国有土地使用证”。

④开发项目的文件是否完整、真实、有效，是否能进行实质性开发建设；借款

---

① 俗称“四证齐全”。

开发的项目是否具备房屋预（销）售条件，其预（销）售前景是否良好；贷款项目有无“商品房屋销（预）售许可证”。

⑤自有资金投入是否已经达到贷款项目总投资35%以上；科研院所、大专院校、文化团体和卫生机构用自有土地自建经济适用住房的，是否拥有项目总投资20%以上的自筹资金。

⑥贷款项目承建人与借款申请人是否相符；贷款项目与“中国建设银行信贷业务申请书”中的用途是否一致。

⑦申请政策性房地产开发类贷款的借款人是否提供了住房资金管理中心出具的委托该行贷款的文件。

⑧申请土地储备贷款的借款人，是否提供机构县级及县级以上人民政府批准成立的，受政府委托代表政府实施土地收购、储备和出让前期工作的有关文件。

⑨对单幅土地的土地储备贷款金额是否超过该幅土地的收购、储备和出让前期工作成本的80%或者土地评估价值的70%（以两者较低额为准）。

（二）贷前调查

房地产开发类贷款的贷前调查评价包括客户信用评级、项目评价、担保评价三部分内容。

1.客户信用评级

建行信贷业务手册第三篇第一章“客户信用评级”对贷款客户的信用评级做了相关规定，房地产开发类贷款客户信用级别的评级是在充分考虑该类客户特点的基础上，并参照上述规定进行。客户信用评级是采用科学的方法和规范化的程序，对评级对象履行相应经济承诺的能力及被信任的程度进行调查、分析、评价、测定和审核，将评级对象的各项指标与有关参数值通过科学的计量方法进行横向比较和综合评估分析，对客户的偿债能力和违约风险做出全面的评价，并以简单直观的符号表示其评价结果。

评价客户信用级别时所需考察的主要内容包括系统性风险、财务风险、资信状况和基本面风险4个方面。系统性风险是指客户所面临的宏观或中观层面上的风险因素，包括行业风险、区域风险以及交叉风险等，主要反映特定客户群的环境特征和风险共性，是客户信用风险的重要组成部分。财务风险评价是基于客户提供的财务报表，通过数理统计模型的计算进行违约风险分析和判断。对于房地产开发客户，考虑到其特殊性，在企业法人客户的财务风险分析框架下，单独设计了房地产开发客户的财务风险评价指标和计算方法。[①]资信状况评价是通过监测、分析目标客户在本行及其他银行的信贷质量与结构判断其违约风险。信用记录评价指标包括平均损失率、相对不良率、平均期限、信贷扩张速度、利息实收率和历史违约记录

---

① 考虑到房地产开发企业经营往往是跨年度运作，如使用一个年度的财务数据进行分析，其盈利能力、营运能力、成长性指标和长期偿债能力，将出现很大的波动性，将在很大程度上弱化或夸大一个企业的风险性，得出的客户评价与客户的实际信用状况有一定的差距，所以在进行定量指标分析时，将各项指标在计算上采用2年（个别指标为3年）加权平均的方法，使用了更贴近其经营周期的分析方法。

6项指标。基本面风险是直接评价人员根据所掌握的相关信息和经验，对客户基本情况及主要风险特征进行定性的分析。主要评价指标包括品质、实力、环境、资信状况和危机管理五大类。对于新成立客户，除上述五大类指标外，还应评价控股股东影响力等情况。

客户的信用级别分别AAA级、AA级、A级、BBB级、BB级、B级、CCC级、CC级、C级和D级共10个风险递增的级别表示，是对客户偿债能力和违约风险进行综合评价后的结果展示。客户信用级别及特征描述见表5-1。

表5-1　客户信用级别及特征描述

信用级别	特征描述	核心定义
AAA	极佳	原则上规模为特大型或大型，在国内同行业中具有很强的竞争优势； 原则上成立时间在3年（含）以上，管理层专业经验丰富、结构合理，综合素质很高；经营管理和财务管理严谨规范，各类信用记录良好； 经营实力和财务实力雄厚，能够抵御和承受重大的内外部不利变化，负债适度，现金流量非常充足，具有很强的偿债能力和盈利能力，发展前景很好； 融资能力强，已经进入资本市场或者是多家银行积极营销的优质客户； 如果是跨国公司，国际权威评级机构对其母国的评级应该在Baa（或其他等同于Baa）以上
AA	优秀	原则上规模为中型以上，在国内同行业中具有较强的竞争优势； 原则上成立时间在2年（含）以上，管理层有较高的专业知识和经验，结构合理，综合素质较高，经营管理和财务管理健全规范，各类信用记录良好； 经营实力和财务实力强，能够抵御和承受较大的内外部不利变化，负债适度，现金流量充足，偿债能力和盈利能力强，发展前景良好； 融资能力较强，是多家银行积极营销的客户； 如果是跨国公司，国际权威评级机构对其母国的评级应该在Ba（或其他等同于Ba）以上
A	良好	在国内同行业中具有一定竞争优势； 管理层具有一定的专业知识和经验，结构基本合理，素质良好，经营管理和财务管理基本健全规范，各类信用记录良好； 经营实力和财务实力强，能够抵御和承受一定的内外部不利变化，负债比较适度，现金流量比较充足，偿债能力和盈利能力较强，发展前景稳定，但有潜在的经营风险或财务风险
BBB	较好	在国内同行业中竞争地位基本稳定； 管理层素质较好，经营管理和财务管理基本健全，但个别方面不够规范，银行信用和商业信用较好； 经营实力和财务实力中等偏上，能够承受一定的内外部不利变化，财务状况稳定，负债中等，流动性基本能够保证，具有一定的偿债能力和盈利能力，发展前景基本稳定，但有一定的经营风险或财务风险

续表

信用级别	特征描述	核心定义
BB	一般	管理层素质一般，经营管理和财务管理的某些方面不规范，银行信用和商业信用一般； 经营实力和财务实力一般，没有明显的竞争优势，难以承受较大的内外部不利变化，财务状况基本稳定，但部分指标不令人满意，对银行信贷有一定依赖性，负债略高，流动性偏紧，偿债能力和盈利能力一般，具有较明显的经营风险或财务风险因素，发展前景一般
B	可接受	管理层素质一般，经营管理和财务管理不完整或存在缺陷，但银行信用和商业信用目前尚可接受； 经营实力和财务实力中等偏下，在市场中处于不利地位，难以承受一般的不利变化，财务状况不稳定，部分财务指标较差，对银行信贷依赖性较强，负债偏高，现金流不足，偿债能力有限，具有明显的经营风险或财务风险，发展前景不稳定
CCC	关注	管理层的专业知识和经验难以适应企业发展需要，管理水平有限，经营管理和财务管理存在明显缺陷，银行信用和商业信用欠佳； 经营实力和财务实力弱，抗风险能力差，财务状况欠佳或有恶化的可能，对银行信贷依赖性强，负债较高，偿债能力不足，经营风险或财务风险较大，发展前景不乐观
CC	预警	管理层素质较差，经营管理和财务管理存在严重缺陷，银行信用和商业信用较差； 经营实力和财务实力低下，财务状况恶化，对银行信贷的依赖性极强，负债很高，现有债务的偿还已不能保证，经营风险或财务风险大，发展前景黯淡
C	判断性违约	银行有充分证据认定客户将不准备或不能全额履行其到期偿债义务
D	实际违约	属于违约定义中（2）~（6）款规定的情况，客户已经处于实际违约状态

注：国际权威评级机构的国家风险评级采用MOODY'S公司的评级符号，其他机构的评级符号按此对应。

2.项目评价

在评估过程中，应根据房地产开发贷款的特点，评估以下几个方面的内容：

（1）借款人资信评估。

①借款人基本情况，包括借款人名称、法定代表人、经营范围、开发资质、信用等级、注册资本及各股东单位投资等有关情况。

②借款人经营情况。调查分析借款人近3年来主要开发项目的运作情况（介绍借款人开发的主要业绩及主要开发的项目情况），逐个分析项目销售及资金回笼情况及项目经营的经验和教训。

③借款人财务状况。对借款人的财务报表进行分析，说明借款人资产负债表中资产方主要科目的情况，特别是存货、应收账款、预付账款、其他应收款的情况，重点是这些资产的质量和变现能力；负债方主要科目的情况，特别是预收账款、应付账款、其他应付款的情况，重点是这些商业负债的支付压力；分析有关财务指标，对借款人长期偿债能力、短期偿债能力和盈利能力做出分析判断；分析借款人在银行间的融资记录，说明借款人的融资能力、条件和信誉。

（2）项目概况和建设情况评估。

①项目基本情况。说明项目的地理位置、用途、主要建设指标、总投资和开发期。

②项目建设条件。调查项目建设取得政府有关部门的批准文件的名称和时间及主要内容，明确土地使用权的获取方式（如协议转让、竞拍、与其他客户合作等）及土地款的支付情况和资金来源。

③项目建设实施进程评估。调查项目的实际进展情况，并对工程资金进度、形象进度、时间进度计划和实际进展情况进行分析。

④项目的设计、施工、监理情况评估，主要分析上述单位的资质、业绩，并对本项目设计水平、施工质量等做出分析预测。

（3）项目市场情况评估。

①项目投资环境评估，主要对项目所在地区有关房地产开发的政策、发展规划和发展状况，以及项目周边自然和人文环境、教育条件、城市基础设施及物业配套的计划和进度等情况进行分析。

②项目市场定位评估。根据房地产项目的用途、未来获取收益的方式及所在地区的具体情况评价项目市场定位的准确性，判断项目的档次及其面向的主要消费群体。

③项目租售情况评估，包括：

A.总体供求情况。分析项目所在区域同类物业的总体供求情况。

B.周边主要竞争项目情况。对周边地段同类房地产的规模、档次、设计、环境、配套、建设进度、物业管理、租售情况、成本等情况进行分析，并选择至少3个同类物业，列表综合反映其租售情况。

C.项目竞争能力分析。与本区域同类项目做比较，分析本项目的优势与劣势。

D.销售方式分析。开发商自己销售还是委托销售代理公司销售，开发商以往的销售经验及代理公司主要销售的楼盘和业绩。

E.销售前景分析。说明意向定购情况及滚动开发项目前一期开发和销售以及资金回笼情况，并根据上述情况和对周边项目情况的分析，对项目的租售计划，包括租售时间、租售价格、租售率等做出科学合理的判断（经济适用住房项目要注意考虑价格上限限制的因素），并在此基础上列表逐年测算项目租售收入。

（4）项目财务效益评估。

①房地产项目总投资预测分析。分析项目总投资及构成投资估算有无漏项，投

资构成是否合理，并测算各项费用，列表说明估算依据。

②项目资金来源评估。分析项目资金来源渠道及可靠性。

③项目损益预测。按照各年份经营收入占总经营收入的比例，将项目总投资分摊进各年而得各年份的房地产开发成本，并据此列表测算项目损益。

④项目投融资计划评估。根据项目投资计划及企业融资计划，制定项目分年度资金来源及运用表。

⑤项目有关财务效益指标。依据上述结算结果，计算得出项目投资利润率和贷款偿还期及盈亏平衡点。

（5）银行效益与风险防范措施评估。

测算资金结算量，进行相关效益评估。

（6）风险防范措施评估。

①项目风险评估。分析项目的政策风险、市场风险、资金风险、法律风险，并针对风险因素提出银行防范风险的措施和建议。

②贷款担保措施评估。

（7）项目评估结论与贷款建议。

通过对上述指标进行分析，得出评估结论与贷款建议（对贷款与否及贷款金额、期限、还款计划提出具体建议）。

3.担保评价

建设银行信贷业务目前既可以采用保证、抵押及质押3种担保方式的任何一种，又可采用共同担保、最高额保证和最高额抵押等方式。信贷经办人员应根据债务人的信用状况、信贷品种、金额、期限、风险程度以及各种担保方式的特点，合理要求客户采用不种的担保方式，建行则参照信贷业务手册第三篇第三章“信贷担保”的方法、要求、内容对客户提出的担保人和担保物进行调查和评价。

（三）贷款审批与发放

按照信贷授权权限受理审批信贷业务，包括报批材料合规性审查和审批。合规性审查分新项目、续议项目、复议项目、变更贷款条件项目4种情况。对新项目的合规性审查包括报批材料齐全性审查、信息充分性审查、内容一致性审查和格式规范性审查。续议项目是指已经有权审批行审批，结论为续议，在解决了前次审批提出的问题后再次申请审批的项目。复议项目是指已经有权审批行审批，结论为不同意，申报行（部门）提请再次审议的项目。变更贷款条件项目为已经有权审批行审批，结论是附加条件同意，申报行申请修改或放弃部分审批提出的附件条件项目。

信贷审批部门应在收到报批材料后2个工作日内，完成合规性审查并提出审查意见。经合规性审查合规的信贷项目填写合规性审查意见单；审查不合规的申报材料，合规性审查人员有权要求有关人员修改和补充，至符合要求为止。合规性审查人员应将不合规的审查意见通知申报行（部门）有关人员，并退还其材料。合规性审查合格的信贷项目原则上在3个工作日内提交审批。

根据最终审批意见，落实有关条件，按规定签订合同后方可发放贷款。在贷款支用时，要特别注意以下问题：

第一，严格按照项目建设的工程进度付款；

第二，要求借款人提供工程建设合同、建设单位的付款通知书、材料供应合同、设备采购合同等有关文件，作为支用贷款的依据；

第三，借贷双方约定银行贷款与其他资金按比例投入开发建设项目的，应审核其他资金投入的落实情况；

第四，必要时要求借款人对贷款项目办理有效的建设工程保险。应到建设银行指定的保险机构办理保险；在偿还全部贷款本息之前，借款人应逐年向保险公司办理房屋意外灾害保险。

（四）贷后管理

作为银行信贷活动的一个重要组成部分，贷后管理对于及时发现风险、保证贷款的安全性具有十分重要的意义。从房地产开发贷款的流程来看，贷后管理属于房地产开发贷款操作流程的最后一环，包括档案管理、贷款项目检查、贷款五级分类管理、回笼资金管理、保证人及抵（质）押物管理、贷款回收管理等。

1.档案管理

贷款档案是银行信贷活动的真实记录，具有无可替代的法律效力。贷款银行通常会为每个客户建立单独授信档案，并进行统一管理。档案资料一般包括借款人资料、担保资料、贷款项目资料、借款借据、借款合同、担保合同、调查报告、审查报告和贷后检查资料等。

2.贷款项目检查

定期对贷款项目进行检查是贷后管理最核心的部分，这直接关系到银行信贷资金未来能否安全收回。贷款项目检查的重点在于对可能影响还款质量的因素进行持续监测，内容包括开发商贷款是否按合同使用贷款、开发项目是否正常运营等。对开发商是否按合同使用贷款的监测重点是监测其借款资金的使用情况，以保证专款专用，严格防止资金挪用尤其投入资本市场的现象发生，可采取借款企业定期向贷款银行提供工程项目进度计划、付款计划、贷款资金使用明细、拨款凭证、银行对账单等的做法。只有当银行经办人员确认借款资金的使用情况与实际完成工程量及付款计划相符后，方可将相应资金划拨到借款企业账户。

对开发项目是否正常运营的监测主要包括以下几个方面：①项目进展是否顺利，工程进度是否按照计划执行；②投资预算执行情况；③完工量与资金使用量是否匹配；④项目建设中的主要成本变动情况；⑤施工质量是否达标；⑥配套设施建设情况；⑦市场销售情况；⑧资金回笼情况；⑨与项目配套的贷款（如个人住房贷款或商用房贷款）情况；⑩还款资金落实情况。

此外，贷款银行还应随时关注借款企业法律纠纷、财务状况、企业在其他银行授信余额变化以及保证人或抵（质）押物等的变动情况，以便及时发现问题，防止由此可能给银行带来的损失。

3.贷款五级分类管理

贷款五级分类是银行信贷管理的重要组成部分，是指银行根据审慎的原则和风险管理的需要，定期对信贷资产质量进行审查，并将审查结果分析归类。根据中国人民银行颁布的《贷款风险分类指导原则（试行）》的规定，评估银行贷款质量，采用以风险为基础的分类方法（简称贷款风险分类法），即把贷款分为正常、关注、次级、可疑和损失5类，后3类合称为不良贷款。其中，正常指借款人能够履行合同，没有足够理由怀疑贷款本息不能按时足额偿还；关注指尽管借款人目前有能力偿还贷款本息，但存在一些可能对偿还产生不利影响的因素；次级指借款人的还款能力出现明显问题，完全依靠其正常营业收入无法足额偿还贷款本息，即使执行担保，也可能会造成一定损失；可疑指借款人无法足额偿还贷款本息，即使执行担保，也肯定要造成较大损失；损失指在采取所有可能的措施或一切必要的法律程序之后，本息仍然无法收回，或只能收回极少部分。

2020年1月11日，银保监会发布监管会议重要内容，其中，要在现有贷款五级分类基础上，细化分类细则，提高分类准确性。值得关注的是，对于房地产领域的风险防控，北京银保监局、央行北京营管部下发通知，对辖内银行业金融机构房地产授信业务做出风险提示：部分银行业金融机构房地产违规问题突出，房地产企业集团客户风险不断积聚，导致部分房企杠杆率过高，甚至部分房企净负债率畸高，应严格控制新增融资。

可见，使用贷款风险分类法对贷款质量进行分类，实际上是判断借款人及时足额归还贷款本息的可能性。借款人的还款能力是一个综合概念，包括借款人现金流量、财务状况、影响还款能力的非财务因素等。

4.回笼资金管理

房地产开发项目的预售或销售回笼资金是开发商归还银行借款的第一还款来源。对项目回笼资金的管理，成为贷款银行防范由借款人在清偿完所有贷款前将回笼资金挪用而造成信用风险的有效手段。

在进行房地产项目开发的过程中，开发商在资金安排上除了使用自有资金和银行贷款外，还有可能将部分销售回款作为项目的资金来源，即在不增加信贷资金风险的前提下，开发商会考虑在项目总投资的范围内，根据项目评估时的资金计划将部分回笼资金滚动投入某个项目的开发。开发商的这种做法，往往会对借贷资金的按期归还带来一定风险。为防止开发商在借款本息全部归还之前将销售回笼资金投入其他项目，可以在贷款合同中安排灵活的还款计划，并在以后贷款的归还管理中，监督开发商按照合同规定将销售回笼资金及时用于还贷。

5.保证人及抵（质）押物管理

对保证人的管理主要涉及保证人的资格与经济实力是否有重大变化，保证人本身的经营状况及财务状况有无变化，保证人与借款人的关系是否变化。对抵（质）押物的管理主要应关注抵（质）押物当初的估价与现在的市场价格是否有重大差异，抵（质）押物是否完好，贷款余额同抵押物的现值比例是否合适，抵押物有无转让、出租或重复抵押的问题。一旦发现保证人的担保资格发生变化或担保能力下降，抵（质）押物价值下降或抵押权益受损，贷款银行应当立即要求开发商增加相应的担保措施，如增加担保方式、提供新的抵（质）押物等。若不能满足上述要求，贷款银行则可以根据合同约定停止支付开发商尚未使用的贷款资金，甚至可以要求提前收回贷款。

6.贷款回收管理

在贷款到期之前，银行经办人员会以“贷款到期通知书”或其他方式向借款人发送通知。若银行根据合同约定要求提前归还贷款，则应向借款人和保证人发出“贷款提前到期通知书”并着手办理相关手续。对到期未能正常归还的贷款，经办人员应及时上报并进行催收，同时向借款人和担保人发送催收通知。逾期贷款要从贷款到期的次日计收罚息。逾期3个月以上的贷款，要在五级分类中进行调整。若借款人提前提出贷款展期申请，银行在对展期申请进行审批后可同意展期，但展期期限不能超过原贷款期限。贷款全部按期收回后，银行将通知借款人或保证人取回银行收押的各种法律凭证及文件，办理抵（质）押登记注销手续。此外，商业银行一般不允许房地产开发企业借新还旧。

第五节　房地产开发贷款风险及其管理

房地产开发贷款风险是指房地产开发贷款到期不能收回或不能全部收回贷款本息的可能性，表现为延期但银行可以足额收回，或者形成银行不良资产，甚至可能使银行血本无归3种情况。因此，对房地产开发贷款中可能出现的风险应引起商业银行的高度重视，并进行适时管理。

一、房地产开发贷款的主要风险

《巴塞尔新资本协议》将银行信贷风险分为三大类，即信用风险、市场风险和操作风险。从2010年开始，《巴塞尔新资本协议》在中国银行业中逐步实施，因此这里我们所讨论的房地产开发贷款的主要风险也是基于以上3类展开的。

（一）信用风险

信用风险，是指授信方拒绝或无力按时、全额支付所欠债务时，给信用提供方带来的潜在损失。信用风险的范畴还可以进一步扩展到信用的接受者，例如借款方也可能承受银行带来的风险，这种风险主要表现在，银行可能因资金原因而无法提供服务并使授信方的交易持续进行的融资活动。

可见，信用风险主要是指违约风险。在房地产开发贷款中，开发商违约构成银行所面临的主要风险之一，包括直接违约和间接违约。直接违约就是交易对手违约，例如开发商由于种种原因（销售回款速度慢、资金链断裂等）终止对贷款的偿还，并已达到或超过期限；间接违约是指交易对手暂时没有违约，但其违约的可能性在增加，这也是信用风险。比如，某开发商原来的信用级别是AA，现在跌到了BBB，那么它目前虽然还没有违约，但违约的风险在加大，这样就会使贷款银行面临一定的信用风险。

（二）市场风险

市场风险主要考虑两个因素：一是价格风险；二是流动性风险。价格风险主要是指市场价格包括利率、汇率、股票价格和商品价格等的不利变动而使银行表内和表外业务发生损失的风险。目前，对于中国房地产开发商以及商业银行来说，利率变动及抵押房地产价值的下跌可能会直接影响银行系统的整体风险。对于固定利率的贷款来说，由于贷款利率在整个贷款期间不随市场利率的变化而变化，贷款人承担了全部的利率风险，一旦市场利率下跌，借款人有可能选择以当前市场上较低的利率重新借款并提前偿还原来的贷款；而对于浮动利率的贷款来说，如果在贷款期间市场利率上升，借款人有可能因还款负担的加重而造成违约。因前期对抵押房地产价值评估价值过高，经济不景气或者任何人为损坏或自然灾害等而导致的抵押房地产价值下跌，使得下跌后的房地产价值不足以清偿剩余贷款的本利和，贷款人就可能遭受损失。

流动性风险是指经济主体由于金融资产流动性的不确定性变动而遭受经济损失的可能性。在房地产开发贷款中，流动性风险常常表现为抵押物变现风险。由于房地产开发贷款一般为中长期贷款，而目前中国的资产证券化业务还很不成熟，这必然造成金融机构的这部分贷款流动性缓慢，变现能力相对来说较弱。

（三）操作风险

操作风险主要考虑三大因素：一是人的能力问题；二是流程风险；三是系统风险。人的能力问题既包括能力不足的问题，也包括暴露风险。流程风险即业务流程是否有缺陷，比如以前发放的个人住房抵押贷款没有关于提前还贷风险的防范，这就是流程的失误；在信用卡发放的过程中，对于申请信用卡的人不做认真的调查，这也是流程的失误。系统风险主要是指数据库与信息系统管理方面的风险。

引发操作风险的事件大概可以分为两类：一类是高频低危事件；另一类是低频高危事件。高频低危事件是经常发生的，可以用经验统计来精确衡量发生的概率。借用公共的信封信纸是高频低危事件的典型例子。任何人只要有单位，就不会去买信封信纸，信封信纸是写公函的时候用的，那么现在如果写家信也用它，就是侵吞公司财务的行为，但它是高频低危事件，这个损失很轻微，要纠正这个损失可能要付出比这个损失更大的代价。低频高危事件主要靠高管人员的阻止，可能一家银行一百年没有发生一起低频高危事件，但发生一起，这家银行就完蛋了。所以对高频低危事件可以用统计法来管理，但是对低频高危事件我们只能作情景模拟、案例分析。

二、房地产开发贷款的风险管理

房地产开发贷款中所面临的三大类风险，并不会自动减弱或消失，若不能对其进行有效管理，则必将对相关当事人造成一定的危害。房地产开发贷款的风险管理方面，首先必须遵循一定的原则。在此基础上，适时展开风险管理。

（一）房地产开发贷款风险管理原则

在房地产开发贷款风险管理方面，必须坚持以下原则：

1.项目管理原则

房地产开发贷款一般以项目为基础进行，与此相对应，贷款银行对开发贷款的风险管理则应更多关注到具体项目，即从项目的前期论证、贷款申请、审批发放、贷款使用的监督管理直到收回贷款，全面考察该项目未来的运作及盈利情况，据此确定可贷款额度。

2.以销定贷原则

实践中，绝大多数房地产开发商的主要还款来源是项目的预售或销售回款，项目的销售状况或前景将直接影响到贷款能否按期足量归还。因此，在贷款决策时，坚持以销售定贷款，通过分析贷款项目及周边竞争项目的情况、市场需求、价格水平等，判断项目未来的销售形势，从而做出合理的贷款决策。

3.阶段拨付原则

房地产开发项目发生的费用是随施工进度逐步发生和支付的，倘若资金一次全额划转，无论对企业还是对银行均会产生不利的影响。对于企业来说，资金一次全额划转必然会增加利息负担，同时积压了资金，不能高效、合理利用贷款；对贷款银行来说，资金一次全额划转不利于监控信贷资金是否合理使用，也不利于银行调度资金、调剂余缺。因此，贷款银行一般会在贷款合同签订后，根据企业提出的合理用款计划和实际开发进度提供贷款，分次划拨贷款。这样做既减轻了企业的利息负担，促进企业合理、经济地利用信贷资金，又便于银行监控和调度资金。

4.公私联动原则

由于房地产开发、住房购买与消费分属房地产市场的不同环节，因此在发展房地产开发贷款的业务中，必须坚持房地产开发贷款和个人住房贷款的有机结合，通过支持房地产开发，发放房地产开发贷款，为个人购房提供大量优质的房源，同时个人住房贷款以其较高的资产质量，加快了房地产开发贷款的回收速度，分散了房地产开发贷款的高风险，盘活了部分积压已久的房地产项目，促进了住房的销售，使住房的开发和销售在良性的轨道上进行。

（二）房地产开发贷款风险防范措施

无论哪一类房地产开发贷款风险，均可能存在于3个阶段：一是潜伏阶段；二是发生阶段；三是造成后果阶段。风险管理主要在潜伏阶段实施，在发生阶段与造成后果阶段实施的效果则大打折扣。因此，房地产开发贷款风险管理就是在风险潜伏阶段，贷款银行通过制定与实施各种风险防范措施，正确预见和及时发现风险苗头，消除各种隐患，以防止风险损失的发生。其主要的方法是通过风险预防、转移、分散和回避来实现的。这些方法往往不是单一使用，而是经常通过合理组合来达到将风险防患于未然的目的。

1.房地产开发贷款风险预防

房地产开发贷款风险预防是指贷款银行通过强化信贷管理，采取一系列措施防止房地产开发贷款风险的发生，将贷款风险消灭于萌芽状态，这是房地产开发贷款风险管理中最适用的一种方法。可采取的措施有：对“四证不全”的项目不得发放任何形式的贷款；对申请贷款的房地产开发企业，应要求其开发项目资本金比例不低于35%；贷款银行在办理房地产开发贷款时，应建立严格的贷款项目审批机制，确认该项目的合法性、合规性、可行性；贷款银行应对申请贷款的房地产开发企业进行深入调查审核，特别是近3年的经营管理和财务状况，以往的开发经验和开发项目情况，与关联企业的业务往来等；对资质较差或以往开发经验较差的房地产开发企业，贷款应审慎发放；对经营管理存在问题、不具备相应资金实力或有不良经营记录的企业，贷款发放应严格限制；对于依据项目而成立的房地产开发项目公司，应根据其自身特点对其业务范围、经营管理和财务状况，以及股东及关联公司的上述情况和彼此间的法律关系等进行深入调查审核。

2.房地产开发贷款风险转移

房地产开发贷款风险转移主要是指贷款银行通过选择贷款方式将贷款风险转移出去，避免自己承担贷款损失。目前，商业银行普遍采取抵押贷款或担保贷款等方式来实现风险转移，但近年来又陆续产生了一些新的贷款风险转移方式。随着科技进步和经济发展，金融制度不断创新，金融新工具大量涌现，商业银行房地产开发贷款风险的转移也出现了新的途径，从现阶段发展状况来看，主要有房地产贷款证券化、房地产贷款保险、信贷衍生交易等。其中，房地产贷款证券化是金融领域的创新。从国外实践来看，房地产贷款证券化不失为贷款银行转移贷款风险的有效方法，在中国这方面虽有个案成功发行，要大规模发展尚有待时日。

3.房地产开发贷款风险分散

房地产开发贷款风险分散分为内部分散和外部分散，其中内部分散为重点。内部分散是指贷款银行通过调查内部房地产开发贷款结构，通过采取多样化贷款方式，将风险度高的贷款逐步调整为风险度低的贷款，降低风险度高的贷款所占比重。例如，可规定房地产贷款总额中必须有80%以上的贷款发放给AA级以上的房地产企业，对BBB级和BB级房地产企业严格把握，对B级和C级房地产企业要严格禁止放款；将房地产开发贷款分散于不同的开发商，如果某一开发商贷款量超过房地产开发贷款总量的15%，则应限制发放；将房地产开发贷款分散于不同区域、不同类型、不同规模和不同开发时间的项目以规避风险；注重开发贷款的使用监督和销售贷款中的产权实地调查，逐步调整使房地产投资消费和开发贷款的比例趋于合理，合理比例应该为投资消费贷款占60%~70%，开发贷款占30%~40%。外部分散是指贷款银行通过与外部合作，解决贷款过度集中带来的风险集中问题，将贷款风险分散到外面去，从而减少可能的损失。其基本动机是通过利益共享，达到分散风险的目的。其中最普遍的做法是对一些大中型房地产开发企业发放贷款时采取组织银团贷款的方式。由于这些贷款金额巨大、风险性强，采用银团贷款的方式可以使银团内部各个成员银行分别承担贷款总金额的一部分，各自对贷款负责并承担风险，从而有效分散整个贷款风险。

4.房地产开发贷款风险回避

房地产开发贷款风险回避是指贷款银行经过分析，发现某笔房地产开发贷款可能产生的风险损失太大时，采取主动回避、放弃提供贷款的做法。风险回避是防范房地产开发贷款风险最强有力、最彻底的手段，是一种完全自足型的风险管理技术。有效的回避措施可以在贷款风险事件发生之前完全消除这种风险给贷款银行造成损失的可能性，而其他风险管理措施只能起到减少损失发生概率、减轻损失的严重程度、在损失发生后予以补偿的作用。可采用的风险回避措施主要有：对B级和C级房地产企业要严格禁止放款，特别是对C级房地产企业坚决不能发放贷款；当对申请贷款的房地产开发企业不熟悉且无法获取其完整可靠的资料信息时，就不应对其发放贷款；贷款银行评估借款房地产开发企业资信时，如对企业主管人的因素（如道德因素和信用状况或还款、合作意愿）存在怀疑，则不论借款人有怎样的经济实力或抵押物的价值如何高，均应不予贷款。

防范房地产开发贷款风险，除了采取上述措施外，加强对房地产开发贷款风险的监督管理是非常有必要的。为此，还必须从以下两个方面加强管理：

第一，加强对房地产开发贷款风险的监控。目前，银行都加大了对抵押物与信用担保方的核实力度，但仍未解决贷款在后期使用中所面临的风险，如恶意骗取、挪用、故意违约。所以，当前银行应该尽快建立有效的房贷风险监控系统以控制贷款风险，即建立一套全面评估贷款企业的风险监控体系，一方面加强对抵押物的资产评估，另一方面对房地产开发企业在经营管理、市场运营、政策风险以及资产安排、开发实力等方面进行彻底评估，同时需要大力发展对银行、开发商都负责的中介机构，并充分借助中介机构的优势加强对房地产开发贷款风险的监控。

第二，建立合理的识别防范机制。建立起贷款银行的风险识别和防范机制比“一刀切”式的“堵”的政策可能更为有效。自改革以来，贷款银行并没有建立起有效的风险识别、评估、监测和防范机制。从表面上看，贷款银行有比较完善的信用风险评估系统，如信贷审核委员会，但在实践中信贷审核委员会常常成了推诿个人责任的理由。管制利率也使得利率机制失去了对借款人的筛选功效，贷款银行缺乏自主进行风险定价的余地，使中国的贷款银行在发放贷款时面临着更多的逆向选择。

2019年2月25日银保监会表示，下一阶段，银保监会会继续紧盯房地产贷款风险，要对房地产开发贷款继续实行审慎的贷款标准，特别是严格控制带有投机性的开发贷款，防止房地产金融风险出现大的问题。2020年8月20日，为进一步落实房地产长效机制，实施好房地产金融审慎管理制度，增强房地产企业融资的市场化、规则化和透明度，人民银行、住建部会同相关部门，形成了重点房地产企业资金监测和融资管理规则，构建了房企融资管理归档的财务指标：①剔除预收款项后资产负债率不超过70%。②净负债率不超过100%。③现金短债比大于1。

□ 本章小结

★所谓房地产开发贷款，是指贷款人向借款人（开发商）发放的用于房地产开发及其配套设施建设的贷款。目前，房地产开发贷款仍然属于国内各大商业银行的主要业务之一，而对房地产开发企业来说，各大商业银行的贷款也依然是其主要的资金来源。开发商进行借贷的主要原因是要充分发挥借贷资金的“杠杆效应”，以获得更大利润。

★房地产开发贷款主要涉及贷款人和借款人两个主体，双方通过借款合同及担保合同构成借贷关系；房地产开发贷款可以按照贷款对象、贷款发放方式以及贷款用途的不同进行分类；房地产开发贷款具有按开发项目贷款、贷款金额较大、贷款占用时间较长、贷款风险较大等特征。

★房地产开发贷款具有期限长的显著特点，因此银行一般要求开发商提供某种担保方式，抵押是房地产开发贷款中最广泛采用的一种担保方式，包括普通抵押、最高额抵押、集合抵押、浮动抵押和分享增值抵押。

★房地产开发贷款风险是指房地产开发贷款到期不能收回或不能全部收回贷款本息的可能性，主要表现为信用风险、市场风险和操作风险3种类型。房地产开发贷款的风险管理应在坚持项目管理、以销定贷、阶段拨付以及公私联动等原则的基础上，采取相应的风险防范措施。

□ 综合练习

一、本章基本概念

房地产开发贷款；杠杆效应；信用贷款和担保贷款；普通抵押；最高额抵押；集合抵押；分享增值抵押；信用风险；市场风险；操作风险

二、本章思考题

1.简述贷款的杠杆效应原理及其表现形式。

2.房地产开发贷款的主体、分类及特点是什么？

3.房地产开发抵押贷款担保方式有哪些？

4.房地产开发贷款的操作流程是怎样的？

5.房地产开发贷款的风险有哪些？如何管理？

本章思考题答案要点

推荐阅读资料

第六章

个人住房贷款

□ 思政引导

通过本章教学，应引导学生了解如下知识：

1. 个人住房贷款在社会主义市场经济体系中的社会价值与经济意义；
2. 个人住房贷款对国家金融体系健康稳定发展的重要意义；
3. 对个人住房贷款的监管政策及其与房地产市场调控的关系。

□ 学习目标

通过对本章的学习，学生应了解或掌握如下内容：

1. 个人住房贷款的概念、种类及特点；
2. 个人住房贷款工具；
3. 个人住房贷款违约风险分类、分析方法及管理手段；
4. 提前还贷的相关问题。

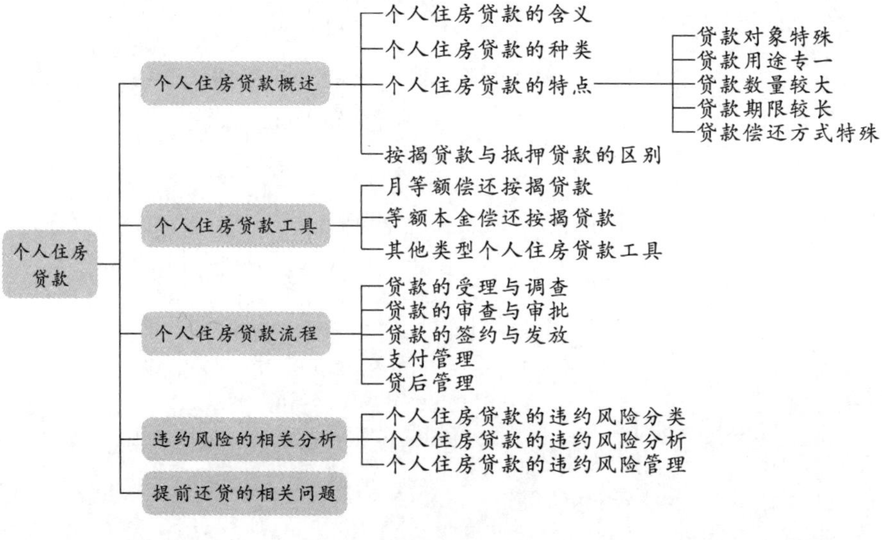

导　言

对于任何中国人来说，1998年都是值得纪念的一年。这一年推行了两项伟大改革——住房分配货币化改革和建立起个人住房贷款制度，这两项制度的推行彻底改变了中国人的住房面貌，成为全面深化改革开放的有力支撑。个人住房贷款制度的推行和不断发展完善，缩小了中低收入群体跟富有群体间的生活差距，让中低收入阶层也能有机会像高收入者一样，较早买到房子。如果没有这一配套制度，市场化后的房地产就只能是高收入阶层的市场，中低收入阶层就真的只能“望房兴叹”了。因此，个人住房贷款以及许多其他金融产品，能够从本质上扩大中低收入阶层的生活空间，拉平他们跟富有阶层的机会差距。个人住房贷款符合中国特色社会主义市场经济体制的建设目标，在具有重大社会意义的同时，也具有重大经济价值。如今，个人住房贷款已成为各大商业银行最重要的利润增长点之一，贷款规模也越来越大。

第一节　个人住房贷款概述

个人住房贷款是1998年年底伴随着住房分配货币化改革配套推出的，是中华人民共和国成立以来中国老百姓第一次能用到的金融借贷产品。住房属于高价值家庭必需品，一般相当于家庭年收入的若干倍，因此购房者往往很难一次性付清购房款。个人住房贷款制度的确立与发展，则很好地解决了这个问题。

一、个人住房贷款的含义

个人住房贷款是指商业银行等金融机构向购买、建造、改造、修缮各类住房的自然人发放的贷款，属于中长期贷款。要准确理解个人住房贷款的概念，应把握如下两点：

（一）个人住房贷款是一种担保贷款

个人住房贷款的担保制度是住房贷款必要的补充制度，其目的是分散、转移一级抵押市场上的贷款风险，保障抵押权益的实现，提高贷款的流动性和安全性，保证购买住房信贷资产的良性循环，同时为债权人在二级市场顺利转让债权或发行抵押债券提供保证。《住房公积金管理条例》和《个人住房贷款管理办法》等都对个人住房贷款担保作出了相应规定。

目前，银行运用信贷资金发放的个人住房贷款实行4种担保方式，即抵押贷款、质押贷款、保证加抵押贷款和保证贷款方式。其中，抵押贷款方式是指贷款行以借款人或者第三人提供的符合规定条件的房产作为抵押物而向借款人发放贷款的方式；质押贷款方式是指借款人或者第三人将国库券、国家重点建设债券、金融债券、AAA级企业债券、银行存单等有价证券交由贷款行占有，贷款行以上述凭证作为贷款的担保而向借款人发放贷款的方式；保证加抵押贷款方式是指贷款行以借款人尚未办理抵押登记的房产作为个人住房贷款抵押物的同时，要求借款人提供符合规定条件的保证人作为贷款的担保而向其发放贷款的方式，包括房地产开发公司的阶段性连带责任保证贷款方式，保险公司的全额全程连带责任保证贷款方式，担保公司的全额全程连带责任保证贷款方式；保证贷款方式是指贷款行以借款人提供的具有代为清偿能力的企业法人单位或第三方自然人作为保证人而向其发放贷款的方式，包括售房单位保证贷款方式、房地产开发公司全额全程连带责任保证贷款方式、企业法人的全额全程连带责任保证贷款方式和个人全额全程保证贷款方式。

知识拓展6-1

国库券和国家重点建设债券

（二）个人住房贷款的实质是按揭贷款

所谓“按揭”，是指按揭人将房产的产权转让给提供贷款的银行作为还款保证，按揭人在还清贷款后，按揭受益人立即将所涉及的房产产权转让给按揭人的行为。在此过程中，按揭人享有房产的使用权。个人住房贷款的实质是按揭贷款，借款人为按揭人，贷款人为按揭权人。在期房销售中，开发商既是售楼人，又是按揭的担保人，同时也是按揭权人的部分代理人。

图6-1形象地揭示出个人住房按揭贷款的全过程。按揭人首先买下非按揭楼宇部分，把这部分当作“租楼”按金，向按揭权人“租用”按揭楼宇。之后从某一时刻起，按揭人每月按时向按揭权人交付贷款本息，俗称“月供”，直至按揭期满，此时按揭楼宇的所有权方可归按揭人所有。对于按揭权人来说，按揭贷款就是买下楼宇“租给”按揭人使用，按揭期满卖出楼宇的法律过程。也就是说，房屋按揭人（准备购买房屋的人）将欲购买的房屋通过一定程序转让给按揭权人，在按揭期内，按揭权人成为该房屋的业主；按揭人按期归还贷款本息后，按揭权人将房屋所有权转给按揭人。

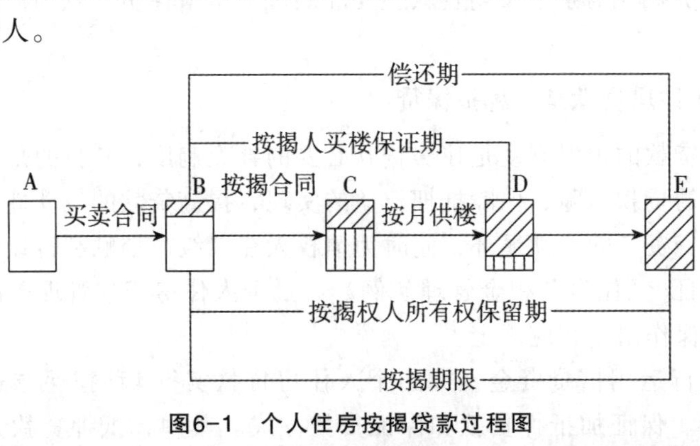

图6-1　个人住房按揭贷款过程图

注：□表示楼宇所有权人为售楼人；▥表示楼宇所有权人为按揭权人；▨表示楼宇所有权

人为按揭人；A点——待出售楼宇，所有权人为售楼人；B点——按揭人购下非按揭楼宇部分，未购部分为按揭楼宇；C点——按揭人作楼宇按揭，按揭权人购下按揭楼宇部分，与此同时，按揭人按月供楼，支付贷款本息；D点——按揭人依约还款，直到全部还完为止；E点——月供期满，按揭结束。

二、个人住房贷款的种类

按照不同的标准，可以将个人住房贷款划分成不同的类型。划分标准、分类及其含义见表6-1。

表6-1 个人住房贷款分类

划分标准	分类	相关含义
按照资金来源划分	商业性个人住房贷款	也称自营性个人住房贷款，是指银行运用信贷资金向在城镇购买、建造或大修各类住房的个人发放的贷款
	公积金个人住房贷款	也称委托性住房公积金贷款，是依托政策性的住房公积金所发放的委托贷款，是指按时向住房公积金管理中心正常缴存住房公积金单位的在职职工，在本市购买、建造各类型住房（包括二手住房）时，以其拥有的产权住房为抵押物，并由有担保能力的法人提供保证而向住房公积金管理中心申请的贷款，该贷款可由住房公积金管理中心委托银行发放
	个人住房组合贷款	是指对按时足额缴存住房公积金的职工在购买、大修各类型住房时，商业银行同时向其发放公积金个人住房贷款和商业性个人住房贷款而形成的特定贷款组合
按照交易形态划分	一手房个人住房贷款	是指银行向在住房一级市场购买由开发商或售房单位直接出售的住房的自然人发放的贷款
	二手房个人住房贷款	是指银行向在住房二级市场购买再次住房交易的住房的自然人发放的贷款
	个人住房转让贷款（转按揭）	购买二手房时，因卖方贷款尚未还清，房产仍抵押在银行，买方需申请按揭贷款，此时无须先还清卖方贷款，在抵押状态下交易过户，并帮助买房人申请按揭贷款，保障买卖双方的利益，但买卖双方应提供阶段担保
按照贷款利率确定方式划分	固定利率个人住房贷款	是指在贷款期限内，不论银行利率如何变动，借款人都将按照合同签订的固定利率支付利息，不会因为利率变化而改变还款数额
	浮动利率个人住房贷款	是指在整个贷款期内，利率随市场利率或法定利率等的变动而定期调整的贷款，调整周期和利率调整基准的选择，由借贷双方在借款时议定

三、个人住房贷款的特点

与传统的企业贷款相比，个人住房贷款具有以下特点：

（一）贷款对象特殊

中国人民银行制定的《个人住房贷款管理办法》中规定，个人住房贷款的贷款对象是具有完全民事行为能力的自然人，并对借款人所应具备的条件进行了详细的规定。

（二）贷款用途专一

个人住房贷款的设立是为了配合住房制度改革，支持城镇居民购买自用普通住房，因此贷款只能用于支付所购买住房的房款。

（三）贷款数量较大

对于经办银行而言，个人住房贷款无论是市场需求还是贷款笔数和单笔贷款金额相对于其他个人消费贷款都是较大的。

（四）贷款期限较长

中国人民银行的《个人住房贷款管理办法》规定贷款期限最长不能超过30年，因此个人住房贷款多数为中长期贷款。

（五）贷款偿还方式特殊

相对于企业贷款，个人住房贷款偿还方式较为特殊。贷款期限在1年以内（含1年）的，实行到期一次还本付息，利随本清；贷款期限在1年以上的，按月归还贷款本息。

四、按揭贷款与抵押贷款的区别

抵押和按揭两者都是房地产市场中最常用的融资工具，但在中国现行法律中有“抵押”的有关规定，而无“按揭”的明确规定。也许正是因为这个原因，实践中往往把国外有关的“按揭贷款”统称为“抵押贷款”。实际上，二者之间存在较大差异，主要体现在以下几个方面：

（一）债务人拥有标的物的产权状态不同

抵押贷款是借款人将自己拥有的房屋所有权及土地使用权作为还款的担保；而按揭贷款是按揭人将自己非按揭楼宇部分的房地产作为“按金”，向按揭权人租用按揭楼宇。

（二）债权债务参与人不同

抵押是借贷双方参与，借款人既是债务人又是抵押人，贷款人既是债权人又是抵押权人，一般不再需要担保人，是单纯的“指物借钱”；而按揭贷款参与人包括原有房产所有人、按揭人和按揭权人，按揭人必须与开发商订立楼宇买卖合同或楼宇预售合同，并交付非按揭楼宇价款后，方可与按揭权人签订按揭楼宇购楼贷款合同，开发商则承担阶段性担保责任。

（三）借贷资金运用的目的不同

抵押的目的是获得贷款，资金可以自由运用；按揭贷款的目的是购置房屋物业，贷款资金不能挪作他用，只能用于特定房屋的购买。

（四）债务还贷方式不同

抵押贷款的还贷方式，可以是一次性偿还贷款本息，也可以分期偿还；按揭贷款一般采用分期偿还本息的方式，即我们所说的“月供”。

第二节 个人住房贷款工具

个人住房贷款工具有多种，主要有月等额偿还按揭贷款、等额本金偿还按揭贷款、递增式偿还按揭贷款、漂浮式按揭贷款、可变利率按揭贷款和逆向年金抵押贷款。目前，中国商业银行推出的个人住房贷款工具主要是指月等额偿还按揭贷款与等额本金偿还按揭贷款两种。

一、月等额偿还按揭贷款

月等额偿还按揭贷款（constant payment mortgage，CPM），也称等额本息偿还按揭贷款，是指借款人每月还贷本息合计金额相同，但每月偿还的本金部分逐渐增加，利息部分逐渐减少。该还款方式适合于在未来预期收入稳定的借款人。

月等额偿还额等于以贷款金额为现值计算的年金[①]。设贷款金额为P，月利率为i，按月计算的贷款期限为n期，月偿还额为A，用现金流量图表示为图6-2。

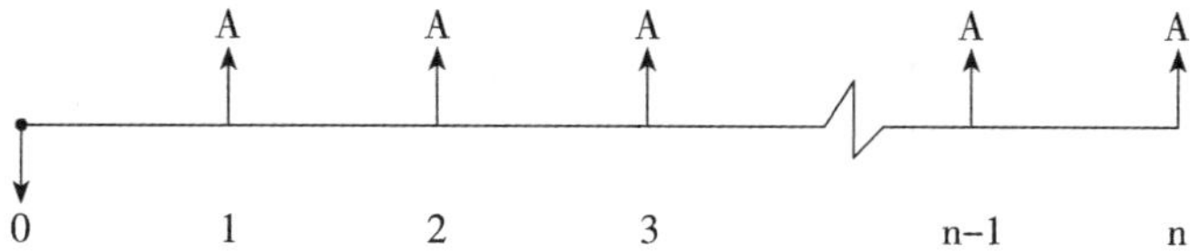

图6-2 月等额偿还按揭现金流量Ⅰ

若已知年金为A，求现值P。公式如下：

① 年金是指时间间隔相等、金额相等的现金流量，或一定时期内每期金额相等的款项收付。

$$P=\frac{A}{1+i}+\frac{A}{(1+i)^2}+\frac{A}{(1+i)^3}+\cdots+\frac{A}{(1+i)^{n-1}}+\frac{A}{(1+i)^n}$$

$$=A\times\left(\frac{1}{1+i}+\frac{1}{(1+i)^2}+\frac{1}{(1+i)^3}+\cdots+\frac{1}{(1+i)^{n-1}}+\frac{1}{(1+i)^n}\right)$$

$$=A\times\frac{\frac{1}{1+i}\left[1-\frac{1}{(1+i)^n}\right]}{1-\frac{1}{1+i}}$$

$$=A\times\frac{(1+i)^n-1}{i(1+i)^n} \tag{6.1}$$

则：$$A=P\times\frac{i(1+i)^n}{(1+i)^n-1} \tag{6.2}$$

例6-1：某城市居民家庭购买一套住房，申请商业性个人住房贷款50万元，贷款年利率为6.55%，贷款期限为15年。该居民家庭选用等额本息偿还按揭贷款，若在整个贷款期内，利率未变，那么该家庭每月还贷本息为多少？

解：已知P=50万元，月利率i=6.55%/12，n=15×12=180（月），则：

$$A=P\times\frac{i(1+i)^n}{(1+i)^n-1}=500\ 000\times\frac{\frac{6.55\%}{12}\times(1+\frac{6.55\%}{12})^{180}}{(1+\frac{6.55\%}{12})^{180}-1}=4\ 369.29\text{（元）}$$

实际情况是，在整个贷款期内，利率一般来说并非一成不变。若遇到法定利率调整，银行相应规定如下：贷款期限在1年以内的，实行合同利率；贷款期限在1年以上的，于下年年初开始，按调整后的利率重新计算月偿还额，这样就涉及未清偿贷款余额的计算问题。

设贷款金额为P，月利率为i，按月计算的贷款期限为n。当借款人偿还m期后，利率调整为i′，那么m+1期以后，每月的月供A′是多少？

1.计算m时点上尚未清偿贷款余额P′

上述还款方式用现金流量图表示为图6-3。

方法一：未清偿贷款余额可采用将年金转换为现值的公式计算，即等于m期后的月偿还额的现值之和。计算公式为：

$$P'=A\times\frac{(1+i)^{n-m}-1}{i(1+i)^{n-m}} \tag{6.3}$$

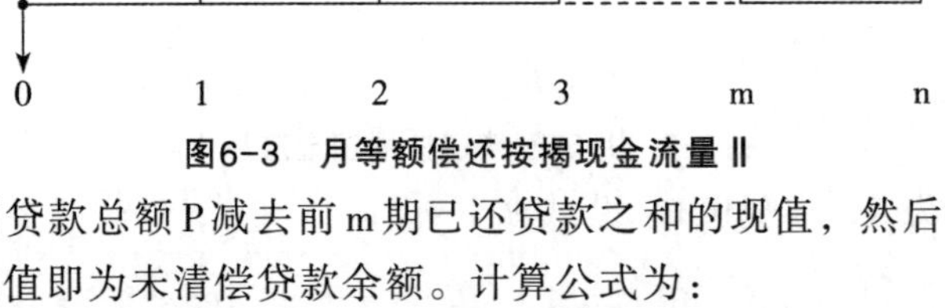

图6-3 月等额偿还按揭现金流量Ⅱ

方法二：用贷款总额P减去前m期已还贷款之和的现值，然后将差值换算为m时点上的值，该值即为未清偿贷款余额。计算公式为：

$$P'=\left[P-A\times\frac{(1+i)^m-1}{i(1+i)^m}\right]\times(1+i)^m \tag{6.4}$$

2.计算利率为i′时的月偿还额A′

$$A'=P'\times\frac{i'(1+i')^{n-m}}{(1+i')^{n-m}-1} \tag{6.5}$$

例6-2：在例6-1中，假设该家庭已按等额本息偿还了5年，从第6年开始年利率上升为7%，那么第6年年初开始该家庭的月供是多少？仍然采用等额本息偿还按揭贷款的方式。

解：已知P=50万元，月利率i=6.55%/12，n=15×12=180（月），m=60月，i′=7%/12，则：

（1）计算第5年年末未清偿贷款余额。

$$P'=A\times\frac{(1+i)^{n-m}-1}{i(1+i)^{n-m}}=4\,369.29\times\frac{\left(1+\frac{6.55\%}{12}\right)^{180-60}-1}{\frac{6.55\%}{12}\times\left(1+\frac{6.55\%}{12}\right)^{180-60}}=383\,936.05\text{（元）}$$

（2）计算A′。

$$A'=P'\times\frac{i'(1+i')^{n-m}}{(1+i')^{n-m}-1}=383\,936.05\times\frac{\frac{7\%}{12}\times\left(1+\frac{7\%}{12}\right)^{180-60}}{\left(1+\frac{7\%}{12}\right)^{180-60}-1}=4\,457.82\text{（元）}$$

二、等额本金偿还按揭贷款

等额本金偿还按揭贷款（constant amortization mortgage，CAM）是在整个贷款期内，本金部分按月等额偿还，利息按贷款的实际余额和合同利率计算支付。这种还款方式的每期偿还额是递减的，适合于预期收入可能逐渐减少的借款人。其计算公式为：

$$a_k=\frac{P}{n}+\left(1-\frac{k-1}{n}\right)\times P\times i \tag{6.6}$$

其中：a_k——第k期的月还款额；P——贷款总额；n——还款期数；k——还款第k期。即：

每月还款额=贷款本金÷贷款总月数+（本金-已归还本金累计额）×月利率

贷款本金余额=本金-已归还本金累计额　（6.7）

例6-3：在例6-1中，假设该居民家庭选择等额本金偿还按揭贷款方式，其他条件不变，那么该居民家庭第1期和第60期的月供各为多少？

解：$a_1=\frac{500\,000}{180}+\left(1-\frac{1-1}{180}\right)\times500\,000\times\frac{6.55\%}{12}=5\,506.94$（元）

$$a_{60}=\frac{500\,000}{180}+\left(1-\frac{60-1}{180}\right)\times500\,000\times\frac{6.55\%}{12}=4\,612.38\text{（元）}$$

等额本息与等额本金是两种最基本的个人住房贷款偿还工具，目前在中国商业银行的个人住房贷款业务中主要就是采用上述两种方式。两种还款工具在还款总额和所交利息总额方面差异较大，主要表现在：

第一，两者每期月供数额不同。等额本息每期偿还数额是一个固定数，而等额本金每期偿还的数额随着还款期数的增加而减少。

第二，两者每期还款金额中本金、利息所占比例不同。等额本息每期还款金额相同，即每月本金加利息总额一样，借款人还贷压力均衡，但利息负担相对较多；等额本金又叫递减还款法，每月本金保持相同，利息逐渐减少，前期还款压力大，但以后的还款金额逐渐递减，利息负担逐渐较少。

第三，两种还款方式中的利息总额不同。在贷款时间相同的条件下，等额本息还款法所要支付的利息高于等额本金还款法。

第四，实际操作中，等额本息还款方式更受欢迎一些。大部分借款人在进行比较后，还是选择了等额本息还款方式，因为这种方式月还款额固定，便于记忆，还款压力均衡。相比较而言，等额本金还款方式相对保守，因为这种方式过于注重本金的偿还，使得每月尚需还贷总额以一定比例递减（见公式（6.7）），而这恰恰与居民收入水平以及抵押房屋价值逐步提升这一规律相违背，因此在个人住房贷款的偿还方式选择上人们更倾向于前者。

实质上，等额本金和等额本息还款方式没有优劣之分。只是在需求不同时，才有了不同的选择，因为这些借款人也同样看到了由于时间使资金的使用价值产生了不同。也就是说，等额本息还款方式由于自己占用银行的本金时间较长，当然就要多支付利息；而等额本金还款方式占用银行本金的时间较短，利息也就自然减少了，并不存在自己吃亏而银行赚取更多利息的问题。

三、其他类型个人住房贷款工具

除了等额本息和等额本金两种最常运用的个人住房贷款工具外，国际上还常运用递增式偿还按揭贷款、漂浮式按揭贷款、可变利率按揭贷款、逆向年金抵押贷款等方式。目前，这些工具在中国的商业银行个人住房贷款中还没有被采用，因此这里只做简要介绍。

（一）递增式偿还按揭贷款

递增式偿还按揭贷款（graduated payment mortgage，GPM）方式，是指贷款期内逐年或每隔几年按一定比例递增还款额，但每年或每几年内的各个月份，均以相等的额度偿还。一般是在贷款期内最初的5年或10年里，每年的月还款额相同，但逐年以一定的比率递增，其前期月偿还额低于等额本息还款方式计算的还款额。这种还款方式适合年轻人申请个人住房贷款。这种还款方式也称分级支付方式、渐进式还款方式。

（二）漂浮式按揭贷款

所谓漂浮式按揭贷款（balloon mortgage，BM）方式，是指贷款期内的每期偿还额都低于等额本息还款方式计算的还款额，因而最后一次还款额大大高于以前的历次还款。美国在20世纪30年代，所采取的每月只偿还利息部分，到期一次性偿还本金的按揭贷款方式，实际上就是一种漂浮式按揭贷款。现在的漂浮式按揭贷款是贷款人为了向借款人转嫁部分通货膨胀风险，而在传统的漂浮式贷款方式基础上发展而来的。

（三）可变利率按揭贷款

前面介绍的两种还款方式，是固定利率还款方式，即在贷款期内，若国家法定利率未调整，即使市场利率变化后，也按原先的利率计算还款。固定利率按揭还款方式不能随市场利率的变化而进行相应的调整，难以防止借贷双方在通货膨胀条件下可能出现的损失。

可变利率按揭贷款（adjustable rate mortgage，ARM）方式，是指合同规定的利率可以浮动，这种浮动幅度是按事先预定的市场指标或双方重新协商而确定的。推行可变利率按揭贷款的目的就是使客户与银行共担利率风险，一方面，不能使借款人的负担过重，以防违约的大量出现；另一方面，银行也能从利率变化中降低风险，以取得稳定的收益。

（四）逆向年金抵押贷款

逆向年金抵押贷款（reverse annuity mortgage，RAM）和通常的按揭贷款不同，是贷款人逐月付给房地产所有者一定的资金，抵押合同期满，借款人则一次性还贷。在国外，许多人退休后收入下降，致使生活水平受到影响，由金融机构每月向其提供固定数额的贷款，作为老年人生活费用的补助，贷款期末（一般为10年）一次性偿还贷款，作为逆向年金抵押贷款，银行所获得的贷款收益是免税的。

逆向年金抵押贷款作为一种特殊的住房贷款，有其自身的优点，例如可以使房屋所有人利用房屋取得资金，来进行消费和其他方面的投资，提高了资产的流动性；利用房屋取得资金，是人们取得生活费用的最后选择，这有利于社会问题的解决；终生养老金抵押贷款，在房屋抵押后，抵押人在其有生之年仍有权利住在已抵押的房屋中，既解决了生活资金问题又解决了居住问题。但同时逆向年金抵押贷款也有其缺点，例如获取这些资金的成本较高（包括利息和转让费）；借款人违约风险加大，在房屋升值幅度小或贬值时更是如此；在利率较高的情况下，借款人得到的借款数额较低。

第三节　个人住房贷款流程

如果想在某个商业银行贷款买房，就必须预先了解该银行贷款的具体操作流程。各个商业银行虽然对借款人会提出不同的要求以规范双方的借贷行为，但一般的业务操作流程是基本相同的，包括贷款的受理与调查、贷款的审查与审批、贷款的签约与发放、支付管理和贷后管理5个环节。

一、贷款的受理与调查

贷款的受理主要是贷款受理人接受借款人的申请，并对相关材料进行初审，经初审符合要求后，贷款受理人应将借款申请书及申请材料交由贷前调查人进行贷前调查。

（一）贷前受理

1.接受申请

贷款受理人应要求借款申请人以书面形式提出个人贷款申请，并按要求提交能证明其符合贷款条件的相关申请材料。对于有共同申请人的，应同时要求共同申请人提交有关申请材料。这些材料包括合法有效的身份证件，包括居民身份证、户口簿、军官证、警官证、文职干部证、港澳台居民还乡证、居留证件或其他有效身份证件；借款人还款能力证明材料，包括收入证明材料和有关资产证明等；合法有效的购房合同；涉及抵押或质押担保的，需提供抵押物或质押权利的权属证明文件以及有处分权人同意抵（质）押的书面证明，财产共有人在借款（抵押）合同上直接签字，可无书面声明；涉及保证担保的，需保证人出具同意提供担保的书面承诺，并提供能证明保证人保证能力的证明材料；购房首付款证明材料，包括借款人首付款交款单据（如发票、收据、银行进账单、现金交款单等），首付款尚未支付或者首付款未达到规定比例的，要提供用于购买住房的自筹资金的有关证明；银行规定的其他文件和资料。

2.初审

贷款受理人应对借款申请人提交的借款申请书及申请材料进行初审，主要审查借款申请人的主体资格及借款申请人所提交材料的完整性与规范性。如果借款申请人提交的材料不完整或不符合材料要求规范，应要求申请人补齐材料或重新提供有关材料。如果不予受理，应退回贷款申请并向申请人说明原因。

（二）贷前调查

初审合格后，贷款受理人应履行尽职调查职责，对住房楼盘项目和借款人提供的全部文件材料的真实性、合法性、完整性、可行性以及对借款人的品行、信誉、偿债能力、担保手段落实情况等进行调查和评估。

贷前调查完成后，贷前调查人应对调查结果进行整理、分析，填写“个人住房贷款调查审批表”，提出是否同意贷款的明确意见及贷款额度、贷款期限、贷款利率、担保方式、还款方式、划款方式等方面的建议，并形成对借款申请人还款能力、还款意愿、担保情况以及其他情况等方面的调查意见，连同申请资料等一并送交贷款审核人员进行贷款审核。

二、贷款的审查与审批

（一）贷款审查

贷款审查人负责对借款申请人提交的材料进行合规性审查，对贷前调查人提交的“个人住房贷款调查审批表”、面谈记录以及贷前调查的内容是否完整进行审查。若贷款审查人认为需要补充材料和完善调查内容，可要求贷前调查人进一步落实。贷款审查人对贷前调查人提交的材料和调查内容的真实性有疑问的，可以进行重新调查。贷款审查人审查完毕后，应对贷前调查人提出的调查意见和贷款建议是否合理、合规等在“个人住房贷款调查审批表”上签署审查意见，连同申请材料、面谈记录等一并送交贷款审批人进行审批。

（二）贷款审批

贷款审批人依据银行各类个人住房贷款办法及相关规定，结合国家宏观调控政策或行业投向政策，从银行利益出发审查每笔个人住房贷款业务的合规性、可行性及经济性，根据借款人的偿付能力以及抵押担保的充分性与可行性等情况，分析该笔业务预计给银行带来的收益和风险。之后，提出审批意见。采用单人审批方式时，贷款审批人直接在“个人信贷业务申报审批表”上签署审批意见；采用双人审批方式时，先由专职贷款审批人签署审批意见，后送贷款审批牵头人签署审批意见。贷款审批人对个贷业务的审批意见类型为“同意”“否决”两种。对于审批意见为“否决”的业务，申报机构（部门）认为有充分理由时，可提请重新审议（称为复议），但申请复议时申报机构（部门）需针对前次审批提出的不同意理由补充相关资料，原信贷审批部门有权决定是否安排对该笔业务的复议。

业务部门应根据贷款审批人的审批意见做好以下工作：①对未获批准的借款申请，贷前调查人应及时告知借款人，将有关材料退还，并做好解释工作，同时做好信贷拒批记录存档；②对需补充材料的，贷前调查人应按要求及时补充材料后重新履行审查、审批程序；③对经审批同意或有条件同意的贷款，信贷经办人员应及时通知借款申请人并按要求落实有关条件、办理合同签约和发放贷款等。

三、贷款的签约与发放

贷款的签约包括填写合同、审核合同和签订合同3个步骤。贷款发放人员应根据审批意见，确定应使用的借款合同文本并规范地填写合同。借款合同应符合法律规定，明确约定各方当事人的诚信承诺和贷款资金的用途、支付对象、支付金额、支付条件、支付方式等，并且应保证与贷款最终审批意见一致。合同填写完毕后，填写人员应及时将有关合同文本交合同复核人员进行复核。同笔贷款的合同填写人与合同复核人不得为同一人。合同填写并复核无误后，贷款发放人应负责与借款人（包括共同借款人）、担保人（抵押人、出质人、保证人）签订合同。

贷款发放前，贷款发放人应再次落实贷款发放条件并及时完成贷款划付。落实贷款发放条件包括：①确认借款人首付款已全额支付到位；②借款人所购房屋为新建房的，要确认项目工程进度符合中国人民银行规定的有关放款条件；③需要办理保险、公证等手续的，有关手续已经办理完毕；④对采取委托扣划还款方式的借款人，要确认其已在银行开立还本付息账户，用于归还贷款；⑤对采取抵（质）押的贷款，要落实贷款抵（质）押手续；⑥对自然人作为保证人的，应明确并落实履行保证责任的具体操作程序；对保证人有保证金要求的，应要求保证人在银行存入一定期限的还本付息额的保证金。

四、支付管理

贷款人可以采用受托支付或借款人自主支付的方式对贷款资金的支付进行管理与控制。贷款人受托支付是指贷款人根据借款人的提款申请和支付委托，将贷款资金支付给符合合同约定用途的借款人交易对象。借款人自主支付是指贷款人根据借款人的提款申请将贷款资金直接发放至借款人账户，并由借款人自主支付给符合约定用途的借款人交易对象。

采用贷款人受托支付方式的，银行应明确受托支付的条件，规范受托支付的审核要件，要求借款人在使用贷款时提出支付申请，并授权贷款人按合同约定方式支付贷款资金。银行应在贷款资金发放前审核借款人相关交易资料和凭证是否符合合同约定条件，支付后做好有关细节的认定工作。贷款人受托支付完成后，应详细记录资金流向，归集保存相关凭证。

采用借款人自主支付方式的，贷款人应与借款人在借款合同中事先约定，要求借款人定期报告或告知贷款人贷款资金支付情况。贷款人应当通过账户分析、凭证查验或现场调查等方式，检查贷款支付是否符合约定用途。

五、贷后管理

个人住房贷款的贷后管理是指贷款发放后到合同终止期间对有关事宜的管理，包括贷后检查、合同变更、本息回收、贷款风险分类和不良贷款管理、贷款档案管理等工作，对于贷款的及时、足额收回具有重要作用。

（一）贷后检查

贷后检查是以借款人、抵（质）押物、保证人、担保物、合作开发商及项目为对象，通过客户提供、访谈、实地检查、行内资源查询等途径获取信息，对影响个人住房贷款资产质量的因素进行持续跟踪调查、分析，并采取相应补救措施的过程，从而可以判断借款人的风险状况，提出相应的预防或补救措施，包括提前收回已发放贷款的本息、解除合同，并要求借款人承担违约责任等。

（二）合同变更

合同变更主要包括合同主体变更、贷款期限调整、分期还款额的调整、还款方式变更、担保变更等。经办人应对变更后的借款人主体资格、资信情况、贷款期限、分期还款额、还款方式等进行调查，核实担保人是否同意继续提供担保等，形成书面调查报告后，按贷款审批程序进行审批。经审批同意变更借款后，贷款银行与变更后的借款人、担保人重新签订有关合同。在抵（质）押登记变更等有关手续办妥后，经办人填写“个人住房借款合同变更通知书”，连同一份借款合同交会计部门办理有关借款变更事宜。

（三）本息回收

银行根据借款合同约定进行贷款本息的回收。借款人与银行应在借款合同中约定借款人归还借款采取的支付方式、还款方式和还款计划等。借款人按借款合同约定偿还贷款本息，银行则将还款情况定期告知借款人。其中，贷款支付方式有委托扣款和柜面还款两种方式。借款人可在合同中约定其中一种方式，也可以根据情况在贷款期间进行变更。借款人要按照借款合同中规定的还款方式进行还款，常用的个人住房贷款还款方式包括等额本息还款法和等额本金还款法两种。

（四）贷款风险分类和不良贷款管理

遵循不可拆分的原则，即一笔贷款只能处于一种贷款形态而不能同时处于多种贷款形态，可将个人贷款风险分正常、关注、次级、可疑和损失5类，各类含义见表6-2。

表6-2 个人贷款风险分类

分类	还款状态
正常贷款	借款人一直能正常还本付息，不存在任何影响贷款本息及时、全额偿还的不良因素或借款人未正常还款属偶然性因素造成的
关注贷款	借款人虽能还本付息，但已存在影响贷款本息及时、全额偿还的不良因素
次级贷款	借款人的正常收入已不能保证及时、全额偿还贷款本息，需要通过出售、变卖资产或借款人、保证人、保险人履行保证、保险责任或处理抵（质）押物才能归还全部贷款本息
可疑贷款	贷款银行已要求借款人及有关责任人履行保证、保险责任，处理抵（质）押物，预计贷款可能发生一定损失，但损失金额尚不能确定
损失贷款	借款人无力偿还贷款；履行保证、保险责任和处理抵（质）押物后仍未能清偿的贷款；借款人死亡，或依照《民法典》的规定，宣告失踪或死亡，以其财产或遗产清偿后，仍未能还清的贷款

不良贷款的管理首先需要认定何种类型的贷款为不良贷款。不良个人住房贷款包括5级分类中的后3类贷款，即次级、可疑和损失贷款。银行应按照银行监管部

门的规定定期对不良个人住房贷款进行认定。同时，对不同拖欠期限的不良个人住房贷款可采取不同的方式，如电话催收、信函催收、上门催收、通过中介机构催收或可采取法律手段催收等，督促借款人清偿违约贷款。对于确实不能归还的不良贷款可采取与借款人协商变卖、向法院提起诉讼或申请强制执行依法处分抵（质）押物。

（五）贷款档案管理

个人住房贷款档案管理是指个人住房贷款发放后有关贷款资料的收集整理、归档登记、保存、借（查）阅管理、移交及管理、退回和销毁的全过程。它是根据《中华人民共和国档案法》及有关制度的规定和要求，对贷款档案进行规范的管理，以保证贷款档案的安全、完整与有效利用。

第四节　违约风险的相关分析

近年来，商业银行个人住房贷款业务得到迅速发展的一个重要原因是，与其他类型贷款业务相比，该业务风险较低，甚至被认为是商业银行“超低风险”的优质资产。但这并不意味着个人住房贷款就是绝对无风险资产。与房地产开发贷款风险一样，个人住房贷款也同样面临着信用风险、市场风险和操作风险3类主要风险。在个人住房贷款的风险管理中，市场风险和操作风险的管理基本上与房地产开发贷款相同，而个人住房贷款中的信用风险却表现出不同的特点。

一、个人住房贷款的违约风险分类

个人住房贷款的信用风险又称违约风险，即借款人由于某种原因而不能按时足额偿还银行贷款的情况，表现为还款能力风险和还款意愿风险两个方面，可分别引发被迫违约和理性违约。

（一）还款能力风险

知识拓展6-2

理性违约

还款能力主要表现为借款人客观的财务状况，即在客观情况下借款人能够按时足额还款的能力。个人住房贷款属于中长期贷款，其还款期限通常要持续在20~30年。在这段时间里，个人资信状况面临着巨大的不确定性，信用缺失以及个人支付能力下降的情况很容易发生，这往往就可能转换为银行的贷款风险，如借款人经济状况严重恶化导致其不能按期或无力偿还银行贷款，或者因借款人死亡、丧失行为能力等，这些方面均表现为借款人还款能力不足，均会对贷款银行的利益造成损害，由此形成还款能力风险。另外，由于目前中国个人住房贷款采用的是浮动利率制度，当贷款利率上升时，导致借款人还款负担加重而引发其还款能力不足，致使出现贷款违约的可能性加大。由还款能力不足而引发的借款人违约通常被看成是被迫违约。

（二）还款意愿风险

还款意愿是指借款人对偿还银行贷款的态度。借款人可能故意欺诈，通过伪造的个人信用资料骗取银行贷款，从而产生还款意愿风险，如借款人根本不具备按期还款的能力，其通过伪造个人信用资料骗取银行的贷款购买房屋，再将该房屋出租，以租金收入还贷，一旦房屋无法出租，借款人也就无力继续还款，这给银行带来风险。还有一种情况就是借款人认为牺牲原来的支付成本、放弃每月还款反而可以带来更大的收益，因而造成违约，形成还款意愿风险。这种违约行为与个人的经济收入水平和还款能力无关，而和房地产价格的波动存在密切关系。由还款意愿而引发的借款人违约通常被看成是理性违约。

二、个人住房贷款的违约风险分析

本部分将对理性违约和被迫违约进行分析。理性违约通常在房价明显下跌时方可出现，被迫违约通常是借款人因为经济上的问题而引起的。不过，贷款利率、贷款年限以及贷款成数的变化都会影响借款人的还款能力，这三者主要通过购房者的月还款额以及累计归还的本金额来影响借款人的违约概率。

（一）理性违约的条件分析

当房价不断上涨时，借款人理性违约的可能性微乎其微。因为在这种情况下，借款人所购房屋现时价格高于其购买时的价格，这样即使该借款人在经济上出现了问题而无力还款，他也可以将所购房屋转让，所获得的价款除了归还银行欠款外，还可以收回已经支付的价款（如首付款、已付的月供等），甚至可能盈利。当房屋价格下跌使其现值低于个人住房贷款余额，即出现所谓的“负资产”时，借款人便存在理性违约的动机。

在这里，为了简化分析，我们所考虑的房价升跌是由时间以外的其他因素引起的。[①]假设P为购房者购买房屋时的价格，P_n为该房屋现时市场交易价格，α为购房者贷款成数，A为年金（每期还款额），$\beta=\frac{(1+i)^n-1}{(1+i)^n\times i}$（i为贷款利率，n为已还款期数）为年金现值系数。根据前述分析，购房者理性违约的条件为：

$$P_n<\alpha\times P-A\times\beta \tag{6.8}$$

或：$$\frac{P_n}{P}<\alpha-A\times\frac{\beta}{P} \tag{6.9}$$

若将$\frac{P_n}{P}$看成房价下跌的幅度，则$\alpha-A\times\frac{\beta}{P}$即为借款人理性违约的临界值。从公式（6.8）或公式（6.9）可知，借款人理性违约的临界值与房价、贷款成数、贷款

① 房价的升跌是由许多因素引起的，例如市场需求与供给情况、政策法规因素、人文环境因素等，这些因素的变化均可能导致房价的改变。除此之外，随着时间的不同，即使上述因素不发生变化，房价也会因时间点的不同而不同。若需要将不同时点上的房价进行比较，则必须考虑时间价值问题，也就是需要考虑贴现的问题。因此，在这里所考虑的房价升跌问题，将时间这个因素排除在外，目的是简化分析。后续分析将把时间因素考虑进去。

年限、贷款利率有关。下面举例分析说明。

假设某人购买价值为100万元的商品房，贷款年限为10年，贷款年利息率为7%，采用等额本息还款法。在贷款1~9成的情况下，由公式（6.9）算得借款人每月还款额及每年还款额（见表6-3）、借款人理性违约的临界值（见表6-4）。年金现值系数可查附表A求得。

表6-3 1~9成贷款总额、每月还款额和每年还款额

项目＼成数	贷款总额（万元）	每月还款额（元）	每年还款额（元）
1成	10	1 161	13 932
2成	20	2 322	27 864
3成	30	3 483	41 796
4成	40	4 644	55 728
5成	50	5 805	69 660
6成	60	6 967	83 604
7成	70	8 128	97 536
8成	80	9 289	111 468
9成	90	10 450	125 400

表6-4 贷款1~9成以及还款1~9年时$\frac{P_n}{P}$的临界值

成数＼期限	1年	2年	3年	4年	5年	6年	7年	8年	9年
1成	8.70%	7.48%	6.34%	5.28%	4.29%	3.36%	2.49%	1.68%	0.92%
2成	17.40%	14.96%	12.69%	10.56%	8.58%	6.72%	4.98%	3.36%	1.85%
3成	26.09%	22.44%	19.03%	15.84%	12.86%	10.07%	7.47%	5.04%	2.76%
4成	34.79%	29.92%	25.38%	21.12%	17.15%	13.44%	9.97%	6.72%	3.69%
5成	43.49%	37.41%	31.72%	26.40%	21.44%	16.80%	12.46%	8.40%	4.62%
6成	52.19%	44.89%	38.06%	31.69%	25.73%	20.16%	14.95%	10.08%	5.54%
7成	60.89%	52.37%	44.41%	36.97%	30.01%	23.52%	17.44%	11.77%	6.46%
8成	69.58%	59.85%	50.75%	42.25%	34.30%	26.87%	19.93%	13.45%	7.38%
9成	78.28%	67.33%	57.09%	47.53%	38.59%	30.23%	22.42%	15.13%	8.31%

由表6-4不难理解，在贷款期限和贷款利率确定的情况下，借款人理性违约的可能性由贷款成数和已还款期数决定。已还款期数一定，例如同样是还款1年，如果是5成贷款，则借款人理性违约的临界值是43.49%；若贷款成数提高至8成，则借款人理性违约的临界值上升为69.58%，提高了26.09个百分点。而在贷款成数一定的情况下，不同还款年份的理性违约临界值几乎呈等差递减分布，且贷款成数越高，每年递减的幅度越大。

上述结果比较容易理解。因为贷款成数越高，借款人每期归还银行的还款额度越大；而随着还款期数的增加，借款人的还款额度也在增加。此两种情况导致借款人违约成本的提高，其理性违约的可能也随之下降。分析贷款成数和还款年限对理性违约临界值的影响，能够发现贷款成数的高低在更大程度上决定了理性违约的概率。这也就是说，在贷款年限固定的情况下，购房者贷款成数越高，房价只要出现相对较小的下跌，就可能出现理性违约，例如在贷款9成、还款1年时，只要房价下跌22%，借款人就可能违约；但如果贷款成数降低到5成，则房价要下跌55%以上，借款人才有可能违约。而且随着借款人还款时间的增加，理性违约的临界值越来越小，借款人出现违约的可能也越来越小。这种分析结果也可以用来解释这么多年来个人住房贷款一直被视为商业银行优质资产的原因。

上述分析的是贷款期限为10年的情况。若贷款期限缩短为5年，其他条件不变，考察借款人理性违约的临界值如何变化，其计算结果见表6-5。

表6-5　**5年贷款期限时贷款1~9成以及还款1~4年时$\frac{P_n}{P}$的临界值**

成数 期限	1年	2年	3年	4年
1成	7.78%	5.70%	3.76%	1.95%
2成	15.56%	11.41%	7.53%	3.90%
3成	23.34%	17.11%	11.29%	5.86%
4成	31.12%	22.82%	15.06%	7.81%
5成	38.90%	28.52%	18.82%	9.76%
6成	46.68%	34.23%	22.59%	11.71%
7成	54.46%	39.93%	26.35%	13.66%
8成	62.24%	45.63%	30.12%	15.62%
9成	70.01%	51.34%	33.88%	17.56%

比较表6-4和表6-5可以发现，在贷款成数和还款期数相同的情况下，贷款期限越长，借款人理性违约的可能性越高。例如贷款9成、还款1年时，如果贷款期限是10年，则借款人违约的临界值是78.28%；若贷款期限是5年，则借款人

违约的临界值是70.01%。同时，贷款期限越短，借款人每多还款1年，其违约临界值降低的幅度越大。例如，比较贷款9成、还款2年与还款1年的违约临界值降低幅度，在贷款期限为10年时，这一幅度约为10.95个百分点；而贷款期限为5年时，这一幅度约为18.67个百分点。这种分析结果也说明了，商业银行在提供个人住房贷款时，贷款期限越长，越需关注借款人的信誉和还款能力，谨慎放贷。

以下分析考虑房价变化的时间因素。采用净现值法，则借款人理性违约的条件为：

$$\frac{PV(P_n)}{P}<\alpha-A\times\frac{\beta}{P},\ PV(P_n)=P_n/(1+I)^n \tag{6.10}$$

其中：I表示市场平均收益率，其他符号意义同前。

（二）被迫违约的数据分析

被迫违约是借款人由于经济上的问题而造成其还款能力不足引起的。不过贷款利率、期限以及贷款成数通过影响借款人的月还款额和累计还款额，进而间接影响其被迫违约的可能性。表6-6给出了贷款10万元，年利率为5%、6%、7%，贷款期限为10年、20年、30年的月还款情况（等额本息还款法）。

表6-6 3种利率和3种贷款期限下贷款10万元的月还款额 单位：元

利率 / 期限	10年	20年	30年
5%	1 060	660	537
6%	1 110	716	599
7%	1 161	775	665

表6-6的数据表明，在贷款利率不变的情况下，随着贷款期限的延长，月还款额呈递减趋势。这样，在较长的贷款期限内，较低的月还款额一方面降低了借款人的还款负担，降低了借款人被迫违约的风险；另一方面，速度较慢的本金归还，也提高了借款人违约的可能性，使贷款人处于不利境地。

贷款利率的上升容易加大被迫违约的发生概率，且贷款期限越长，利率波动对月还款额的影响幅度就越大，如利率从5%上升到6%后，10年期的月还款额增加4.7%，20年期增加8.5%，30年期则增加11.5%。

除了贷款期限和贷款利率影响被迫违约外，贷款成数也是影响被迫违约的一个重要因素。这点从相关研究中得到证实，读者可参阅相关研究文献。

三、个人住房贷款的违约风险管理

从总体上看，对于商业银行而言，把握住借款人的还款能力，就基本把握住了第一还款来源，能够有效避免个人住房贷款的违约风险，从而保证个人住房贷款的安全。为此，可以从加强对借款人还款能力的甄别和深入了解借款人的还款意愿两方面入手。

（一）加强对借款人还款能力的甄别

防范个人住房贷款违约风险需特别重视把握借款人的还款能力，改变以往“重抵押物、轻还款能力”的贷款审批思路。在审核个人住房贷款申请时，必须对借款人的收入证明严格把关，尤其是自雇人士或自由职业者。为此，除了需要向借款人的工作单位、市场监督管理部门、税务部门以及征信机构等独立的第三方进行查证外，还应审查其纳税证明、资产证明、财务报表、银行账单等，确保第一还款来源真实、准确、充足。

1.验证工资收入的真实性

在验证工资收入真实性的工作中，要求借款人提供可靠的证明材料，如至少过去3个月的工资单、工资卡或存折入账流水、纳税证明、住房公积金缴存清单等证明；通过电话调查、面谈核实其工作单位和收入的真实性；通过了解其公积金数额及存折上流水情况来验证收入证明的真实情况；对于难以提供工资单或公积金数额的客户，可以通过验证借款人缴纳个人所得税税单的数额来判定其真实收入水平。

2.验证投资收入的真实性

对于借款人的投资收入，个人住房贷款的经办人验证起来的难度相对较大，主要可以通过投资证明、被投资方的分红决议及支付凭证等相关资料的齐备性和真实性来确认借款人投资收入的真实性。

3.验证经营收入的真实性

经营收入的真实性最难把握的是部分小手工业者，没有进行正规的企业申办手续，更无正规的财务资料，相关的收入较难核实。贷款经办人应该通过电话访谈、面谈、侧面了解等方式，来分析其经营的规模和盈利情况，判断其月收入是否符合贷款条件。

（二）深入了解客户还款意愿

借款人是老客户的，可以通过检查其以往的账户记录、还款记录以及当前贷款状态，了解其还款意愿。对于新客户，则可以通过职业、家庭、教育、年龄、稳定性等个人背景因素来综合判断。这些信息可以通过借款人提交的申请资料和中国人民银行的个人征信系统的信用报告来获取。而借款人的稳定性可以通过借款人在现任职公司的工作年限、现住址的居住年限来判断。银行查证借款人的身份证明文件、核实其就业状况及收入情况，审查借款人申请资料的真实性、准确性及品格特征是必不可少的贷款审查内容。同时，坚持贷款面谈制度，对申请人的还款意愿从细节上进行把握。

第五节　提前还贷的相关问题

提前还贷是指借款人在还款期未满之前的某个时间点即先行偿还贷款的行为。中国的传统观念认为，尽早还贷是个人良好信誉的表现，但实际上提前还贷并不总是受到商业银行的欢迎。借款人一旦提前还贷，就有可能打乱了银行资金的使用计划，也失去了贷款带来的稳定利息收入。因此，实践中有银行将主动提前还贷视为一种违约行为，并向借款人收取一定数目的违约金。

一、提前还贷的原因、方式及利息计算

借款人之所以提前还款，主要是为了减少利息支出，尤其是在贷款的前几年，本金基数大，利息相应也高。因此，理财专家也建议，在贷款的前几年，尤其是前5年间一定要争取多还款，使总贷款中的本金基数下降，这样在剩余的贷款中利息负担会减小。另外，在存贷款利率上调时，很多人也都希望提前还贷以减少利息支出。目前，在中国主动提前还款的情况大多数还是因为借款人收入水平快速上升而具备了提前还款能力。但并不是所有借款人都适合提前还贷。

按还款方式不同，借款人可以选择不同的提前还贷方式。目前，多数银行都能提供5种提前还贷的方式，供客户选择。

第一种，全部提前还款，即借款人将剩余的全部贷款一次性还清。(不用还利息，但已付的利息不退)

第二种，部分提前还款，剩余的贷款保持每月还款额不变，将还款期限缩短。(节省利息较多)

第三种，部分提前还款，剩余的贷款将每月还款额减少，保持还款期限不变。(减小月供负担，但节省程度低于第二种)

第四种，部分提前还款，剩余的贷款将每月还款额减少，同时将还款期限缩短。(节省利息较多)

第五种，剩余贷款保持总本金不变，只将还款期限缩短。(月供增加，减少部分利息，但相对不合算)

那么，提前还贷的情况下如何计算利息呢？举例说明。

假设某先生2020年7月向建行申请27万元20年期的商业性个人住房贷款，若该先生预计2年后（2022年6月）选择一次性还款10万元，还款期限不变。那么银行将按如下方式计算这笔贷款的利息：

假设该先生选择的是等额本息还款方式，获得的贷款利率是当前的基准利率，即6.55%，那么该先生每月的还款金额是2 021元。若2年之内贷款利率不变，2年之后该先生共偿还46 483.07元，其中偿还本金为13 372.23元，剩余本金为256 627.77元。此时，该先生一次性偿还10万元，那么以后所需偿还的本金为

152 627.77元。银行将以该金额为基础，计算该先生后续所需偿还本金和利息。计算结果见表6-7。

表6-7　提前还贷计算结果

原月还款额	2 021元
原最后还款期限	2040年6月
已还款总额	46 483.07元
已还利息额	33 110.84元
该月（2022年6月）一次还款额	102 021元
下月起月还款额	1 217.56元
节省利息支出	72 325.28元
新的最后还款期限	2040年6月

二、提前还贷的程序

一般情况下，借款人在提前还贷时需要经过5个步骤：

第一步，先查看贷款合同中有关提前还贷的要求，注意提前还贷是否需交一定的违约金。

第二步，向贷款银行电话咨询提前还贷的申请时间及最低还款额度等其他所需要准备的资料。

第三步，按银行要求亲自到相关部门提出提前还款申请。

第四步，借款人携相关证件到借款银行办理提前还款相关手续。

第五步，提交“提前还款申请表”，并在柜台存入提前偿还的款项即可。

通常，提前还款申请一经贷款银行确认后便不可撤销，并作为借款合同的补充条款，与借款合同具有同等法律效力。此后，借款人不论何种原因，若未能按照已经生效的提前还款申请中规定的金额和日期偿还贷款，则视为逾期还款，借款人按照借款合同承担相应的违约责任。

三、提前还贷的适用性

并不是所有借款人都适合提前还贷。下列几种说法供读者参考：

（一）使用应急资金甚至借钱还款者有必要慎重考虑是否提前还款

对于普通老百姓来说，房贷通常是家庭的一项最重要负债，月供往往占家庭月收入的30%~50%。许多家庭在贷款之后，日常的娱乐、休闲等消费项目被迫减少或取消。在频繁加息的情况下，部分家庭还款压力开始增加，因此在看到其他家庭提前还款后，就急于动用未来用于就医、孩子上学等应急资金甚至借钱还款。其实，频繁加息所累积的利息虽然较多，但由于分布在整个还款期内，一般来说，普通家庭还是能够承受每月增加的额度的。因此，对于资金短缺、经济能力比较有限的家庭来说，不宜打乱原有的理财计划。

（二）等额本息还款进入还款中期者不适宜提前还贷

商业房贷中最广泛使用的是等额本息还款法。该法还款初期，月供的构成中利息占据了较大比例，所还的本金比较少。而提前还款是通过减少本金来减少利息的支出，所以在还款初期提前还款，可以有效减少利息支出。随着还款期数的增加，所需归还的本金在逐渐增加，利息逐步减少，在贷款20万元期限20年（年利率6.55%）的例子中，在第114个月后，本金为749.89元，利息为747.15元，本金开始多于利息，在中期之后偿还的其实更多的是本金，即实际能够节省的利息比较有限。

（三）采用等额本金法还贷并且还款期已经达1/4者不适宜提前还贷

等额本金还款法初期还款较多，压力较大。随着本金不断减少，月供也不断递减，这样后期的还款显得比较轻松。以贷款20万元期限20年（年利率6.55%）为例，每月固定偿还本金833.33元，第1个月的月供为1 952元。最后1个月的月供仅为837.88元；在整个20年240个月的还款期中，第58个月时，本金仍为833.33元，利息为832.40元。从还款期的第6年开始，即还款期已经达到1/4时，在月供的构成中，本金开始多于利息，这个时候进行提前还款，不利于有效地节省利息。

（四）有更好的投资理财渠道时没有必要提前还贷

从目前银行对提前还款的条件来看，一般都要求还款额是1万元的整数倍，对于普通家庭而言，这个数额比较大。如果该家庭的资金只是在银行存着，回报率为存款利率，两者相比较，贷款利率为6.55%，一年期存款利率仅为3.87%，在这种情况下，显然把资金用于提前还款比较合适。如果消费者的资金有更好的投资理财渠道，比如投资于基金、外汇等理财产品，而且资金运作能力比较强，这部分消费者就没有必要把资金用于提前还款。

（五）等额本息还款前5年最适合提前还贷

前5年内坚持提前还款适合，提前还贷的人需要符合以下3个条件：首先，选择了等额本息还款法并且处于还贷前5年之内，这样的人可以提前还贷，因为可以省下很多利息；其次，自己手上有闲余资金，但又苦于没有其他投资途径，或者投资收益率小于贷款利率；最后，不久的将来有大笔开支的可能性较小。

四、提前还贷违约金的合法性探讨

对商业银行来说，提前还贷也并非有百害而无一利。首先，在目前商业银行不良贷款比率高居不下的情况下，提前还贷可以提高商业银行的资产流动性，降低流动性风险。其次，在当前社会信用信誉不佳的大背景下，提前还贷体现了借贷者的诚信，符合中国传统的社会习俗。最后，对于提前还贷，银行可以对归还的资金作出新的安排，投向新的贷款项目。银行之所以对提前还贷行为收取一定的违约金，这是由于该行为的出现还是对银行的正常运营产生了一些不利影响。

（一）提前还贷对银行的不利之处

1.提前还贷打乱了银行的资金调度计划

银行发放贷款的资金主要来源于吸收的活期存款和定期存款。对银行来说，定期存款的资金成本高于活期存款，因此银行在发放贷款时会把定期存款发放到利率高、期限长的住房贷款上，而活期存款和期限较短的定期存款会投放到短期贷款上。提前还贷打乱了银行的信贷资金调控计划，影响了银行中长期资金的安排。

2.提前还贷造成银行的利息损失

由于经营模式的灵活性，西方商业银行的盈利构成较为多元化，非利息收入占比较高，其比重也呈快速上升趋势。目前，中国商业银行的收入来源主要有利息收入、营业收入、投资收入、营业外收入，但利息收入是中国所有银行收入的主要来源。利息收入事关银行的命运，而提前还贷直接导致银行的利息收入减少。

3.提前还贷增加了人工成本

日常业务中，银行根据自己的贷款到期情况安排各岗位的人员和设备。然而面对突然到来的提前还贷高潮，常规的人员和设备配置已不能应付，为此银行所支付的人力、物力成本也因此增加。

4.提前还贷增加其他相关税费

目前，住房按揭贷款在银行的各项贷款中属于优质贷款，因此银行之间在这一业务上竞争异常激烈。各家商业银行为了获得住房按揭贷款的一定市场份额，在贷款过程中，银行将契税、律师费、印花税等各方面费用给予借款人优惠。这种优惠本来可以通过借款人未来的利息收入弥补，然而现在突然遭遇提前还贷，无形中增加了这部分税费。

5.提前还贷增加银行再投资的风险

提前还贷收回的资金，银行不可能长期持有。再发放贷款时需要面临新的借款人的信用风险、市场风险、利率风险以及发放贷款过程中的各种开支。

（二）提前还贷违约金的法理分析

按照违约金理论，所谓违约金是指合同约定的或者由法律直接规定的一方违反合同时应向另一方支付的一定数额的金钱。根据违约金设立的依据，可以分为法定违约金和约定违约金。法定违约金，是指由法律直接规定了违约的情况以及违约金的数额。对于法定违约金，即使在合同中没有约定，只要当事人一方发生了违反法律规定的支付违约金的条件，违约方就应当按照法律的规定向对方支付违约金。约定违约金，是指由合同的双方当事人在合同中约定支付违约金的条件和数额，约定违约金的收取以合同的明确规定为前提。

违约金作为一种合同责任，当事人一方承担该种责任必须具备以下条件：

第一，合同中有关于支付违约金的约定或者法律中有违约金的规定；第二，发生了合同或者法律中关于支付违约金的违反合同的事由，例如合同或法律规定了在发生甲种违约情景下支付违约金，如果当事人一方中出现了乙种违约情景，就不应支付违约金；第三，合同中违约金的数额或者计算方法必须明确具体，即违约金的数额必须在签订合同时可以预见到；第四，违约金的条款必须合法有效，违反法律法规的违约金条款是无效的。

银行和借款人在进行交易中，银行提供资金，让渡出资金的使用权，借款人得到资金并按期支付相应的利息，二者的关系是借款合同关系，受合同法调整，任何一方都要按照双方签订的合同来行使权利，履行义务。《民法典》第五百三十条规定："债权人可以拒绝债务人提前履行债务，但是提前履行不损害债权人利益的除外。债务人提前履行债务给债权人增加的费用，由债务人负担。"在个人住房贷款业务中，借款人的提前还贷行为可能会给商业银行带来不利影响（上文已分析过），只要提前还贷行为的确造成银行合理利益损失，作为债权人的银行就有权拒绝债务人无条件提前还款的要求。《民法典》第六百七十七条规定："借款人提前返还借款的，除当事人另有约定外，应当按照实际借款的期间计算利息。"按照上述违约金理论，提前还贷违约金属于约定违约金，当借款合同有关于支付违约金的明确约定时，借款人一旦签字就表示认可这一条款，提前还贷时必须支付违约金。同时银行收取违约金也是在履行合同、行使合同赋予的权利。

因此，对于个人住房信贷提前还贷该不该收取违约金，并不在于哪家银行下发什么通知或文件，而是看每个借款人与银行签订的合同条款是如何规定的。若合同对收取提前还贷违约金有明确约定，银行收取违约金并不违法。这样，借款人在选择银行贷款时应该仔细阅读合同条款，并就某些事项作特别约定，提前有所准备，以免造成不必要的损失。但是商业银行也不能贸然收取违约金，能否收取违约金要依据房贷合同具体条文而定，而不应仅仅依据客户提前还贷会增加银行运营成本，就强行向客户收取违约金，这样做既不合理也不合法。

□ 本章小结

★个人住房贷款是商业银行等金融机构向购买、建造、改造、修缮各类住房的自然人发放的贷款，属于中长期贷款，其实质是按揭贷款，需要提供相应担保。具有贷款对象特殊、用途专一、数量较大、期限较长、贷款偿还方式特殊等特点。

★个人住房贷款按照资金来源划分为商业性个人住房贷款、公积金个人住房贷款、个人住房组合贷款；按照交易形态划分为一手房个人住房贷款、二手房个人住房贷款、个人住房转让贷款（转按揭）；按照贷款利率的确定方式划分为固定利率个人住房贷款和浮动利率个人住房贷款。

★个人住房贷款可采用多种还款工具，主要包括月等额偿还按揭贷款、等额本金偿还按揭贷款、递增式偿还按揭贷款、漂浮式按揭贷款、可变利率按揭贷款和逆向年金抵押贷款。目前，中国商业银行推出的两种个人住房贷款还款工具主要指等额偿还按揭贷款与等额本金偿还按揭贷款。个人住房贷款业务操作流程包括贷款的受理与调查、审查与审批、签约与发放、支付管理和贷后管理5个环节。

★个人住房贷款的违约风险主要表现为还款能力风险和还款意愿风险两个方面，可分别引发被迫违约和理性违约。为了有效避免个人住房贷款的违约风险，可从加强对借款人还款能力的甄别和深入了解借款人的还款意愿两方面进行风险管理。

★提前还贷是指借款人在还款期未满之前的某个时间点即先行偿还贷款的行为。实践中有银行将主动提前还贷视为一种违约行为，并向借款人收取一定数目的违约金。但是，商业银行也不能贸然收取违约金，能否收取违约金要依据房贷合同具体条文而定，而不应仅仅依据客户提前还贷会增加银行运营成本，就强行向客户收取违约金，这样做既不合理也不合法。

□ 综合练习

一、本章基本概念

个人住房贷款；按揭贷款；月等额偿还按揭贷款；等额本金偿还按揭贷款；提前还贷

二、本章思考题

1.理解个人住房贷款应把握的两点是什么？

2.按揭贷款与抵押贷款的区别是什么？

3.等额本金与等额本息有什么区别？

4.个人住房贷款的违约风险有哪些？理性违约的条件是什么？

5.简述提前还贷的原因、方式及利息如何计算。

6.简述提前还贷的程序、适用性。

7.银行对提前还贷者收取违约金合法吗？

本章思考题答案要点　　推荐阅读资料

第七章

住房公积金制度

□ 思政引导

通过本章教学，应引导学生了解如下知识：

1.从社会主义分配制度改革角度理解住房公积金的重大意义；

2.住房公积金的福利性特征与中国特色社会主义的内在要求；

3.国家对于住房公积金的监管政策及制度演进。

□ 学习目标

通过对本章的学习，学生应了解或掌握如下内容：

1.住房公积金的概念、本质属性及特点；

2.住房公积金的缴存、提取与使用；

3.住房公积金的利率政策和税收政策；

4.住房公积金增值收益的属性界定。

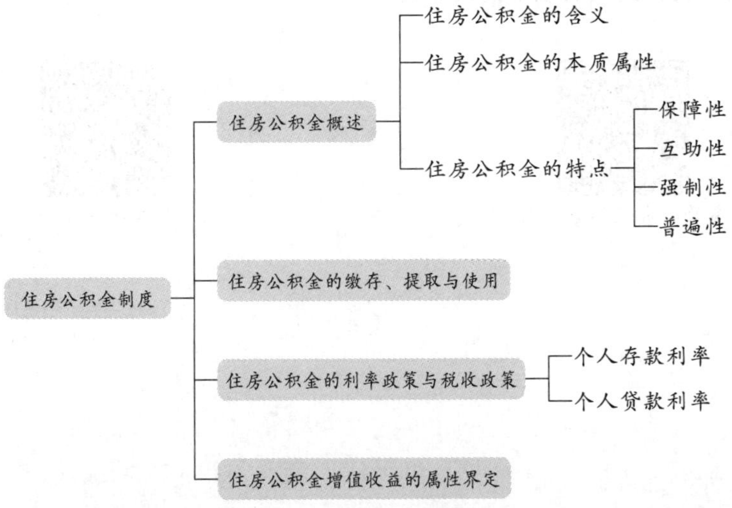

导　言

在现实生活中，人们说到社会保险时，经常会提到“五险一金”这个词，其中的“金”就是指住房公积金。中国的住房公积金是城镇住房制度改革的产物，是在学习和借鉴新加坡先进经验的基础上产生的。1991年首先在上海试行，并逐步推向全国。1994年7月，《国务院关于深化城镇住房制度改革的决定》中明确提出，要全面推行住房公积金制度。随着住房公积金在全国范围内的归集以及公积金贷款业务的快速发展，其社会效益逐步显现，成为人民对美好生活向往的重要支撑。20多年来，住房公积金制度在一定程度上缓解了中低收入职工的购房消费压力，成为社会主义住房配置制度改革的重要一环。根据《全国住房公积金2019年年度报告》，住房公积金个人住房贷款利率比同期商业性个人住房贷款基准利率低1.65~2个百分点。偿还期内可为贷款职工节约利息支出2 617.14亿元，平均每笔贷款可节约利息支出9.13万元。如今，对于很多在城市中打拼的年轻人来说，住房公积金成为他们实现买房梦想的重要依托。

第一节　住房公积金概述

住房公积金制度自从在中国大地上推行以来，对于城市居民的住房保障、社会稳定做出了重要贡献。但这种制度在运行过程中还是产生了许多问题，这与人们对于什么是住房公积金、它的本质属性是什么以及它具有哪些特点，仍然存在着较为模糊的认识有关，本节首先澄清这些问题。

一、住房公积金的含义

根据《住房公积金管理条例》，住房公积金是国家机关、国有企业、城镇集体企业、外商投资企业、城镇私营企业及其他城镇企业、事业单位、民办非企业单位、社会团体及其在职职工缴存的长期住房储金。职工个人缴存的住房公积金以及单位为其缴存的住房公积金，实行专户存储，其所有权归职工个人所有。上述住房公积金包含以下5个方面含义：

第一，目前中国的住房公积金制度只在城镇建立，农村不建立住房公积金制度。

第二，只有在职职工才实行住房公积金制度。无工作的城镇居民不实行住房公积金制度，离退休职工也不实行住房公积金制度。

第三，住房公积金由两部分组成，一部分由职工所在单位缴存，另一部分由职工个人缴存。职工个人缴存部分由单位代扣后，连同单位缴存部分一并缴存到住房公积金个人账户内。

第四，住房公积金缴存具有长期性。住房公积金制度一经建立，职工在职期间必须不间断地按规定缴存，除职工离退休或发生《住房公积金管理条例》规定的其他情形外，不得中止和中断。

第五，住房公积金的所有权具有一定的限制性。住房公积金虽然是职工工资的组成部分，其所有权归职工个人所有，但不以现金形式发放，必须存入住房公积金管理中心在受委托银行开设的住房公积金个人账户内，实行专户管理。住房公积金实行专款专用（体现公积金的专用性），存储期间只能按规定用于购、建、大修自住住房，或交纳房租。职工只有在离退休、死亡、完全丧失劳动能力并与单位终止劳动关系或户口迁出原居住城市时，才可提取本人账户内的住房公积金。

二、住房公积金的本质属性

住房公积金的本质属性即工资性。住房公积金属于职工个人所有，也是基于住房公积金的这个本质属性的。住房公积金由两部分组成，一是职工个人缴存部分，二是单位为其缴存部分。职工个人缴存的住房公积金，属于其自身工资的一部分，当然归职工个人所有。单位按职工工资的一定比例，为职工缴存的住房公积金，实质上是以住房公积金的形式发给职工的住房工资，是国家和单位付给职工的劳动报酬，与其他合法所得一样，应为职工个人所有。但住房公积金所表现出的工资属性与职工个人的实际工资还是有很大差别的。

三、住房公积金的特点

住房公积金除了具有长期性和专用性之外，还具有如下特点：

（一）保障性

知识拓展7-1

经济适用房、公租房和廉租房

党的二十大报告中强调：健全社会保障体系。健全覆盖全民、统筹城乡、公平统一、安全规范、可持续的多层次社会保障体系。住房保障制度就是多层次社会保障体系的重要一环。在中国，住房公积金制度与经济适用房制度、公租房制度和廉租房制度共同构成了现阶段的住房保障制度体系。长期以来，中国一直实行的是职工住房分配福利制度，职工的工资并不包括住房资金这一块。1998年国家实行住房货币化改革后，停止了实物分房制度，城镇职工要解决住房问题就必须依靠自身积累筹集一大笔资金。这不管对于个人还是一个家庭来讲，都是相当大的一笔开支。住房公积金制度建立之后，一方面通过单位和职工个人每月各自缴存一定数量的住房公积金，快速聚集起大量的建房资金；另一方面政府通过金融手段向职工提供利率较低的住房公积金贷款，支持广大城镇居民购买住房，这在一定程度上缓解了职工购房、建房资金不足的问题，成为中国中低收入家庭解决住房问题的有效手段之一，体现出一定的保障性。同时，住房公积金的增值收益成为廉租房资金来源的主要渠道，有力地支持了中国廉租房的建设，也体现出住房公积金保障性的特点。

（二）互助性

现代社会保障的一个显著特点是要求社会成员之间互济与互助，即“今日我帮你，他日你帮我”。住房公积金制度的建立和完善，能够形成有房职工帮助无房职工实现住房梦想的机制和途径，充分体现了现代社会保障的互助性。无论是有房的职工还是无房的职工，无论现有住房好与坏，都必须按照国家的相关规定缴存个人住房公积金。暂不买房的职工所缴存的住房公积金实际上是为现阶段买房的职工提供了资金上的支持和帮助，体现了住房公积金的互助性。对于那些现阶段已经拥有住房的职工，即使现在没有购买住房的需求，但是随着生活水平和收入水平的提高，将来也许会有改善自己住房条件的需求。到那时候，无论他们是购买更大面积的住房，还是对房屋进行大修，同样可以得到住房公积金贷款的支持。另外，在公积金的运作方面，无论储蓄还是贷款，其利率都要低于同期商业银行的存贷利率，贷款者资金的使用成本较低，实际上也就是得到了其他缴存公积金职工的支援和帮助。这种政策性的储蓄和政策性的贷款，是住房公积金制度最根本的体现。

（三）强制性

住房公积金的缴存具有强制性，这是住房公积金区别于其他投资性基金和银行储蓄的另一个显著特点。住房公积金的互助性，特别是其储蓄利率低于同期商业银行的存款利率，但在支取使用上却不是那么方便快捷，因此很多职工会觉得把钱存在住房公积金账户里面不划算而不愿意缴存，而且住房公积金要求长期缴存，很多职工也不愿意坚持。特别是一些制度不健全、操作不规范的单位，认为给职工缴存住房公积金会影响到单位的收益，是一种负担，因此也不愿意为职工缴存住房公积金。为此，就必须通过相关政策法规强制执行。2002年修订后的《住房公积金管理条例》，对单位及其职工按期、足额缴存住房公积金做了详尽的条文规定，这些条款的规定都体现了住房公积金的缴存具有强制性。另外，住房公积金缴存的强制性也从某种程度上体现出一定的义务性。我国还有大量居民存在住房困难，所以即使目前一些个人已经享有较高的居住水平，仍然有义务参与长期住房储蓄，通过资金的归集共享，发扬互助互惠精神，帮助更多的人提高居住水平。当然，需要强调的是，虽然是强制参与，但是也必须符合个体参与者利益。

（四）普遍性

住房公积金实施的普遍性通过政府的相关文件规定反映出来。《国务院关于深化城镇住房制度改革的决定》，要求“所有行政和企事业单位及其职工均应按照‘个人存储、单位资助、统一管理、专项使用’的原则缴存住房公积金，建立住房公积金制度”。《住房公积金管理条例》第二条规定：“住房公积金，是指国家机关、国有企业、城镇集体企业、外商投资企业、城镇私营企业及其他城镇企业、事业单位、民办非企业单位、社会团体（以下统称单位）及其在职职工缴存的长期住房储金。”从这些政策、条例的规定中我们可以看出，住房公积金具有普遍性，它覆盖了城镇所有在职职工，与其工作单位的性质无关。也就是说，无论这些职工家庭收入高低，也无论其是否已拥有住房，都必须按照国家的有关规定缴存住房公积金。

只是目前公积金实施的普遍性还具有一定的局限，像游离于“第二条规定”之外的城镇居民如何缴存公积金的问题，一直是人们关注的焦点。

历经20多年，住房公积金制度在全国得到了迅猛发展，在中国住房保障体系中发挥了重要作用，为个人购房和保障房建设都提供了贷款支持，公积金制度的实施大大改善了城镇居民的住房条件。2011年12月15日，证监会主席郭树清在2012年财经年会上表示，2011年年末全国公积金缴存余额总规模为2.1万亿元，缴存总额为3.9万亿元，发放贷款1万多亿元。住房和城乡建设部发布的数据显示，截至2019年年末，全国住房公积金缴存总额为16.96万亿元，提取总额为10.42万亿元，缴存余额为6.54万亿元；仅2019年，全年住房公积金提取人数为5 648.56万人，提取额为1.63万亿元，发放住房公积金个人住房贷款286.04万笔、1.21万亿元。2019年发放的个人住房贷款中，首套住房贷款占86.96%。截至2021年年末，全国住房公积金缴存总额为22.50万亿元，提取总额为14.31万亿元，缴存余额为8.19万亿元；仅2021年，全年住房公积金提取额就高达2.03万亿元，发放住房公积金个人住房贷款310.33万笔、1.40万亿元，个人贷款率高达84.18%。可见，住房公积金制度在中国的建立和完善，不仅成为国家建房资金来源的重要支柱，也成为居民购房贷款的主要来源。可以说，住房公积金制度是一项国家、单位和个人“三方共赢”的制度安排。

第二节　住房公积金的缴存、提取与使用

住房公积金制度之所以能够在住房保障体系中发挥重要作用，与相对完善的住房公积金的缴存、提取与使用制度有关。《住房公积金管理条例》中规定，单位和职工个人应当足额、按期缴存住房公积金，按规定提取和使用，并对缴存比例和数额、提取条件以及使用方式做了明确的规定。

一、住房公积金的缴存

住房公积金的缴存，是指单位与职工按照规定的数额将住房公积金存入指定银行的公积金账户的行为。住房公积金管理中心（以下简称“管理中心”）在受委托银行内设立住房公积金专户，每个职工只能有一个住房公积金账户。住房公积金的缴存主体为单位与职工，两者必须缴存住房公积金。

住房公积金的缴存比例和数额是特定的，不能由单位与职工随意确定。公积金的缴存比例=个人缴存比例+单位缴存比例，职工住房公积金的缴存比例一般与单位住房公积金的缴存比例相同，但前者不得低于后者，二者均不得低于职工上一年度月平均工资的5%，最高可按12%计算。职工住房公积金的月缴存额为职工本人上一年度月平均工资乘以职工住房公积金缴存比例，新参加工作的职工从参加工作的第二个月开始缴存住房公积金，月缴存额为职工本人当月工资乘以职工住房公积金

缴存比例。单位为职工缴存的住房公积金的月缴存额为职工本人上一年度月平均工资乘以单位住房公积金缴存比例，单位新调入的职工从调入单位发放工资之日起缴存住房公积金，月缴存额为职工本人当月工资乘以职工住房公积金缴存比例。

住房公积金以特定的缴存方式存在。职工个人缴存的住房公积金，由单位每月从其工资中代扣代缴。单位在每月发放职工工资之日起5日内将单位缴存的和为职工代缴的住房公积金汇缴到住房公积金专户内，由受委托银行计入职工个人住房公积金账户。

住房公积金管理中心要为每一位缴存住房公积金的职工发放住房公积金的有效凭证。有效凭证是全面反映职工个人住房公积金账户内住房公积金资金的增减、变动和结存情况的证明。目前，个人住房公积金有效凭证有凭条、存折或磁卡等几种形式。职工个人可以直接到管理中心或商业银行查询个人住房公积金缴存情况，也可以通过住房公积金磁卡、电话、网络系统查询。每年6月30日为住房公积金结息日。结息后，管理中心要向单位和职工发送住房公积金对账单，与单位和职工对账，职工对缴存情况有异议的，可以向管理中心和受委托银行申请复议。

根据住房和城乡建设部统计数据显示，2021年年末住房公积金缴存总额为224 911.31亿元，缴存余额为81 882.14亿元。

2015—2021年住房公积金缴存情况如图7-1所示。

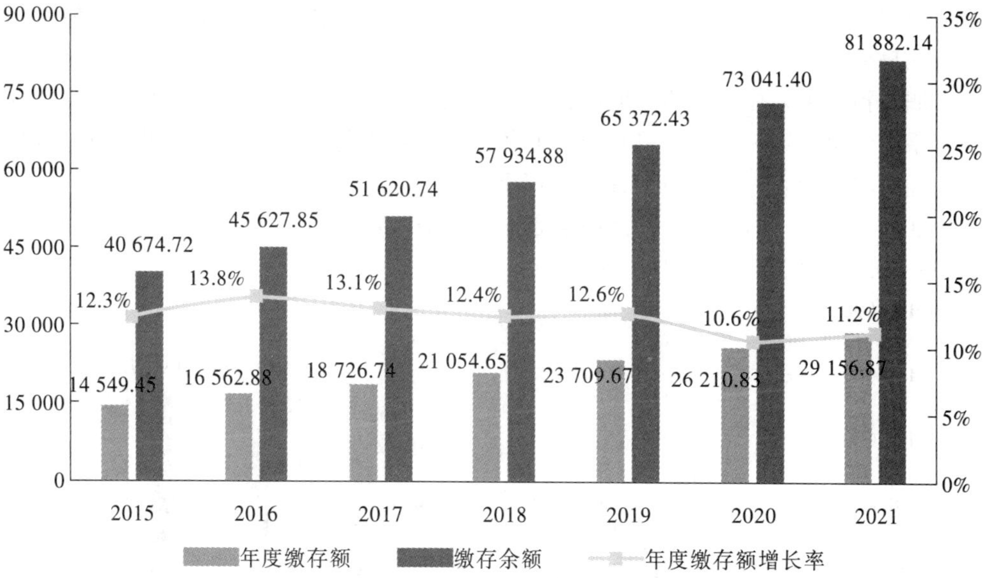

图7-1 2015—2021年住房公积金缴存情况

二、住房公积金的提取

住房公积金的提取，是指缴存公积金职工因购买住房或进行特定住房消费或丧失缴存条件时，可按照规定提取个人账户内的住房公积金存储余额。住房公积金的提取是有限制条件的，这与缴存住房公积金的长期性和互助性直接关联。

（一）职工购买住房或进行特定住房消费时的提取

已经缴存住房公积金的城镇职工在购买住房（主要是自住型），或者进行特定住房消费时，可提取个人账户内的住房公积金，主要包含如下4种情况：

（1）职工购买、建造、翻建、大修自住住房时的提取；

（2）偿还购房贷款本息时的提取；

（3）房租超出家庭工资收入规定比例时的提取；

（4）职工享受城镇最低生活保障、与单位终止劳动关系未再就业、部分或者全部丧失劳动能力以及遇到其他突发事件，造成家庭生活困难时的提取。

（二）职工丧失缴存条件时的提取

职工与单位建立劳动关系是缴存住房公积金的前提，当缴存条件丧失时，即在以下任一情况下，职工可以提取其住房公积金，同时注销该职工住房公积金账户：

（1）离、退休；

（2）完全丧失劳动能力并与单位终止劳动关系；

（3）出境定居；

（4）职工死亡或者被宣告死亡。

职工死亡或者被宣告死亡的，职工的继承人、受遗赠人可以提取职工住房公积金账户内的存储余额；无继承人也无受遗赠人的，职工住房公积金账户的存储余额纳入住房公积金的增值收益。

职工提取个人住房公积金时，由单位审核，管理中心核准，由受委托银行办理支付手续。单位不为职工出具提取证明的，职工可以凭规定的有效证明材料，直接到管理中心或受委托银行申请提取公积金。

2021年年末，住房公积金提取额为143 109.71亿元，占缴存总额的69.7%，2015—2021年度提取情况如图7-2所示。

图7-2　2015—2021年住房公积金提取情况

三、住房公积金的使用

住房公积金的使用包括职工个人对其住房公积金的使用和住房公积金管理中心对缴存的住房公积金的运作两个方面，具体要求不同。

（一）职工个人使用住房公积金[①]

职工个人使用住房公积金，指职工个人在住房公积金缴存期间，依法使用住房公积金的行为。缴存职工在购买、建造、翻建、大修自住住房时，可以向管理中心申请住房公积金贷款。但是，在没有还清前次贷款前，不得再次申请住房公积金贷款。个人住房贷款是职工个人使用住房公积金的中心内容和主要形式。

截至2021年年末，累计发放个人住房贷款4 234.71万笔，共计125 302.81亿元，年均分别增长7.91%、12.54%。期末个人住房贷款余额为68 931.12亿元，比上年年末增长10.62%。个人贷款率从“十二五”期末的80.80%提高到84.18%，比上年年末减少1.13个百分点。各年度公积金个人住房贷款发放情况如图7-3所示。

图7-3　2015—2021年公积金个人住房贷款发放情况

（二）管理中心运作住房公积金

管理中心运作住房公积金，指管理中心以归集的住房公积金为基础，在保证职工提取的前提下，依法运用住房公积金的行为。管理中心运作住房公积金的基本要求是在安全性的基础上，注重住房公积金运作的社会效益和经济效益。因此，在确保职工住房公积金提取和贷款需求满足的前提下，经公积金管理委员会批准，管理中心也可将住房公积金余额用于购买国债，但管理中心不能向单位或个人提供担保。按照相关规定，住房公积金的增值收益应当存入住房公积金管理中心在受委托银行开立的住房公积金增值收益专户，用于建立住房公积金贷款风险准备金、住房

① 2015年9月15日，住房和城乡建设部发布了《住房城乡建设部关于住房公积金异地个人住房贷款有关操作问题的通知》，该通知明确了公积金异地贷款的职责分工及办理流程，并要求各城市公积金管理部门抓紧出台相关细则。紧接着2015年9月30日，住建部、财政部、中国人民银行联合出台《关于切实提高住房公积金使用效率的通知》，10月8日起全面推行住房公积金异地贷款。目前，已实施公积金异地贷款的地区，对公积金异地贷款的条件要求有所差异。

公积金管理中心的管理费用和建设城市廉租住房的补充资金。

第三节　住房公积金的利率政策与税收政策

住房公积金制度的建立，其主要目的是解决职工自住住房问题，具有保障性、互助性、强制性等特点，这些特点要通过住房公积金的利率政策和税收政策体现出来。利率政策主要涉及个人存款利率和个人贷款利率政策，税收政策则主要涉及相关主体的税收减免政策。

一、利率政策

中国的住房公积金制度实行低存低贷的利率政策，其存贷利率由中国人民银行提出，征求国务院建设行政主管部门的意见后，由国务院批准执行。公积金存贷款利率调整表见附表B。

（一）个人存款利率

按照现行住房公积金存贷利率的相关规定，本住房公积金年度缴存的住房公积金按结息日中国人民银行挂牌公布的活期存款利率计息；上年结转的住房公积金，按结息日中国人民银行挂牌公布的3个月整存整取存款利率计息。2012年7月6日以后，当年缴存的住房公积金存款利率为0.35%，上年结转的为2.60%，分别对应当期人民币活期和3个月的存款利率。2016年2月20日，央行印发《关于完善职工住房公积金账户存款利率形成机制的通知》（银发〔2016〕43号）称，自2月21日起，职工住房公积金账户存款利率，由现行按照归集时间执行活期和3个月存款基准利率，调整为统一按一年期定期存款基准利率执行。此次调整后，职工住房公积金账户存款利率将统一按一年期定期存款基准利率执行，目前为1.5%。公积金自存入职工公积金个人账户之日起计息，按年结算，本息逐年结转。住房公积金每年结息一次，结息日为每年的6月30日。

（二）个人贷款利率

个人住房公积金贷款利率实行一年一定，于每年1月1日，按相应档次利率确定下一年度利率水平。遇法定利率调整，贷款期限在1年以内的，实行合同利率，不分段计息；贷款期限在1年以上的，于下年年初开始，按相应利率档次执行。将附表B中历年公积金贷款利率与商业银行人民币贷款利率进行比较可知，同期公积金贷款利率要大大低于商业银行贷款利率，降低了城镇职工的贷款成本，充分证明了住房公积金制度建立的必要性。

二、税收政策

单位和职工缴存的住房公积金均可以免缴所得税。企业及自收自支事业单位按规定标准为职工缴存的住房公积金是不计入企业的工资、薪金支出的，可以列支成本或费用，在税前据实扣除；职工住房公积金账户内来自单位和个人按规定标准缴存的住房公积金，不计入个人当期的工资、薪金收入，免予征收个人所得税；职工住房公积金账户的利息收入，免缴利息税。但是，企业和个人超过规定标准缴存的住房公积金，仍应列为工资、薪金支出，因此对于超过规定工资提取比例部分的住房公积金，企业不得在税前扣除，个人所得税也必须依法缴纳。

第四节　住房公积金增值收益的属性界定①

住房公积金制度自从建立之后，便长期饱受非议，原因之一就是公积金的增值能力很弱。尽管如此，公积金增值收益还是呈现出逐年递增的趋势。由于涉及太多人的利益，公积金增值收益的分配问题自然成为社会热点问题，甚至引发了人们“谁动了我的公积金”“凭什么”的激烈辩论。党的二十大报告强调，要完善分配制度，规范收入分配秩序。因此，事实上，对住房公积金增值收益的性质及其分配问题进行科学界定，具有十分重要的意义，这既关系到公众的权益，又关系到住房公积金制度的长期稳定健康发展。

一、对住房公积金增值收益的相关规定

《住房公积金财务管理办法》（财综字〔1999〕59号）对住房公积金增值收益的内涵做了相应界定。住房公积金增值收益是指住房公积金业务收入与业务支出的差额。其中，业务收入包括委托存款利息收入、委托贷款利息收入、国家债券利息收入和其他收入；业务支出则包括住房公积金利息支出和受委托银行的手续费支出。从收入来看，住房公积金管理中心对于归集的资金，可以作为存款存放在银行，也可以按规定发放个人贷款或购买国债，从而分别获取利息收入。从支出来看，住房公积金管理中心作为一个资金管理主体，在归集住房公积金取得资金的同时也形成了对公积金缴存人的负债。这项负债需要支付利息，就形成了利息支出。另外，整个运行过程中，为确保其正常运转，还需支付其他必要的运行成本，例如归集住房公积金需要支付归集手续费，发放贷款需要支付贷款手续费，购买国债需要支付手续费，实际运作中在银行开设存款账户也需要支付管理费，进行日常资金划拨还需要支付购买凭证费用等。

关于公积金增值收益的分配问题，国务院相关文件做了明确规定，部分规定见表7-1。

从上述文件规定可以看出，住房公积金增值收入被作为政府的一项非税收入，在扣除管理费用和提取贷款风险准备金之后，充当了保障住房资金，统一用于廉租

①　目前，廉租住房已被公共租赁住房取代，参见《全国住房公积金2015年年度报告》。

住房建设的补充资金。

表7-1 住房公积金增值收益分配的部分文件规定

文件名称	相关规定	颁布或修订时间
住房公积金财务管理办法	第二十三条　住房公积金增值收益除国家另有规定外，应按下列顺序进行分配：（一）住房公积金贷款风险准备金；（二）上交财政的公积金中心管理费用；（三）城市廉租住房建设补充资金	1999.5.26
财政部关于住房公积金财务管理补充规定的通知	三、建立住房公积金贷款风险准备金的比例，按不低于住房公积金增值收益的60%核定，或按不低于年度住房公积金贷款余额的1%核定，从住房公积金增值收益中分配	1999.10.9
住房公积金管理条例	第二十九条　住房公积金的增值收益应当存入住房公积金管理中心在受委托银行开立的住房公积金增值收益专户，用于建立住房公积金贷款风险准备金、住房公积金管理中心的管理费用和建设城市廉租住房的补充资金	2019.3.24
国务院关于解决城市低收入家庭住房困难的若干意见	（八）确保廉租住房保障资金来源……住房公积金增值收益在提取贷款风险准备金和管理费用之后全部用于廉租住房建设	2007.8.7
廉租住房保障资金管理办法	第六条　廉租住房保障资金来源于下列渠道：（一）住房公积金增值收益扣除计提贷款风险准备金和管理费用后的全部余额	2007.10.30
廉租住房保障办法	第九条　廉租住房保障资金采取多种渠道筹措……（二）提取贷款风险准备金和管理费用后的住房公积金增值收益余额	2007.11.8

二、公积金业务收支及增值收益情况

根据《全国住房公积金2021年年度报告》给出的数据，2021年全国公积金业务收入、业务支出、增值收益以及分配、管理费用支出如下：

（1）业务收入。全年住房公积金业务收入为2 588.27亿元，比上年增长11.72%。其中，存款利息收入为436.21亿元，委托贷款利息收入为2 142.13亿元，国债利息收入为0.25亿元，其他收入（逾期贷款罚息收入、逾期不缴公积金的罚款收入等）为9.67亿元。

（2）业务支出。全年住房公积金业务支出为1 326.25亿元，比上年增长10.18%。其中，缴存职工利息为1 186.74亿元，归集手续费为28.74亿元，委托贷款手续费为69.07亿元，其他支出（贴息贷款的贴息支出、担保费支出等）为41.70亿元。

（3）增值收益及分配。全年增值收益为1 262.02亿元，比上年增长13.37%。上述增值收益按有关规定做了相应分配。全年提取住房公积金贷款风险准备金为307.47亿元，提取管理费用为121.49亿元，提取城市公共租赁住房（廉租住房）建设补充资金为835.83亿元。

（4）管理费用支出。全年管理费用实际支出为114.11亿元，比上年增加2.83%。其中，人员经费为59.61亿元，公用经费为11.40亿元，专项经费为43.11亿元，分别占52.24%、9.99%和37.78%。

三、对公积金增值收益性质的不同认识

对公积金增值收益的性质如何界定，相关专家、学者见解不同。目前主要有3种观点：

第一种观点认为，住房公积金属于个人财产，增值收益理应归公积金缴存人所有。例如，张泓铭（2008）认为，住房公积金属于个人财产，增值收益也只能属于住房公积金全体储户共同所有，而公积金增值收益实际上却归属于财政，用于廉租住房建设，这是值得商榷的，有违背物权法精神之嫌。叶胜荣（2007）认为，住房公积金增值收益由住房公积金"长期住房储金"的性质决定，从住房公积金的所有权、增值收益的来源和构成上看，都与政府的非税收入有本质上的区别。卢飞（2007）认为，住房公积金属于职工个人所有，根据我国法律对所有权的界定，所有人依法对自己的财产享有占有、使用、收益和处分的权利。住房公积金这一"长期住房储金"，是一种住房互助资金，"对于每个在职职工具有法定、强制缴存的义务，住房公积金在一切业务中所产生的增值收益，也属于个人合法增值收益，理应也具有享受增值收益的权利"。

第二种观点认为，公积金增值收益用于廉租住房建设的补充资金，体现了政策的公平性。目前，只有部分城镇居民可以享受住房公积金制度带来的实惠，游离于住房公积金缴存范围之外的居民甚至相当一部分低收入居民并没有被住房公积金制度所惠及，而政府从公积金增值收益中拿出一部分用于廉租住房的建设正是住房公积金政策的一种延伸，是国家政策普惠的表现。

第三种观点认为，住房公积金虽然属于个人所有，但这种所有权是受限制的，因而增值收益并不能单纯被认为属于公积金缴存人个人所有。但政府将公积金增值收益扣除计提贷款风险准备金和管理费用后的全部余额，单方面用于廉租住房建设却无视产权人意愿的做法并不合适。将公积金增值收益用于本应由政府财政承担的保障房建设，有转嫁责任的嫌疑。

四、对住房公积金增值收益性质和所有权界定的探讨

对比众多研究文献，我们认为北京大学冯长春教授的观点值得借鉴。[①]他认为，对公积金增值收益的性质可以从两方面界定：一是增值收益的属性；二是所有权的归属。

对于住房公积金增值收益的属性和所有权，《住房公积金管理条例》并未作出

① 刘洪玉．推进与完善住房公积金制度研究［M］．北京：科学出版社，2011：276-306.

明确的界定，只是规定增值收益应当存入住房公积金管理中心在受委托银行开立的住房公积金增值收益专户，产生的利息全额计入增值收益，因此住房公积金增值收益属于公积金运作过程中产生的利息类收益，所有权归属于公积金缴存人。从经济学的角度来看，所有权关系本身无非就是一种经济利益或权利的表现，失去经济利益的支撑，所有权形同虚设。从这个角度来看，公积金增值收益的分配主体没有公积金缴存人的做法是不合理的。

但是住房公积金又属于公益性质的住房储蓄基金，缴存人所有权的行使受到一定的限制，其对公积金增值收益的所有权同样受到一定的限制，应体现出社会成员之间的互助性。在当前城镇居民住房刚性需求集中释放的大背景下，完全依赖房地产市场难以解决不同收入水平城镇居民的住房问题，虽说为中低收入家庭提供适宜的居住场所是政府不可推卸的责任，但若单纯依靠政府来解决这个问题，难度很大。此时，若能发挥住房公积金的互助互济特点，你需要的时候我帮你，轮到我需要的时候你再来帮我，问题的解决就容易得多。这样，用某人住房公积金的增值收益，去承担别人住房保障的金融支持，也就找到了坚实可靠的基础。

不过，虽然住房公积金制度可以满足公积金增值收益支持住房保障的融资需求，但此增值收益与政府财政资金还是有区别的，更不能等同于政府的非税收入，两者最显著的区别在于公积金增值收益不是利用政府权力或公共性的特殊资源及服务取得的收入，而是缴存人的集合资金按正常的存贷款及国债投资方式形成的增值。因此，住房公积金管理实务中把增值收益界定为政府非税收入，并要求扣除贷款风险准备金和管理费用后全额上缴财政的做法是需要商榷的。公积金增值收益支持廉租房等公共住房建设的途径可以采取有偿借款或股权投资的方式，在经济上实现住房公积金所有权的收益权。

综上所述，住房公积金增值收益在性质上属于住房公积金运作过程中产生的利息类收益，所有权属于公积金缴存人，但该所有权属于不完全的所有权，缴存人对增值收益的所有权要受政府公共住房政策的限制。政府可采取向公积金缴存人有偿借款或股权投资的方式，同时实现公积金缴存人的权益和解决保障房建设资金短缺问题。

□ 本章小结

★住房公积金是国家机关、国有企业、城镇集体企业、外商投资企业、城镇私营企业及其他城镇企业、事业单位、民办非企业单位、社会团体及其在职职工缴存的长期住房储金。职工个人缴存的住房公积金以及单位为其缴存的住房公积金，实行专户存储，其所有权归职工个人所有。住房公积金的本质属性即工资性。住房公积金除了具有长期性和专用性之外，还具有保障性、互助性、强制性以及普遍性等特点。

★单位和职工个人应当足额、按期缴存住房公积金，并按规定提取和使用。住房公积金的使用包括职工个人对其住房公积金的使用和住房公积金管理中心对缴存的住房公积金的运作两个方面。

★中国的住房公积金制度实行低存低贷的利率政策，单位和职工缴存的住房公积金均可以免缴所得税。

★住房公积金增值收益在性质上属于住房公积金运作过程中产生的利息类收益，所有权属于公积金缴存人，但该所有权属于不完全的所有权，缴存人对增值收益的所有权要受政府公共住房政策的限制。政府可采取向公积金缴存人有偿借款或股权投资的方式，实现公积金缴存人的权益和解决保障房建设资金短缺问题。

□ 综合练习

一、本章基本概念

住房公积金；住房公积金的缴存；住房公积金的提取；住房公积金的增值收益

二、本章思考题

1.住房公积金的本质属性是什么？住房公积金具有哪些特点？

2.如何缴存、提取、使用住房公积金？

3.住房公积金制度的利率政策和税收政策是什么？

4.如何界定住房公积金增值收益的属性？政府利用公积金增值收益进行廉租房建设合理吗？

5.你认为我国的住房公积金制度未来将如何发展？

本章思考题答案要点

推荐阅读资料

第八章

房地产保险

□ **思政引导**

通过本章教学，应引导学生了解如下知识：

1. 房地产保险有利于生活安定、经济健康、市场平稳；
2. 房地产保险对于推动住房制度改革的重要意义；
3. 房地产保险在优化金融体系改革及防范化解金融风险中的作用。

□ **学习目标**

通过对本章的学习，学生应了解或掌握如下内容：

1. 保险的含义、主体、客体、内容、分类、性质及原则；
2. 保险、保证与储蓄的不同特征；
3. 房地产保险的组成要素、主要品种；
4. 房地产保险的投保与承保、索赔与理赔等事宜。

- 房地产保险
  - 保险基本知识
    - 保险的含义
    - 保险的主体、客体和内容
    - 保险的分类
    - 保险的性质
    - 保险的原则
    - 保险与保证、储蓄
  - 房地产保险及其主要品种
    - 房地产保险的组成要素
    - 房地产保险的主要品种
  - 房地产保险的运作
    - 房地产保险的投保与承保
    - 房地产保险的索赔与理赔

导　言

房地产投资也涉及风险问题，有了风险就需要加以防范。为了尽量规避风险、减少损失，购买房地产保险就很有必要。房地产保险将众多投保人的保险费集中到一起，建立起强大的经济后备，可以为遭受损失的投保单位提供必要的资金补偿，从而为房地产资金的正常运用提供良好的条件，这既有利于房地产市场的平稳健康发展，也能在一定程度上起到资金融通的作用。房地产保险是整个社会保险的一个组成部分，也是房地产金融的重要内容，对于促进房地产金融业健康发展将发挥着愈来愈重要的作用。

第一节　保险基本知识

最早的保险起源于海上运输。目前，保险已从货物运输保障发展到人身保障。每个人拿出自己的一部分资金，放到保险公司里，跟所有的客户结成一个互助组织，出险的人得到一定的保障，等于得到组织的帮助，没有出险的人等于帮助了别人。所以说保险是互助，更是自助。现在我们提起的保险，更多的时候是一个法律术语，也可能是一种金融产品，在保险学中有其特定的含义。

一、保险的含义

保险最初的含义是指以缴付保费为代价来取得损失补偿，具有经济意义。后来，随着社会的发展，保险在人们生活中的作用不断发生变化，新的保险品不断推出，但对保险的含义至今仍存在争议。在中国，普遍采用的是《保险法》中保险的定义：保险是指投保人根据合同约定，向保险人支付保险费，保险人对于合同约定的可能发生的事故因其发生所造成的财产损失承担赔偿保险金责任，或者当被保险人死亡、伤残、疾病或者达到合同约定的年龄、期限等条件时承担给付保险金责任的商业保险行为。在理解这一保险含义时，应把握如下两点：

第一，保险是一种保障行为，体现了对意外事故损失进行分摊的一种经济保障制度和手段。这是对保险从经济角度进行的解释。投保人参加保险，实际上是将其不确定的大额损失变成确定的小额支出，即保险费。保险人则集中了大量同类保险，借助大数法则来正确预见损失的发生额，并根据损失发生额的发生概率来制定保险费率，之后通过向投保人收取保险费用以建立保险基金，用于补偿少数被保险人遭受的意外事故损失。

第二，保险是一种合同行为，体现了一种民事法律关系。这是对保险从法律角度进行的解释。根据合同约定，投保方承担支付保险费的义务，换取保险方为其提供的经济补偿或给付的权利，这正体现了民事法律关系的内容——主体间权利和义务的关系。

二、保险的主体、客体和内容

保险主体、客体和内容是保险民事法律关系的3个构成要素，三者共同明确一项保险的权利义务关系。

（一）保险主体

保险主体，就是保险合同的主体，包括投保人与保险人。被保险人、受益人、保单所有人，除非与投保人是同一人，否则，都不是保险主体。

投保人，是指与保险人订立保险合同，并按照保险合同负有支付保险费义务的人。投保人可以是自然人也可以是法人。

保险人，保险人又称承保人，是指与投保人订立保险合同，并承担赔偿或者给付保险金责任的保险公司，在中国有股份有限公司和国有独资公司两种形式。保险人是法人，公民个人不能作为保险人。

被保险人，是指根据保险合同，其财产利益或人身受保险合同保障，在保险事故发生后，享有保险金请求权的人。投保人往往同时就是被保险人。

受益人，是指人身保险合同中由被保险人或者投保人指定的享有保险金请求权的人，投保人、被保险人可以为受益人。如果投保人或被保险人未指定受益人，则他的法定继承人即为受益人。

保单所有人，拥有保险利益所有权的人，很多时候是投保人、受益人，也可以是保单受让人。

（二）保险客体

保险客体，即保险合同的客体，并非保险标的本身，而是投保人或被保险人对保险标的的可保利益。

可保利益，是投保人或被保险人对保险标的所具有的法律上承认的利益。这主要是因为保险合同保障的不是保险标的本身的安全，而是保险标的受损后投保人或被保险人、受益人的经济利益。保险标的只是可保利益的载体。

（三）保险内容

保险内容，即是保险合同的内容。保险合同的内容是保险合同当事人双方依法约定的权利和义务，通常以条文形式表现。保险内容包括保险合同的主要条款、保险合同的特约条款和保险合同条款解释。

知识拓展8-1

保险标的

三、保险的分类

保险有不同的分类方法，形成不同保险类型。常见的分类如下：

（一）财产保险与人身保险

根据保险标的的不同，保险可分为财产保险和人身保险。

财产保险是指以财产及其相关利益为保险标的的保险，包括财产损失保险、责任保险、信用保险、保证保险、农业保险等。它是以有形或无形财产及其相关利益为保险标的的一类补偿性保险。

人身保险是以人的寿命和身体为保险标的的保险。当人们遭受不幸事故或因疾病、年老以致丧失工作能力、伤残、死亡或年老退休时，根据保险合同的约定，保险人对被保险人或受益人给付保险金或年金，以解决其因病、残、老、死所造成的经济困难。

（二）商业保险与社会保险

按照经营目的和职能的不同，可以将保险分为商业保险和社会保险。

商业保险是指按商业原则经营，以营利为目的的保险形式，由专门的保险企业经营。所谓商业原则，就是保险公司的经济补偿以投保人交付保险费为前提，具有有偿性、公开性和自愿性，并力图在损失补偿后有一定的盈余。

社会保险是指在既定的社会政策的指导下，由国家通过立法手段对公民强制征收保险费，形成保险基金，用以对其中因年老、疾病、生育、伤残、死亡和失业而导致丧失劳动能力或失去工作机会的成员提供基本生活保障的一种社会保障制度。社会保险不以营利为目的，运行中若出现赤字，国家财政将会给予支持。

两者比较，社会保险具有强制性，商业保险具有自愿性；社会保险的经办者以财政支持为后盾，商业保险的经办者要进行独立核算、自主经营、自负盈亏；商业保险保障范围比社会保险更为广泛。

（三）原保险与再保险

按照承担责任顺序的不同，可以将保险分为原保险和再保险。

发生在保险人和投保人之间的保险行为，称为原保险。发生在保险人与保险人之间的保险行为，称为再保险。再保险是保险人通过订立合同，将自己已经承保的风险，转移给另一个或几个保险人，以降低自己所面临的风险的保险行为。简单地说，再保险即“保险人的保险”。

再保险是在保险人系统中分摊风险的一种安排。被保险人和原保险人都将因此在财务上变得更加安全。利用再保险分摊风险的典型例子就是承保卫星发射保险。该风险不能满足可保风险所要求的一般条件。保险人接受特约承保后，将面临极大的风险，一旦卫星发射失败，资本较小的公司极可能因此而破产。最明智的做法是将该风险的一部分转移给其他保险人，由几个保险人共同承担。

（四）个人保险与团体保险

按保险保障对象的不同，可以把人身保险分为个人保险和团体保险。

个人保险是为满足个人和家庭需要，以个人作为承保单位的保险。团体保险一般用于人身保险，它是用一份总的保险合同，向一个团体中的众多成员提供人身保险保障的保险。在团体保险中，投保人是“团体组织”，如机关、社会团体、企事业单位等独立核算的单位组织，被保险人是团体中的在职人员。已退休、退职的人员不属于团体的被保险人。另外，对于临时工、合同工等非投保单位正式职工，保险人可接受单位对其提出的特约投保。

团体保险包括团体人寿保险、团体年金保险、团体人身意外伤害保险、团体健康保险等，在国外发展很快。国内的保险公司也开展了团体寿险、人身意外伤害险、企业补充养老保险和医疗保险等团体保险业务，但险种还不完善。随着经济体制改革的不断深入，商业保险的作用将不断加强，团体保险应有更大的发展空间。

（五）自愿保险和强制保险

按保险的实施方式的不同，可以将保险分为自愿保险和强制保险。

自愿保险是投保人和保险人在平等互利、等价有偿原则的基础上，通过协商，采取自愿方式签订保险合同建立的一种保险关系。具体地讲，投保人可以自行决定是否参加保险、保什么险、投保金额多少和起保的时间；保险人可以决定是否承保、承保的条件以及保费多少。保险合同成立后，保险双方应认真履行合同规定的责任和义务。当前世界各国的绝大部分保险业务都采用自愿保险方式办理，中国也不例外。

强制保险又称法定保险，是指根据国家颁布的有关法律和法规，凡是在规定范围内的单位或个人，不管愿意与否都必须参加的保险。比如，世界各国一般都将机动车第三者责任保险规定为强制保险的险种。由于强制保险某种意义上表现为国家对个人意愿的干预，所以强制保险的范围是受严格限制的。《保险法》规定，除法律、行政法规规定必须保险的以外，保险公司和其他任何单位不得强制他人订立保险合同。

四、保险的性质

保险的含义表明，保险活动的性质可以从不同的角度来理解，最常见的是从风险处理方式和经济补偿意义上来理解。据此，保险的基本性质可归纳为以下几个方面：

（一）保险是一种互助运行机制

现代的保险制度源于财产保险，是一种集众人之财补个别损失的商业活动。保险的运行机制是投保人共同交纳保险费，组成保险基金，当某一个被保险人遭受损失时，他可以从保险基金中得到补偿。因此，从被保险人的角度来看，保险在被保险人之间建立了互助运行机制。

（二）保险是一种损失转移机制

保险转移风险是指投保人在支付一定的保险费后，换取了未来经济上的稳定。也就是说，投保人用确定的支出（保险费）转移了未来不确定的风险损失。比如，投保人在交纳房屋保险费后，即便房屋发生火灾，被保险人在经济上也会得到一定的补偿。对投保人而言，交纳少量的保险费能够在发生风险损失时得到赔偿，及时恢复财产价值或生产能力，以小额的支出保障大额财产的安全，从而达到最大限度地规避或者减少风险的目的。

（三）保险是一种经济活动

这主要是针对商业保险而言的。保险提供的产品是无形的服务，以追求盈利为目的。投保人追求的目标是规避或者转移风险，而保险人追求的则是保险费收入大于赔付支出的商业利润，如果达不到此目的，就不会形成某一个商业保险的险种。当事人的保险行为绝大多数是自愿的，保险人和投保人之间通过签订合同的行为，明确规定了保险当事人双方的权利和义务。

（四）保险是一种金融活动

保险是一种以保险公司为中心的金融活动，所以保险也特指保险公司的经营活动。根据我国《保险法》的规定，保险公司是依法设立的，并由国务院保险监督管理机构进行监督管理的一种金融机构。保险公司通过收取保险费聚集大量的社会资金，再对这些资金进行运作，实际上是在社会范围内起到了资金融通的作用。由此可见，保险公司经营业务所涉及的均为货币这种特殊商品。中国有关法律规定，凡是经营货币业务的单位均属于金融机构，须依特别金融法设立、变更和清算，并受行业主管机关的监督管理。保险公司作为金融机构也不例外。

（五）保险是一种投资方式

投资有两类形式：一种是意图获得增值回报的投资形式，这是最常见的投资形式；另一种是意图获得损失恢复的投资形式。保险则兼有两类投资方式。我国的《保险法》规定保险有两类：一类是财产保险；另一类是人身保险。财产保险对事故的赔偿是一种偶然行为。事故虽然对个别主体来说是偶然的，但对整体来说又是必然的。投保人的投保在没有发生保险事故时就是一种没有回报的投资，但当发生保险事故时，保险公司所做的赔偿就是投保人投资的回报，所以财产保险获得的回报是一种恢复性的回报。对人身保险而言，投保人所买的保险单就是一种完全的投资，人身保险单在期满或期限未满时均有较强的市场转让价值，其期限届满时可以按时享受保险金，在期限未满时可以转让保险单得到一定的转让金额，同样可以认为是一种购买保险单的回报。从这个意义上说，保险是一种特殊的投资方式。

五、保险的原则

经济补偿功能是保险的立业之基，最能体现保险业的特色和核心竞争力。具体体现为如下几个方面：

（一）最大诚信原则

最大诚信原则是对投保人和保险人双方而言的，要求参加保险的单位、个人对保险公司（保险人）所需要了解的与保险有关的事项，必须如实告知，这是保险合同成立的前提。投保人是否如实陈述和陈述是否完全，对保险人承担的义务关系甚大。为了保护保险人的利益，必须要求投保人、被保险人恪守信用，不隐瞒、不欺骗。同时，最大诚信原则要求保险人应将相关保险事项如实告知投保人，对保险条款的介绍不得含糊，也不得有所欺骗。已经生效的保险合同，如果发现投保人或被保险人陈述的情况不实，也可能导致保险合同无效。此外，索赔时也应遵循最大诚信原则。如果索赔时提供假证明，中途改变风险程度而未经保险人认可，如将投保时作一般使用的房屋中途擅自改为存放危险品的房屋等，都是违反最大诚信原则的。对于违反最大诚信原则的行为，保险人有权解除合同或拒绝赔偿。

（二）公平互利原则

公平互利原则是指投保人和保险人订立保险合同和遇损理赔时都应从双方应得的利益出发，协商一致，自愿订立，公平互利。保险人拟定保险费率，既要保证保险人具有相应的赔偿或给付保险金的能力，取得合理的预期利润，又要考虑使投保人负担的保险费能与保险标的的风险程度相适应。过高的保险费率会加重投保人的经济负担，过低的保险费率会影响保险人的偿付能力。保险费率的拟定，要考虑保险收费标准的相对稳定性，以有利于投保人和保险人的财务预算和核算工作的开展。遇损理赔时，合同当事人应严格执行合同，被保险人合理索赔，保险人合理赔付，以体现整个保险行为的公平互利。

（三）损失补偿原则

损失补偿原则是保险人必须在保险事故发生导致保险标的遭受损失时，根据保险责任的范围对受益人进行补偿。一般来说，财产保险遵循该原则，但是由于人的生命和身体价值难以估计，所以人身保险并不适用该原则，人身保险的保险数额是由投保人根据被保险人对人身保险的需要程度和投保人的缴费能力，在法律允许的情况下，与被保险人双方协商后确定的。但亦有学者认为健康险的医疗费用亦应遵循该原则，否则有不当得利之嫌。

（四）近因原则

近因原则是判断风险事故与保险标的的损失之间的关系，从而确定保险补偿或给付责任的基本原则。近因是保险标的损害发生的最直接、最有效、最起决定性作用的原因，也就是与风险损失有直接因果关系的原因，而并不是指最近的原因。如果近因属于被保风险，则保险人应赔偿，如果近因属于除外责任或者未保风险，则保险人不负责赔偿。例如，战争时期，敌机投弹燃烧到某房屋，房屋起火受损，其近因并不是火灾，而是战争，投保房屋火灾险的房主就得不到保险人的赔偿。遵循近因原则可以公平合理地确定风险责任的归属，依此明确保险人的赔偿责任，维护保险当事人的合法权益。

（五）分摊原则

分摊原则是指在被保险人重复保险的情况下，保险事故发生，被保险人所得到的赔偿金由各保险人采用适当的方法进行分摊。重复保险是指投保人对同一保险标的、同一保险利益、同一保险事故分别与两个或两个以上保险人订立保险合同，且保险金额总和超过保险价值的保险。《保险法》第五十六条第二款明确规定："重复保险的各保险人赔偿保险金的总和不得超过保险价值。"除合同另有约定外，各保险人按照其保险金额与保险金额总和的比例承担赔偿保险金的责任。重复保险的投保人可以就保险金额总和超过保险价值的部分，请求各保险人按比例返还保险费。

（六）代位原则

代位，即取代他人的某种地位，在这里指的是保险人取代被保险人对第三方的求偿权或对保险标的的所有权地位。保险人根据合同的规定，对被保险人的事故进行赔偿后，或者在保险标的发生事故造成推定全损后，依法向有责任的第三方进行求偿的利益，获取的被保险人对受损投保标的的所有权，包括权利代位和物上代位两种。

六、保险与保证、储蓄

在现代社会中，保险与保证、储蓄等经济活动有类似之处，但又分别具有不同的特征。

（一）保险与保证

保险与保证都是基于民商法成立的契约关系，保险人和保证人都负有相应的义务，但这两种契约关系具有不同的性质。一方面，保险人和保证人的义务状况不同。在保险关系中，保险人和投保人相互负有义务，其中保险人的义务是在保险事故发生后，负责赔偿保险事故给被保险人或受益人造成的经济损失和因施救等行为付出的合理费用；投保人的义务是交纳保险费。而保证是从属于主契约的从契约，保证人虽然对债权人负有义务，但此义务的履行是有条件的，即当债务人不履行或者不能履行其义务时，保证人才有代为履行的义务。另一方面，保险人和保证人履行义务后的追偿权不同。在保证关系中，保证人代偿还债务后取得追偿权和代位权；而保险人依约赔偿损失或者给付保险金是履行自己应尽的义务，除非由于第三者的过错导致保险事故的发生，否则保险人无追偿权。

（二）保险与储蓄

保险和储蓄都是用现在的资金节余为将来的需要做准备，体现了有备无患的思想，是处理未来经济事务中不确定因素引发事故的善后措施。但二者具有不同的特征属性。

第一，保险的给付原则是综合均等原则，而储蓄的给付原则是个别均等原则。尽管从全体被保险人的角度来看，保险可以看成储蓄，总保费收入及利息之和在扣除管理费用之后基本上等于总的赔偿金，但从单个被保险人来看，被保险人缴付的保险费与其享受的赔款并不对等。当保险事故发生时，不论投保人缴付了多少保险费，也不论其缴费时间长短，只要符合保险赔偿与给付条件，被保险人或受益人都可以及时领取赔款和保险金；相反，在不发生保险事故的情况下，投保人往往只缴保费，而保险人无须赔偿或给付。储蓄无论从总体还是个人方面来看，只要存款，就可以提款，提款金额总是等于本金与利息之和，存款与取款总是保持对等关系。

第二，保险是多数经济单位或个人之间的互助共济行为，其目的在于共同分担保险风险所造成的损失；而储蓄是一种自助行为，其目的是为应付自己未来所需增加的支出。

第三，由保险费所形成的保险基金的所有权归保险人所有，并由保险人代为支配使用，只有发生保险事故造成保险损失时被保险人才能获得赔付；而储蓄的所有者和使用者均为储蓄者本身，储蓄者可以自由支配。

第二节　房地产保险及其主要品种①

房地产保险是以房地产业中的各类财产、责任、信用和人身为保险标的的各类保险业务的总称，是整个社会保险中的构成部分。房地产业的迅速发展，促使服务于该领域的保险品种日益增多。目前，国内各大保险公司绝大多数开展了房地产保险业务，主要有建筑工程保险、个人住房贷款保险、房地产财产保险、房地产责任保险、房地产人身保险和房地产信用和保证保险等险种。保险公司承担的房地产风险是纯粹风险，即具有偶然性、意外性和可测定性的特点。

一、房地产保险的组成要素

房地产保险的组成要素是房地产保险业运行的必备条件，主要有以下5个组成要素：

（一）房地产投保人

房地产投保人可以是法人也可以是自然人，是指对保险住房具有保险利益，与保险人订立保险合同并按期交纳保险费的人。房屋投保人的主要义务是：按期如数交纳保险费，维护被保险房屋的安全；接受保险人对房屋安全的监督和合理建议；被保险房屋一旦出险，及时如实向保险人报告发生的情况，并积极采取措施，防止损失扩大。投保人的权利是按保险契约获得保险赔偿。

① 本节列举了部分保险品种，其详细内容请参阅各保险公司的对应保险品种条款。

（二）房地产保险人

房地产保险人是指承办房地产保险业务的保险企业。保险人的主要义务是：在约定的保险事故发生后立即查勘现场，并根据损失的实际情况，核算确定补偿金额予以赔偿。保险人实际上成了房屋风险的承担者。保险人的权利包括：一是按照保险合同约定收取保险费的权利；二是代位求偿权利，即因第三者对保险标的的损害而造成保险事故的，保险人自向被保险人赔偿保险金之日起，在赔偿金额范围内代位行使被保险人对第三者请求赔偿的权利。

（三）房地产保险基金

房地产保险基金是指房地产保险公司向房地产投保人收取的保险费的总和。这是保险业运行的最主要条件，保险基金主要用来满足履行约定赔偿责任时的资金需要。保险费根据房地产的保险金额和保险费率确定。

（四）房地产保险单

房地产保险单是用来载明房地产投保人与保险人之间所约定的权利与义务的书面证书，也是保险凭证。保险单上应具体载明投保人和保险人的名称、保险标的、保险金额、保险期限、保险费、赔偿或给付的责任范围以及需要约定的其他事项。

（五）房地产保险理赔

房地产保险理赔是指被保险房屋等标的出险后的赔偿处理。它是实际承保责任的具体反映，也是发挥保险作用的具体体现。房地产保险理赔对于投保人而言称保险索赔，对于保险人而言称保险理赔。

二、房地产保险的主要品种

房地产保险仍然是综合性的概念，绝大多数隐含在其他险种当中，如财产险、责任险、人身险和信用险等。因此，一般可将房地产保险划分为房地产财产保险、房地产责任保险、房地产人身保险和房地产信用和保证保险四大类。此外，房屋建筑工程保险也逐渐成为主要的房地产险种之一。

（一）房地产财产保险

财产保险是以财产损失作为保险标的的保险。房地产财产损失是指由于房屋毁损、灭失和贬值而使房屋财产的所有者遭受的损失。房地产作为组织或个人的重要物质财产，可以通过投保财产保险项目来达到保险的目的。房地产财产保险可分为企业房产保险、居民房屋保险和房屋利益保险。

1.企业房产保险

企业房产保险隶属于企业财产保险范围，投保人是指在中国境内注册的合法企业、社会团体以及事业单位等。保险标的主要包括如下几个方面：被保险人所有或与他人共有而由被保险人负责的企业房产；被保险人经营管理或替他人保管的企业房产；其他具有法律上承认的与被保险人有经济利害关系的企业房产。违章建筑、危险建筑、非法占用的企业房产不属于保险标的的范围之列。

企业房产保险的保险责任因保险险种的不同而不同，包括企业房产基本险和综合险两种。企业房产基本险的责任包括：由于火灾、爆炸、雷击、飞行物体及其他空中物体坠落造成保险标的的损失；在发生保险事故时为抢救保险标的或防止灾害蔓延，采取合理的、必要的措施而造成的保险标的的损失；保险事故发生后，被保险人为防止或者减少保险标的的损失所支付的必要的、合理的费用。企业房产综合险的责任范围除基本险的责任范围外，还包括暴雨、洪水、台风、暴风、龙卷风、雪灾、雹灾、冰凌、泥石流、崖崩、突发性滑坡和地面突然塌陷造成保险标的的损失。对于因战争、军事行动、武装冲突、化工、暴乱、暴动、地震、核反应、核子辐射和放射性污染，以及被保险人的故意行为、违法行为或纵容行为所造成的房屋保险标的的损失，保险人均不承担保险责任。

2.居民房屋保险

按照交费方式的不同，保险公司开发了不同类型的居民房屋保险品种，包括城乡居民房屋保险（简称“房犀普通险”）和城乡居民房屋两全保险（简称“房屋两全险”）两种。前者是采取交纳保险费的方式，保险期限为一年，保险期满后，所交纳的保费不退还，继续保险须重新办理保险手续；后者是采取交纳保险储金的方式，无论保险期间是否得到赔款，在保险期满后都将原来交的保险储金全部退还被保险人。房屋两全险既有储蓄性，又能获得财产的保险保障，所以被称作两全保险。

居民房屋保险的保险范围包括被保险人所有的房屋、投保人与保险人约定并在保单上注明的房屋（包括与他人共有的房屋、代他人看管的房屋、租借他人的房屋）。对于那些紧急危险状态下的房屋，如政府征用、拆迁或违章建造的房屋，坐落在分洪区、泄洪区、洪水警戒线以下的房屋，以及简陋房屋、房屋的附属建筑物等不在保险房屋范围之内。

3.房屋利益保险

房屋利益保险是依附于房屋财产保险的一种附加险，其承保内容是针对房屋财产因遭受保险责任范围内的事故而带来的利益损失，包括费用的增加和收入的减少，如居民房屋保险中可以附加因保险灾害事故造成保险标的受损而引起的被保险人临时住宿费用，或者被保险人已出租房屋的租金损失。作为一种附加险，被保险人必须首先将所需保险房屋投保房屋财产保险，然后才能投保房屋利益保险。房屋利益保险的期限与房屋财产保险期限一致，并具有一定赔偿期。赔偿期是指在保险有效期内发生了灾害事故后到恢复正常的一段时期。该时期一般不超过半年，每一事故累计赔付天数不超过该时期；超出赔偿期的利益损失，保险人不予赔付。

（二）房地产责任保险

责任保险是以民事损害赔偿责任为保险标的的保险，主要承保在固定场所或地点进行生产经营活动或从事其他活动时，由于意外事件致使第三者人身伤害或财产损失，依法应由被保险人承担的经济赔偿责任。后者则承保各种专业人员因工作上的疏忽或过失造成契约对方或他人的人身伤害和财产损失的经济赔偿责任。与房地产相关的责任保险主要包括产品责任保险、公众责任保险和职业责任保险。

1.房地产产品责任保险

在房地产产品责任保险中，投保人是房地产开发商。保险人所承担的产品责任风险，必须是开发商销售或出租供他人使用的房屋，在使用过程中可能发生因质量缺陷而造成用户及他人的人身伤亡或财产损失，依法应由开发商承担民事损害赔偿责任的风险。目前已有保险公司开发了此类产品责任保险，如长安责任保险股份有限公司的“房屋建筑工程质量责任保险”即是这样一种产品。

该保险产品的投保人为获得国家或当地建设主管部门资质认可的建筑开发商或建设单位，于工程开工前就其开发的住宅商品房及写字楼工程（以下简称“建筑物”）投保该保险；被保险人为对该保险所承保的建筑工程具有所有权的个人、法人、其他组织及其合法继承人和受让人。保险合同中载明的、由投保人开发的建筑物，按规定的建设程序竣工验收合格满1年后，经保险人指定的建筑工程质量检查控制机构检查通过，在正常使用条件下，因潜在缺陷在保险期间内发生下列质量事故造成建筑物的损坏，经被保险人向保险人提出索赔申请，保险人按照该保险合同的约定负责赔偿修理、加固或重置的费用，主要包括：①整体或局部倒塌；②地基产生超出设计规范允许的不均匀沉降；③阳台、雨棚、挑檐等悬挑构件坍塌或出现影响使用安全的裂缝、破损、断裂；④主体结构部位出现影响结构安全的裂缝、变形、破损、断裂。

但下列原因造成的建筑物的损坏，保险人不负责赔偿：①投保人、被保险人的故意行为；②战争、敌对行动、军事行动、武装冲突、罢工、骚乱、暴动、恐怖活动；③行政行为或司法行为；④被保险人使用不当或改动结构、设备位置和原防水措施；⑤核辐射、核裂变、核聚变、核污染及其他放射性污染；⑥雷电、暴风、台风、龙卷风、暴雨、洪水、雪灾、海啸、地震、崖崩、滑坡、泥石流、地面塌陷等自然灾害；⑦火灾、爆炸；⑧外界物体碰撞、空中运行物体坠落；⑨建筑物附近施工影响；⑩在对建筑物进行修复过程中发生的功能改变或性能提高所产生的额外费用；⑪人身伤亡；⑫被保险人在入住后添置的包括装修在内的任何财产的损失；⑬任何性质的间接损失；⑭该保险合同中载明的免赔额或按该保险合同载明的免赔率计算的免赔额；⑮其他不属于该保险责任范围内的损失、费用和责任，保险人不负责赔偿。

赔偿限额包括总赔偿限额、单位建筑面积赔偿限额和每张保险凭证的赔偿限额。

总赔偿限额由下列两种方式确定，具体方式的选择由投保人和保险人协商确定：①总赔偿限额=保险合同生效时建筑物的平均销售价格（元/平方米）×实际建筑物总面积-建筑物的土地使用权转让价；②总赔偿限额由投保人和保险人协商确定。

采用第一种方式的情况下，保险合同成立时，保险人依据投保人确定的预计平均销售价格与预计建筑物总面积计收预付保险费。在保险合同生效后，投保人应向保险人提供保险合同生效时建筑物的平均销售价格和实际建筑物总面积，保险人据此计算总赔偿限额和实际保险费。预付保险费低于实际保险费的，投保人应补足差额；预付保险费高于实际保险费的，保险人退回高出的部分。采用第二种方式的情况下，保险合同成立时，保险人依据与投保人确定的总赔偿限额交纳保险费。

保险合同的成立、生效与保险期间。凡符合该保险合同约定的投保人，于工程开工前投保该保险，保险人同意承保，该保险合同成立。建筑物竣工验收合格满1年后，投保人应就其开发的建筑物，向保险人指定的建筑工程质量检查控制机构申请质量检查，上述机构检查通过后，该保险合同自检查通过之日起生效。保险期间为10年，自保险合同生效之日起算。保险期间开始前，保险人不承担保险责任。

2.房地产公众责任保险

房地产公众责任保险主要强调房屋所有人、出租人和承租人的责任保险，主要承保在房屋使用过程中产生的赔偿责任。如“平安附加出租人责任保险”，是平安保险公司推出的附加于家庭财产保险的公众责任保险，主要承保在保险期间内，在被保险房屋内（包括被保险房屋专属的天台、庭院）因意外事故造成承租人的人身伤亡，依法应由出租人承担的经济赔偿责任。这里的承租人，是指与被保险人签订正式租房合同的人，不包括被保险人的家庭成员。由于下列原因造成的损失，保险人不负赔偿责任：①投保人、被保险人故意杀害、伤害承租人；②承租人故意犯罪或拒捕、自杀或故意自伤；③承租人殴斗、醉酒，服用、吸食或注射毒品；④战争、军事行动、恐怖活动、暴乱或武装叛乱；⑤地震、台风、暴雨、洪水等自然灾害；⑥核爆炸、核辐射或核污染；⑦行政行为或司法行为；⑧任何形式的污染；⑨在被保险房屋内燃放烟花爆竹所引起的事故；⑩承租人饲养的宠物对其造成的人身伤害；⑪被保险人与他人签订的协议所约定的责任，但即使没有这种协议依法仍应由被保险人承担的责任不受此限；⑫因保险事故引起的任何精神损害赔偿。

在赔偿处理方面，发生保险责任范围内的保险事故时，未经保险人书面同意，被保险人不得单方面承诺赔偿或直接赔偿给承租人，否则保险人有权拒绝赔偿不应当承担部分的赔偿金额。

3.房地产职业责任保险

房地产职业责任保险承保从事房地产业的各类专业人员因工作上的疏忽或过失造成他人损害应承担的经济赔偿责任，如建设工程设计责任保险就属于该类险种，其保险对象为法定的建设工程设计单位及其签约设计人员，保险责任是因设计过失而引发工程质量事故所需承担的经济赔偿责任。但是，被保险人出现下列行为则不在该险种保险范围之内：故意不当行为所造成的责任损失，冒用持证单位的名义进行勘察设计，违反国家规定的建设程序进行的勘察设计项目所带来的损失，设计单位越级承担任务及拖延工期所带来的损失等。

（三）房地产人身保险

人身保险是以人的生命或身体为保险标的的保险，包括人寿保险、人身意外伤害保险和健康保险3个方面。目前针对房地产领域的人身保险主要就是房地产人身意外伤害保险，是指房地产被保险人遭受意外伤害事故造成死亡或永久致残，由保险人按照保险合同的规定给付保险金的一种保险。房地产人身意外伤害保险的保险人应承担如下保险责任：被保险人在保险单有效期间，发生保险责任范围内的死亡或伤残（主要指因意外事故以致死亡的，或双目永久完全失明，或四肢永久完全残疾，或一目永久完全失明且同时一肢永久完全残疾等）时，被保险人或其受益人可申请给付相应的保险金，并提供保险单、死亡证明书或区、县级以上医疗机构出具的残疾程度证明。从意外事故发生之日起经过规定年限不提出申请，即作为自动放弃权益。但是，被保险人的自杀或犯罪行为、被保险人或其受益人的故意或诈骗行为、战争或军事行动所致被保险人的死亡或伤残、被保险人因疾病死亡或伤残、被保险人因意外伤害所支出的医疗或医药等费用，则不在该险种的保险范围之内。

（四）房地产信用保险和保证保险

在日常的保险实务中，很多人将信用保险与保证保险混为一谈。信用保险和保证保险所承保的都是信用风险，但二者有着严格的区别。

1.信用保险与保证保险的区别

信用保险是指权利人向保险人投保债务人的信用风险的一种保险，是一项企业用于风险管理的保险产品，其主要功能是保障企业应收账款的安全。其原理是把债务人的保证责任转移给保险人，当债务人不能履行其义务时，由保险人承担赔偿责任。保证保险是指在约定的保险事故发生时，被保险人须在约定的条件和程序成立时方能获得赔偿的一种保险，其内容主要由投保人交纳保险费的义务和保险人承担保险责任构成。保证保险的性质属于保险，而不是保证。在保证保险中，保险责任是保险人的主要责任，只要发生了合同约定的保险事由，保险人即应承担保险责任，这种责任因在合同有效期未发生保险事由而消灭。

信用保险仅有两个当事人，即投保人和保险人，前者为权利人，后者为依据保险法取得经营保证保险业务的商业保险公司；而保证保险的当事人有3个，即保险人、投保人和权利人，如在消费贷款保证保险中，投保人和被保险人就是贷款合同的借款方和贷款方，保险人是商业保险公司。也就是说，保证保险是以投保人自己的信用风险为保险责任的一种保险业务；而信用保险是以他人的信用风险为保险责任的财产保险业务，即信用保险是权利人投保的，而保证保险是由被保险人投保的。

2.房地产保证保险

目前国内房地产领域主要应用的是保证保险，如住宅质量保证保险和个人住房抵押贷款保证保险。

以中华保险的“住宅质量保证保险”为例：

凡经国家或地方政府建设行政主管部门、商品住宅性能认定委员会认定通过的住宅开发商，均可作为本保险合同的投保人和被保险人，针对认定通过的住宅投保本保险。合法持有上述住宅所有权的个人、法人或其他组织为上述住宅的权利人。被保险人在本保险合同项下的权益由权利人享有。

在本保险期间内，本保险单明细表中列明的、由投保人开发的并经国家或地方政府建设行政主管部门、商品住宅性能认定委员会根据相关商品住宅性能认定管理规定认定通过的住宅，在正常使用条件下，因潜在缺陷发生下列质量事故造成住宅的损坏，经被保险人向保险人提出索赔申请时，保险人负责赔偿修理、加固或重新购置的费用：①整体或局部倾斜、倒塌；②地基产生超出设计规范允许的不均匀沉降；③阳台、雨篷、挑檐等悬挑构件坍塌或出现影响使用安全的裂缝、破损、断裂；④主体承重结构部位出现影响结构安全的裂缝、变形、破损、断裂；⑤电气管线破损。

保险金额规定如下：投保人尚未出售的住宅，其保险金额为该住宅的建筑面积与本保险单明细表中列明的预计单位建筑面积平均销售价格之乘积；投保人已出售的住宅，其保险金额为该住宅的实际销售价格。累计保险金额在保险合同中载明。

保险期间规定如下：对于上述条款保险责任第①至④款所述质量事故的保险期间为10年，自住宅竣工验收合格之日起满1年后算起；对于上述条款保险责任第⑤款所述质量事故的保险期间为5年，自住宅竣工验收合格之日起满1年后算起。

保险费规定如下：投保人应当按照本保险合同的约定向保险人交纳预收保险费。在签订保险合同时，由于保险金额是按照住宅的预计销售额确定的，所以保险金额以及据此计算得到的保险费均为预计保险金额和预计保险费，实际保险金额和实际保险费只有在住宅全部售出后才能确定。因此，在住宅全部售出后，应按照实际销售额确定实际保险金额，并计算实际保险费。若实际保险费高于预计保险费，投保人应补交其差额；若实际保险费低于预计保险费，保险人应退还其差额。

几乎所有的保险公司都开发了个人住房抵押贷款保证保险产品，以下以平安保险的“平安个人购置住房抵押贷款保证保险”为例：

凡符合中国人民银行《个人住房贷款管理办法》有关规定，向商业银行申请商品住房抵押贷款的借款个人均可参加本保险。本条款的投保人指申请住房抵押贷款的借款人；被保险人指贷款人，即贷款银行。

在保险期间内，投保人因意外伤害事故所致死亡或伤残，造成连续3个月未履行或未完全履行与被保险人签订的相关个人住房借款合同约定的还贷责任，保险人按以下偿付比例承担保险事故发生时相关的个人住房借款合同项下贷款本金余额的全部或部分还贷责任：死亡100%，一级伤残100%，二级伤残75%，三级伤残50%，四级伤残30%，五级伤残20%，六级伤残15%，七级伤残10%，八级伤残5%。上述伤残等级对照国家发布的《职工工伤与职业病致残程度鉴定标准》（以下简称《伤残鉴定标准》）。伤残项目对应《伤残鉴定标准》两项者，如果两项不同级，以级别高者为伤残等级；如果两项同级，以该级别的上一等级为伤残等级；伤残项目对应《伤残鉴定标准》三项以上者（含三项），以该等级中的最高级别的上一等级为伤残等级。但无论如何，伤残等级不得高于一级。

本保险的保险期间为自保险单约定的起始日、时起至个人住房借款合同履行期届满之日、时止；本保险合同的赔偿限额以事故发生时相关的个人住房借款合同项下的未了还贷责任为限，每次事故免赔额由投保人与保险人在签订保险合同时协商确定，并在保险合同中载明。

知识拓展8-2

趸缴

本保险合同的保险费的交纳方式可以为趸缴、期缴。约定趸缴保险费的，投保人在约定交费日后交付保险费的，保险人对交费之前发生的保险事故不承担保险责任；约定期缴保险费的，在交纳了首期保费后，保险人开始承担保险责任。除保险合同另有约定外，如果投保人到期未交纳余期保险费，自期缴保险费约定支付日的次日零时起60天为宽限期。宽限期内发生保险事故的，保险人仍承担保险责任，但赔偿时需扣除欠交的保险费。投保人在宽限期结束之后仍未交纳保险费的，则本合同自宽限期满的次日零时起效力终止。

（五）房屋建筑工程保险

建筑工程保险是以承保土木建筑为主体的工程，在整个建设期间，由于保险责任范围内的风险造成保险工程项目的物质损失和列明费用损失的保险，建筑工程保险承保的是各类建筑工程，如房屋、道路、水库、桥梁、码头、娱乐场、管道以及各种市政工程项目的建筑。这些工程在建筑过程中的各种意外风险，均可通过投保建筑工程保险而得到保险保障。

房地产领域涉及的建筑工程保险主要指房屋建筑工程保险，以长安责任保险股份有限公司的“建筑工程一切险”为例：

本保险条款包括物质损失保险、第三者责任保险和通用条款三部分。在物质损失保险部分，保险合同的保险标的为合同明细表中分项列明的在列明工地范围内的与实施工程合同相关的财产或费用，下列财产未经保险合同双方特别约定并在保险合同中载明保险金额的，不属于本保险合同的保险标的：①施工用机具、设备、机械装置；②在保险工程开始以前已经存在或形成的位于工地范围内或其周围的属于被保险人的财产；③在本保险合同保险期间终止前，已经投入商业运行或业主已经接受、实际占有的财产或其中的任何一部分财产，或已经签发工程竣工证书或工程承包人已经正式提出申请验收并经业主代表验收合格的财产或其中任何一部分财产；④发生保险事故后，被保险人为修复保险标的而清理施工现场所发生的必要、合理的费用，即清除残骸费用。

下列财产不属于本保险合同的保险标的：①文件、账册、图表、技术资料、计算机软件、计算机数据资料等无法鉴定价值的财产；②便携式通信装置、便携式计算机设备、便携式照相摄像器材以及其他便携式装置、设备；③土地、海床、矿藏、水资源、动物、植物、农作物；④领有公共运输行驶执照的，或已由其他保险予以保障的车辆、船舶、航空器；⑤违章建筑、危险建筑、非法占用的财产。

在保险期间内，本保险合同分项列明的保险财产在列明的工地范围内，因本保险合同责任免除以外的任何自然灾害或意外事故造成的物质损坏或灭失（以下简称“损失”），保险人按本保险合同的约定负责赔偿：①保险事故发生后，被保险人为防止或减少保险标的的损失所支付的必要的、合理的费用，保险人按照本保险合同的约定也负责赔偿；②对经本保险合同列明的因发生上述损失所产生的其他有关费用，保险人按照本保险合同的约定负责赔偿。

保险标的发生保险责任范围内的损失，保险人按以下方式计算赔偿：①保险金额等于或高于应保险金额时，按实际损失计算赔偿，最高不超过应保险金额；②保险金额低于应保险金额时，按保险金额与应保险金额的比例乘以实际损失计算赔偿，最高不超过保险金额。

对保险标的遭受的损失，保险人可选择以支付赔款或以修复、重置受损项目的方式予以赔偿，对保险标的在修复或替换过程中，被保险人进行的任何变更、性能增加或改进所产生的额外费用，保险人不负责赔偿。

第三节 房地产保险的运作

保险作为一种特殊商品，其运作过程中存在着信息不对称和道德风险问题，尤其是在各方信息管理还不完善的情况下更是如此。但是，金融业的发展离不开保险业的良性运行。因此，在保险业运营过程中，为了保护被保险人的利益，保险经营者的经营行为受到有关部门的严格监管，房地产保险的运作也不例外。与其他保险品种一样，房地产保险的运作通常需要经过投保与承保、索赔与理赔等环节。

一、房地产保险的投保与承保

在以往人们的印象中，保险公司的经营活动是从拓展业务开始的，投保往往被看成是承保的一部分。但随着市场的成熟和消费者理性化程度的提高，投保管理越来越成为保险经营的重要一环。投保是房地产保险运作的首要环节，与承保相辅相成。

（一）房地产保险的投保

投保是投保人在各种信息的刺激下，向保险人购买保险产品的过程。在这个过程中，保险人的主要工作就是让潜在的投保人充分了解所能提供的保险产品，并协助其填妥保险单。

1.保险人做好保险品种宣传工作

自保险业务恢复以来，人们的保险意识虽然不断提高，但还是有许多人没有充分意识到保险的重要性，尤其是新的保险品种不断推出，增加了人们对保险的模糊认识。为了改变这种不利行业发展的局面，需要保险人在遵循保险原则的前提下，进一步做好宣传工作，如利用广告、影视、文艺演出、各类报纸、杂志、网络等媒体，进行全方位的宣传。同时，保险公司还可以通过设立咨询点等方式，针对不同的投保人群进行宣传和讲解。

2.投保人填好投保单

投保人填写投保单是投保过程的重要一环。在这一过程中，保险公司的业务人员应协助投保人做好如下工作：①帮助投保人分析其面临的风险；②站在投保人的立场，帮助投保人确定适合的保险品种；③帮助投保人选择合适的缴费额度；④帮助投保人制订保险计划，包括保险金额、保险期限和保险范围等；⑤如实履行告知义务等。

（二）房地产保险的承保

承保是指投保人与保险人签订保险合同的过程，工作的程序包括接受投保单、审核验险、接受委托、缮制单证、核保等步骤。

第一步，接受投保单。投保单是投保人申请购买保险的凭证，也是保险人签发保险单的依据。

第二步，审核验险。保险人收到投保单后要严格审核。对财产保险，主要查验投保财产所处的环境、风险程度及防护措施等；对人身保险，要查验被保险人的健康状况、个人病史、年龄、性别、财务状况、职业、嗜好、居住环境等。

第三步，接受委托。保险人通过验险后要做出承保或拒保或有条件承保的决定。拒保的，要解释清楚。

第四步，缮制单证。这是承保的最后一个环节，应满足单证相符、保险合同要素明确、数字准确、复核签章手续完备等要求。

第五步，核保。核保是保险人业务选择的关键，通过核保可以防止非可保风险的带入，去除不合格的保险标的，同时准确估计风险程度，提高承保质量。核保的内容主要包括审查投保人资格、审核投保标的与保险金额、确定保险费率、审核被保险人的信誉等。

二、房地产保险的索赔与理赔

索赔是在保险事故发生、保险标的受损时，按照保险合同的规定，被保险人向保险人请求赔偿的行为。理赔是在保险事故发生、保险标的受损时，被保险人在规定时间内提交赔款申请之后，保险人按合同规定履行经济补偿或给付义务。索赔与理赔是保险保障的具体体现。房地产保险的索赔与理赔是体现房地产被保险人权益、实现房地产保险补偿或给付职能的行为。

（一）房地产保险的索赔

房地产保险的索赔程序如下：

1.发出出险通知

在损失发生时，被保险人要及时通知房地产保险人，这是被保险人的义务之一，也是保险人理赔的依据。

2.被保险人应尽力施救

保险事故发生时，被保险人有责任尽力采取必要的措施，防止或者减少损失，并保护好现场。

3.提供索赔文书

保险事故发生后，被保险人应当向房地产保险人提供其所能提供的与确认保险事故的性质、原因、损失程度等有关的证明和资料，主要包括保险单、房地产权证、出险证明书、损失鉴定书、受损财产清单等。如果该损失是由第三方责任造成的，被保险人还须出具权益转让书。

（二）房地产保险的理赔

房地产保险的理赔程序如下：

1.受理案件

受理案件是保险理赔工作的第一步，包括接受报案、查抄单底、报告案情、编号立案4项具体工作。

2.现场查勘

现场查勘对于了解出险情况、掌握第一手资料非常关键，为进行后续理赔提供了重要依据。

3.审核单证

现场查勘结束后，调查人员应当对保险单是否有效、损失原因是否属于保险责任、受损财产是否在保险财产范围内、有关损失和费用的单据是否真实有效、施救费用开支是否合理等，做出有效审核。对不属于保险责任的，应当向被保险人发出拒绝赔偿通知书。

4.保险理赔

对于符合保险理赔条件的案件，保险人应尽快支付赔款。保险人通过责任审核，确定保险赔偿责任和赔偿范围，并根据保险标的的保险金额和保险人的承保条件计算赔偿金额，在保险合同规定期限内支付赔偿金额。

5.第三方责任追偿的处理

若保险财产发生保险责任范围内的损失是由第三方责任造成的，房地产保险人在向被保险人或受益人做出理赔后，应向被保险人或受益人取得相关权益转让书，取得向第三方追偿的权利。

□ 本章小结

保险是指投保人根据合同约定，向保险人支付保险费，保险人对于合同约定的可能发生的事故因其发生所造成的财产损失承担赔偿保险金责任，或者当被保险人死亡、伤残、疾病或者达到合同约定的年龄、期限等条件时承担给付保险金责任的商业保险行为。保险主要是对意外事故损失进行分摊的一种经济保障制度和手段，是一种合同行为，体现的是一种民事法律关系。保险的性质表现为一种互助运行机制、一种风险损失转移机制、一种经济活动、一种金融活动以及一种投资方式等。保险的原则包括最大诚信原则、公平互利原则、损失补偿原则、近因原则、分摊原则以及代位原则等。

一般可将房地产保险划分为房地产财产保险、房地产责任保险、房地产人身保险和房地产信用和保证保险四大类。此外，房屋建筑工程保险正成为越来越主要的房地产保险品种。保险公司承担的房地产风险是纯粹风险，即具有偶然性、意外性和可测定性的特点。

房地产保险的投保就是保险人让潜在的投保人充分了解所能提供的保险产品，并协助其填妥保险单；房地产保险的承保是指投保人与保险人签订保险合同的过程，工作的程序包括接受投保单、审核验险、接受委托、缮制单证、核保等步骤。

房地产保险的索赔是在保险事故发生、保险标的受损时，按照保险合同的规定，被保险人向保险人请求赔偿的行为。理赔是在保险事故发生、保险标的受损时，被保险人在规定时间内提交赔款申请之后，保险人按合同规定履行经济补偿或给付义务。索赔与理赔是保险保障的具体体现。房地产保险的索赔与理赔是体现房地产被保险人权益、实现房地产保险补偿或给付职能的行为。

□ 综合练习

一、本章基本概念

保险；房地产投保人；房地产保险人；房地产保险基金；房地产保险单；房地产保险理赔；房地产财产保险；房地产责任保险；房地产人身保险；房地产信用保险和保证保险

二、本章思考题

1.保险的主体、客体和内容是什么？

2.保险的分类、性质是什么？

3.保险的基本原则是什么？

4.保险与保证及储蓄的区别是什么？

5.房地产保险的种类有哪些？各自的含义是什么？能否列举相关的案例加以分析？

6.房地产保险的运作包含哪些环节？

本章思考题答案要点

推荐阅读资料

第九章

房地产信托

□ 思政引导

通过本章教学，应引导学生了解如下知识：

1.信托业在全面深化改革及促进房地产市场发展中的作用；

2.房地产信托良性发展对防范化解重大金融风险的意义；

3.信托在房地产市场发展中的监管要求及政策背景。

□ 学习目标

通过对本章的学习，学生应了解或掌握如下内容：

1.信托的含义、特征、种类及作用；

2.房地产信托的含义与模式；

3.房地产信托在中国的发展历程；

4.房地产信托行业发展必须要解决的问题。

- 房地产信托
  - 信托的基本知识
    - 信托的含义
    - 信托的特征
    - 信托的种类
    - 信托的作用
  - 房地产信托的含义与模式
    - 房地产信托的含义
    - 房地产信托的模式
      - 房地产债权型信托模式
      - 房地产股权回购信托模式
      - 房地产财产受益型信托模式
      - 房地产混合型信托模式
  - 房地产信托在中国的发展
    - 房地产信托在中国的发展历程
    - 今后中国房地产信托行业发展必须要解决的问题

导 言

银行信贷通常被看成房地产开发企业的主要资金支持者。然而，从2003年6月开始，政府加大了对房地产业的宏观调控，限制了银行信贷对房地产业的支持，导致许多房地产开发企业资金来源受阻。在宏观调控不断深入且政策效果逐渐显现的情况下，房地产商从银行获取开发贷款的难度增加，而介于银行信贷和民间借贷之间的信托融资因此获得了更多开发商的青睐。中央经济工作会议及全国金融工作会议中，多次对信托产业在房地产市场的发展给予高度关注。受宏观调控政策的影响，房地产信托产品发行规模和数量在经过2011年的高速增长之后有所下滑，但作为一种符合市场需求的投资产品，在拓宽融资渠道、改善融资结构等方面仍将发挥越来越重要的作用。

第一节 信托的基本知识

信托的本义是指“受人之托，代人理财”。之所以会产生这样一种金融工具，是因为在现代社会中，财产所有人大都需要考虑其财产的增值问题，但并非所有人都具备这种财产增值能力，或者无暇顾及，或者找不到合适的投资渠道，于是便产生了将财产委托给专业人士代为经营管理的需求，信托便产生了。本节主要介绍信托的含义、特征、种类和作用，主要目的是让读者对信托有一个初步认识。

一、信托的含义

所谓信托，是指委托人基于对受托人的信任，将其财产权委托给受托人，由受托人按委托人的意愿，以受托人自己的名义，为受益人的利益或者特定目的，进行管理或者处分该财产的行为。信托关系的构成要素为信托行为、信托目的、信托主体（信托当事人）、信托客体、信托报酬和信托结束。

信托行为是指以信托为目的的法律行为，或者说是合法地设定信托的行为。信托目的是指委托人通过信托行为所要达到的目的。信托主体（信托当事人）是指完成信托行为的行为主体，即委托人、受托人以及受益人。委托人是为了一定的目的将其财产以信托的方式，委托给受托人经营的人。委托人应当是具备完全民事行为能力的自然人、法人或者依法成立的其他组织。受托人是接受信托财产，按约定的信托合同，对信托财产进行经营的人。受托人应当是具备完全民事行为能力的自然人、法人。受益人是在信托中享有信托受益权的人，可以是自然人、法人或者依法成立的其他组织。委托人可以是受益人，也可以是同一信托的唯一受益人①。受托

① 2007年3月1日开始实施的《信托公司集合资金信托计划管理办法》第五条规定，参与信托计划的委托人为唯一受益人，这与《中华人民共和国信托法》（以下简称《信托法》）中对受益人的规定相矛盾。

人可以是受益人，但不得是同一信托的唯一受益人。信托客体是指信托关系的标的物，即信托财产。信托报酬是指受托人承办信托业务所取得的报酬，通常是按信托财产或信托收益的一定比率计算的。信托结束是指信托行为的终止。

二、信托的特征

从信托的含义，不难理解信托具有如下特征：

（一）信托业务方式灵活多样，被誉为“金融百货公司”

信托具有业务方式灵活的特点，这就使它在开展业务时，可以灵活选择运用，以适应社会需要。信托的委托人可以是企业、社会团体，也可以是个人；信托财产可以是有形的，也可以是无形的；委托人可以为不同的目的设立信托，如以财产增值为目的，或以公益信托为目的等。为了实现信托的不同目的，受托人对信托财产的管理既可以进行投资，也可以发放贷款；既可以出租，也可以出售。信托当事人的多样化，信托财产的多元化，信托目的的自由化，这些均使得信托方式灵活多样，具有很强的适应性。而且伴随着经济形势的不断变化，新的信托业务方式层出不穷，适应了社会各方面的需要，因而，信托业素有“金融百货公司”的美称。

（二）信托的产生基于委托人对受托人的信任

信托行为涉及委托人向受托人转移财产权利，因此受托人必须取得委托人的信任。受托人应按信托合同或协议的要求履行管理和处分财产的职责，为委托人和受益人服务，不得牟取私利。

（三）信托财产具有一定的独立性[①]

信托一经有效成立，信托财产即具有了法律的独立性。这种独立性表现为：

第一，信托财产与委托人未设立信托的其他财产相区别，与受托人的固有财产相区别，同时也与受益人的财产相区别。

第二，委托人、受托人、受益人的债权人不得追及信托财产。信托关系一旦成立，受托人因接受委托而取得信托财产，成为法律上的财产所有人，这意味着信托财产不再属于委托人，委托人的债权人无权追及。而且信托财产不属于受托人的自有财产，受托人的债权人也无权追及信托财产。尽管受益人有权享有信托利益，受托人以信托财产为限向受益人承担支付信托利益的义务，但信托财产并不属于受托人对受益人的负债，受益人的债权人同样无权追及信托财产。

---

① 信托中的财产权随着信托的建立而转移，这是英美法和大陆法的共同点。但是我国《信托法》第二条规定：“本法所称信托，是指委托人基于对受托人的信任，将其财产权委托给受托人，由受托人按委托人的意愿以自己的名义，为受益人的利益或者特定目的，进行管理或者处分的行为。”这就简单地回避了财产权属问题，甚至回避了财产转移问题，仅仅规定委托人“将其财产权委托给受托人”。受托人是否是信托财产的权利人存在疑问，从而受托人就信托财产有多大的处分权就难以确定。如果解释为委托人保留财产权，在具体制度中将通常由受益人行使的权利保留给委托人自己来行使，这就违背了信托的基本性质，将信托同与其类似的概念如委托、代理、经纪、承包、所有权与经营管理权两权分离等相混淆。这种情况下就造成了信托关系的混乱。

（四）所有权与受益权分离

受托人享有信托财产的所有权，而受益人享有受托人经营管理财产所产生的收益，实现了信托财产的所有权主体与受益权主体的分离，从而构成信托的根本特质。委托人将财产委托给受托人时必须将财产所有权转移给受托人，自身对信托财产就没有了直接控制权。受托人运用信托财产，以自己的名义与第三人进行交易，并有权行使财产所有权人享有的一些酌情处理、取得收益的权利，在信托财产被侵害时，有权提起诉讼。不过受托人管理处分信托财产必须按照委托人的意愿进行，这种意愿是在信托合同中事先约定的。受托人不能为自己的利益运用信托财产，也不能将管理和运用信托财产的收益据为己有。受托人必须妥善管理信托财产，将所产生的收益包括本金在一定条件下交给受益人，形成所有权与受益权的分离。

（五）信托管理具有连续性

信托是一种具有长期性和稳定性的财产管理制度。在信托关系中，信托财产的运作一般不受信托当事人经营状况和债权债务关系的影响，具有独立的法律地位，信托一经设立，委托人除事先保留撤销权外不得废止、撤销信托；受托人接受信托后，不得随意辞任；信托的存续不因受托人一方的更迭而中断。英美信托法的一项普遍规则是“法院不会因为欠缺受托人而宣告信托无效”。这就是说，受托人的死亡、解散、破产、辞职、解任不影响信托关系的存续，某些信托例如公益信托和养老金信托等甚至没有期限限制，所以信托是一种具有长期性和稳定性的财产管理制度。

（六）受托人不承担损失风险

受托人是按照委托人的意图对其财产进行管理和处理，损益按实际的结果进行核算。如有收益，则获得的经营收益归受益人享有；如有亏损，也由委托人或受益人承担。受托人在自身没有过失的情况下，对信托业务产生的损失不承担任何责任，并依据信托协议，向委托人或受益人收取处理该项信托业务所发生的费用。在受托人按照信托契约的规定尽职尽责管理信托财产的前提下，信托财产的损益根据受托人经营的实际结果来计算，而不是根据事先确定的损益标准来计算，这构成了信托的显著特点，即受托人不承担损失风险，同时这也是信托存款与银行存款的一个重要区别。

三、信托的种类

信托的种类繁多，按不同的标准有不同的分类，现介绍其中的几类。

（一）设定信托和法定信托

根据信托的设立依据是法律行为还是法律规定，可将信托分为设定信托和法定信托。设定信托是指按照法律行为（合同或遗嘱）设立的信托，法定信托是指按照法律规定而设立的信托。在现代社会中，受托人接受的信托，绝大部分是通过委托人与受托人签订的合同或按照委托人的遗嘱设立的信托，根据法律规定自然形成的信托则很少。

（二）商事信托和民事信托

按照受托人承受信托是否以营利为目的，可将信托分为商事信托和民事信托。商事信托，也称营业信托，是以营利为目的的信托，其受托人多为法人，即信托机构。民事信托，也称非营业信托，是不以营利为目的的信托，其受托人多为自然人。二者之间的主要区别在于商事信托的受托人承受信托要收取信托报酬，而民事信托的受托人承受信托一般不收取信托报酬。

（三）个人信托和团体信托

根据信托行为的委托人不同，可将信托分为个人信托和团体信托。个人信托是由个人委托信托机构办理信托业务，如人寿保险信托、遗嘱信托等。个人信托又可分为生前信托和身后信托两种。生前信托指个人在世时就以委托人身份与受托人建立信托关系，其信托合同限于委托人在世时有效。这种信托多为那些工作繁忙或长期身居海外的人士以及老年人而设立，申请这种信托的目的是增值财产、保存财产、处理财产等。身后信托指个人在世时设定信托，受托人根据遗嘱办理委托人身后的有关信托事项，如执行遗嘱、管理财产、为保寿险者在身后代领赔款等。团体信托是法人组织作为委托人委托信托机构办理的有关信托业务，如信托存款、信托投资等。

（四）公益信托和私益信托

根据信托目的的不同，可将信托分为公益信托和私益信托。公益信托是指以促进社会福利、慈善事业、科技进步、学术研究、教育发展等公共利益为目的而设立的信托，其受益人是非特定的多数人（对象不确定）。私益信托是为特定的他人或委托人自己的利益而设立的信托，受益人是固定的。

（五）自益信托和他益信托

根据信托受益人是委托人自己还是非委托人的他人，可将信托分为自益信托和他益信托。受益人是委托人自己的称为自益信托，受益人是他人的则称为他益信托。

（六）资金信托和非资金信托

根据信托财产是否为货币资金，可将信托分为资金信托和非资金信托。资金信托是以货币资金作为信托财产的信托，通常包括信托存款、信托贷款、信托投资、委托存款、委托贷款、委托投资、公益基金信托、人寿保险信托等；非资金信托是以非货币资金作为信托财产的信托，通常包括动产信托、不动产信托、证券信托等。

（七）国内信托和国际信托

根据信托业务范围是否跨国，可将信托分为国内信托和国际信托。国内信托的业务范围限于本国境内，国际信托的业务范围涉及其他国家。

四、信托的作用

信托的出现不仅拓宽了投资者的投资渠道，而且通过将社会闲散资金集中起来投资产业，促进了产业发展、经济增长和金融市场的完善。

（一）信托拓宽了投资者的投资渠道

对于投资者来说，存款或购买债券较为稳妥，但收益率较低；投资于股票有可能获得较高收益，但对于投资经验不足的投资者来说，投资股市的风险也很大，而且在资金量有限的情况下，很难做到组合投资、分散风险。此外，股市变幻莫测，投资者缺乏投资经验，加上信息条件的限制，难以在股市中获得很好的投资收益。信托作为一种新型的投资工具，把众多投资者的资金汇集起来进行组合投资，由专家来管理和运作，经营稳定，收益可观，可以专门为投资者设计间接投资工具，投资可以涉及资本市场、货币市场和实业投资领域，大大拓宽了投资者的投资渠道。信托之所以在许多国家受到投资者的欢迎，发展如此迅速，都与信托作为一种投资工具所具有的独特优势有关。

（二）信托通过把储蓄转化为投资，促进了产业发展和经济增长

信托吸收社会上的闲散资金，为企业筹集资金创造了良好的融资环境，实际上起到了把储蓄资金转化为生产资金的作用。这种把储蓄转化为投资的机制为产业发展和经济增长提供了重要的资金来源，特别是对于某些基础设施建设项目，个人投资者因为资金规模的限制无法参与，但通过信托方式，汇集大量的个人资金投资于实业项目，不仅拓宽了个人投资的渠道，同时也为基础设施融资提供了新的来源。而且，随着信托的发展壮大，这种作用将越来越显著。

（三）信托促进了金融市场的发展和完善

信托由专家来经营管理，他们精通专业知识，投资经验丰富，信息资料齐备，分析手段先进，投资行为相对理性，客观上能起到稳定市场的作用。同时，信托一般注重资本的长期增长，多采取长期的投资行为，不会在证券市场上频繁进出，能减少证券市场的波动。

信托有利于货币市场的发展。商业银行作为货币市场的主要参与者，有其运作的规模效应，但同时也限制了它的灵活性。信托产品具有高度的灵活性，能够满足市场多样化的要求，其本身所具有的风险隔离功能和权利重构功能使信托产品具有高度的弹性和个性，通过创造性的结构设计，直接转化为风险和收益各异的产品，满足市场多方面的需求，丰富货币市场的金融产品。

但是，也应该看到，国内的信托业无论在立法、监管方面还是在实践方面，与国外成熟的金融市场相比均存在很大的差距。信托制度作为市场经济条件下一项功能强大、应用广泛的法律制度和财产制度，在国内现实的经济与社会生活中发挥的作用也还是非常有限的。人们对于一些普通的信托行为缺乏正确认识，甚至连很多金融、法律专业人员都对信托制度存在误解，这反过来又制约了信托业务的开展和行业发展。因此，加强对信托知识的学习是非常有必要的。

第二节　房地产信托的含义与模式

房地产信托是房地产业与信托业相互融合的产物，是房地产金融的重要组成部分，它的产生和发展离不开房地产业的产生和发展，更离不开信托业的产生和发展。它为房地产业的发展提供了大量的资金和手段。在西方国家，房地产信托的发展不仅拓宽了房地产业的融资渠道，对房地产业的经营与开发具有十分重要的推动作用，而且也依托房地产业使自身获得了长足的发展。在中国，房地产信托还算是个新生事物，但是一出现即表现出强大的生命力。

一、房地产信托的含义

知识拓展9-1

集合资金信托与单一资金信托

房地产信托有两层含义。一是房地产财产信托，指房地产法律上或契约上的拥有者将该房地产委托给信托公司，由信托公司按照委托者的要求进行管理、处分和收益，信托公司再对该信托房地产进行租售或委托专业物业公司进行物业经营，使投资者获取溢价或管理收益。由于房地产的这种信托方式，能够照顾到房地产委托人、信托公司和投资受益人等各方的利益，并且《信托法》目前已颁布实施，其必将具有很强的生命力，一经推出，必然会受到各方的欢迎。二是房地产资金信托，即委托人基于对信托投资公司的信任，将自己合法拥有的资金委托给信托投资公司，由信托投资公司按委托人的意愿以自己的名义，为受益人的利益或特定目的，将资金投向房地产业并进行管理和处分的行为。

房地产资金信托是中国目前大量采用的房地产融资方式，是信托投资机构推出的集合资金信托类产品中最重要的一类，按融资规模计算，仅次于证券投资信托。这里所说的“集合资金信托”，是信托投资公司办理资金信托业务时，可以按照要求为委托人单独管理信托资金，也可以为了共同的信托目的，将不同委托人的资金集合在一起进行管理，通常这种资金信托方式称为集合资金信托。按照《信托公司集合资金信托计划管理办法》第二条的规定，在中华人民共和国境内设立集合资金信托计划，是由信托公司担任受托人，按照委托人意愿，为受益人的利益，将两个以上（含两个）委托人交付的资金进行集中管理、运用或处分的资金信托业务活动。同时又规定委托人应为“合格投资者”。所谓“合格投资者”，是指能够识别、判断和承担信托计划相应风险的人，必须要符合以下3个条件之一：①投资一个信托计划的最低金额不少于100万元人民币的自然人、法人或者依法成立的其他组织；②个人或家庭金融资产总计在其认购时超过100万元人民币，且能提供相关财产证明的自然人；③个人收入在最近3年内每年收入超过20万元人民币或者夫妻双方合计收入在最近3年内每年收入超过30万元人民币，且能提供相关收入证明的自然人。而在以前的《信托投资公司资金信托管理暂行办法》[①]中，对“合格投资者”的规定是没有的。《信托投资公司资金信托管理暂行办法》只要求信托投资公司集合管理、运用、处分信托资金时，接受委托人的资金信托合同不得超过200份（含200份），每份合同金额不得低于人民币5万元（含5万元）。可见，《信托公司集合资金信托计划管理办法》中的相关规定实际上是抬高了信托投资的门槛。

二、房地产信托的模式

目前，存在于中国的房地产信托模式主要有债权型信托、股权型信托、财产受益型信托、混合型信托4种模式，其中混合型信托模式是一种介于股权和债权之间的融资模式，被称为夹层融资，我们将在第十章中对房地产夹层融资的相关问题进行探讨。本节主要介绍4种房地产信托模式的操作流程、特点、优势以及劣势。

（一）房地产债权型信托模式

房地产债权型信托又称贷款型信托，是指通过发行信托计划，募集资金后贷款给开发商使用，并以利息收入的方式向受益人支付信托收益，年限一般为1~2年，年利率为4.5%~8%。该模式操作简便，技术含量低，在前期的信托产品中占了很大比重，万科等大型房地产企业均采用过此种融资方式。债权型信托模式的操作流程如图9-1所示。

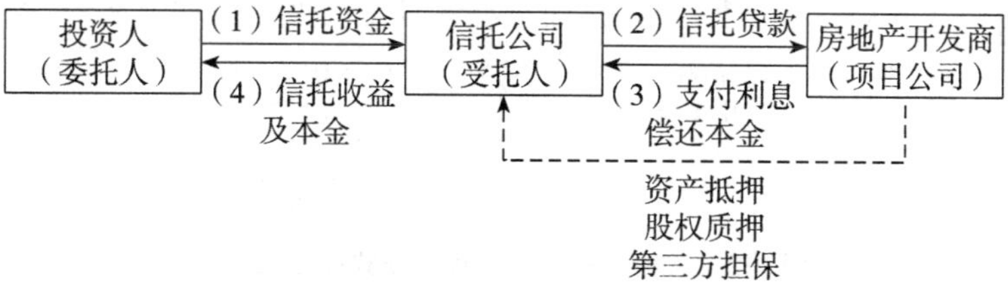

图9-1　房地产债权型信托模式操作流程图

房地产开发商首先利用自有开发项目通过信托公司设立信托项目；然后信托公司（受托人）向投资人（委托人）募集信托资金，并将募得的资金贷给开发商；开发商通过资产抵押、股权质押或者第三方担保等方式对信托贷款的偿还进行担

① 该办法目前已不再适用。

保，到期偿付投资人的本金及利息。房地产债权型信托模式的特点、优势和劣势见表9-1。

表9-1 房地产债权型信托模式的特点、优势和劣势

对公司（项目）的要求	要求的风险控制机制	退出方式
四证齐全、自有资本金达到35%、二级以上开发资质、项目盈利能力强	资产抵押（土地、房产等不动产，抵押率一般在50%左右）、股权质押、第三方担保、资金监管、受托支付、设置独立账户	偿还贷款本金及利息
融资金额	**融资期限**	**融资成本**
视开发商的实力、项目的资金需求及双方的谈判结果，从几千万元到几亿元不等	以1~2年居多，也出现了5年期甚至更长期限的信托计划	一般高于同期银行法定贷款利率，目前以12%~20%居多
优势：融资期限比较灵活，操作简单，交易模式成熟，利息可计入开发成本 劣势：与银行贷款相比融资成本高，目前政策调控环境下难以通过监管审批		

（二）房地产股权回购信托模式

房地产股权回购信托模式也被看成是最低层次的夹层融资，是指信托投资公司成为房地产企业股东或房地产项目所有者后，并不直接经营房地产企业或房地产项目，而是与相关当事人签订协议，约定在一定时间，相关当事人按约定价格（溢价部分为信托投资收益）回购信托投资公司的股权或所有权。融资期限一般控制在1~2年，收益率在5%~8%之间。股权回购信托模式的操作流程如图9-2所示。

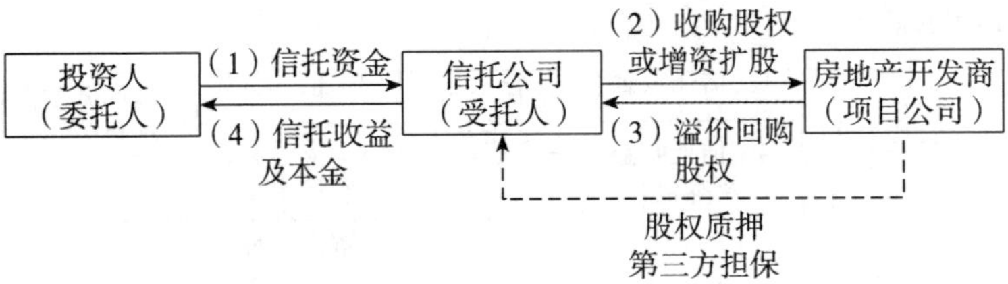

图9-2 房地产股权回购信托模式操作流程图

首先是信托公司向委托人募集信托资金，然后信托公司将募集到的信托资金用于购买房地产开发商（项目公司）的部分股权，开发商利用出售股权得到的资金投资于房地产项目，待项目完成后，项目公司（或其母公司）按溢价回购信托公司所持股权。信托公司出售股权，所得收益用于支付给受益人。

房地产股权回购信托模式的特点、优势和劣势见表9-2。

表9-2　　房地产股权回购信托模式的特点、优势和劣势

对公司（项目）的要求	要求的风险控制机制	退出方式
股权结构相对简单清晰、项目盈利能力强、已投入30%以上的自有资金、项目可不要求四证	向公司（项目）委派股东和财务经理、土地抵押、股权质押、第三方担保、回购承诺	溢价股权回购
融资金额	融资期限	融资成本
视项目的资金需求及双方的谈判结果而定	以1~2年居多，也出现了5年期甚至更长期限的信托计划	一般在15%以上
股权性质		
该股权性质类似于优先股，对公司的日常经营、人事安排等没有决定权（可能有建议权、知情权、监督权等）		
优势：（1）能够增加房地产公司的资本金，改善资产负债率，起到过桥融资的作用，使房地产开发商达到银行融资的条件；（2）融资门槛比较低，不要求四证齐全及开发资质；（3）其股权性质类似优先股，只要求在阶段时间内取得合理回报，并不要求参与项目的经营管理和开发商分享最终利润 劣势：一般均要求附加回购，在会计处理上仍视为债权；如不附加回购则投资者会要求浮动超额回报，影响开发商利润		

为了让读者进一步理解房地产股权回购信托模式，现列举一个典型案例加以说明。

知识拓展9-2

过桥融资

例9-1：润枫国际公寓项目集合资金信托产品[①]

北京国际信托投资有限公司（以下简称“北京国投”）在2006年1月成立的“润枫国际公寓项目集合资金信托产品”便属于典型的股权回购信托模式。根据推介书，该信托计划资金以股权方式投资于北京润丰房地产开发有限公司（以下简称“北京润丰公司”）下属的润枫国际公寓项目公司。项目公司增资扩股完成后，北京国投将享有项目公司66.67%（以2亿元计算）的股权，成为控股股东。同时北京润丰公司作为项目公司原股东承诺信托到期时溢价回购上述股权，中企联合信用担保有限公司[②]对信托到期时项目公司原股东收购北京国投所持项目公司股权提供不可撤销的连带责任保证。该过程的流程图如图9-3所示。

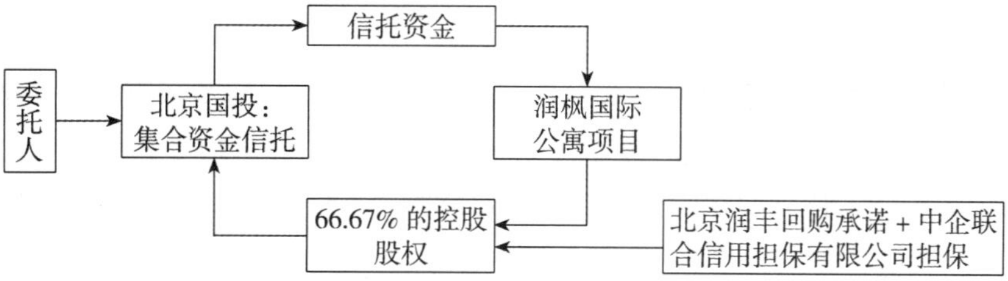

图9-3　“润枫国际公寓项目集合资金信托”成立时的流程图

① 佚名. 润枫国际公寓项目集合资金信托计划［EB/OL］.［2017-05-31］. http：//trust.jrj.com.cn/product/100665.shtml/2013-03-19；张惟嶷. 金融监管与金融创新的辩证关系研究——以房地产夹层融资为例［D］. 成都：西南财经大学，2008.

② 中企联合信用担保有限公司成立于2005年5月，注册资本15亿元人民币，大股东为中国企业联合会。

在信托计划期限届满时，原股东北京润丰公司将溢价受让北京国际信托所持有的润枫国际公寓项目公司66.67%的股权，而信托公司以北京润丰公司支付的回购溢价实现信托本金及对委托人的承诺预期收益（年收益率6.5%）。该过程的流程图如图9-4所示。

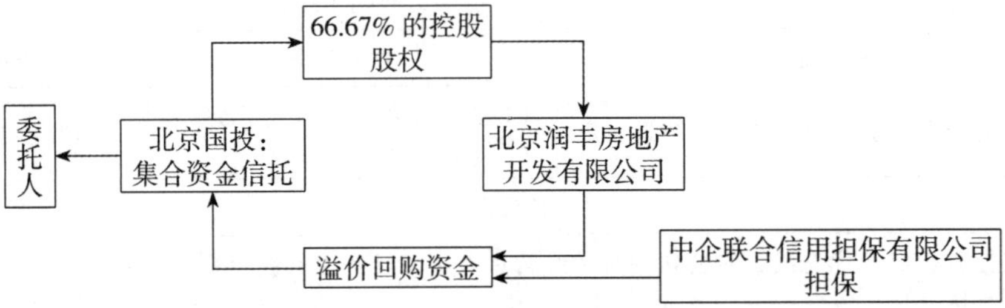

图9-4 “润枫国际公寓项目集合资金信托”结束时的流程图

该项目具有一定的投资潜力。随着CBD区域内土地的日益减少，距离CBD核心区最近的项目所在地朝阳板块目前已经成为炙手可热的区域之一，该区域内的房地产项目如国美第一城、华纺易城、珠江罗马嘉园等均得到了消费者的追捧。与金融理财市场上同期其他产品相比，本投资计划的6.5%预期年收益率属于高水平。

在资金监管方面，北京国投对信托资金使用和销售回款账户进行监管，信托资金和销售款项的使用必须事先取得北京国投的同意。北京国投将委派一名董事参与项目公司的经营决策，并在增资后委派一名财务人员。北京润丰公司所发生的所有资金出入如单笔金额超过500万元，必须事先获得北京国投委派的财务负责人的书面同意，否则北京国投有权采取措施阻止该笔资金出入，并要求润丰公司承担违约责任。在保证金措施方面，信托到期前，项目公司原股东按照合同约定向信托专户存入保证金，信托计划期限届满前3个月或润枫国际公寓项目地上面积部分销售达到80%时，信托专户保证金余额将不低于2亿元。

在该信托计划中，北京润丰公司作为项目公司原股东做出了股权回购承诺，同时附加了独立的第三方，即中企联合信用担保有限公司，对回购承诺提供担保，这是一种降低风险的安排。

（三）房地产财产受益型信托模式

房地产财产受益型信托模式是利用信托的财产所有权与受益权相分离的特点，由开发商将相关资产[①]交给信托公司，形成优先受益权和劣后受益权[②]，并委托信托公司代为转让其持有的优先受益权。信托公司发行信托计划募集资金购买优先受

① 例如，相关资产可包括相关项目的债权、租金收益权等权益，依据这些权益来设计交易结构，以能产生现金流的资产来交易项目所需资金。信托合同中的信托财产为特定财产或财产权，要视具体的信托而定。在信托合同中，一个重要的问题是，要明确作为信托财产的财产或财产权的内涵和外延，尤其是其具体内容。更进一步讲，还应对作为信托财产的财产或财产权的价格以及定价方法和程序等做出明确规定。

② 所谓优先受益权，是指优先获得信托利益的权利，只有优先受益人获得利益后，劣后受益人才能获得剩余信托利益。劣后受益权则是相对于优先受益权而言的，拥有劣后受益权的投资者只有在优先受益人优先在信托利益中受偿后才能得到偿付。

益权，信托产品到期后如投资者的优先受益权未得到足额清偿，则由抵押物拍卖或者担保人出资来补足差额，开发商持有的劣后受益权则滞后受偿。财产受益型信托模式的操作流程如图9-5所示。

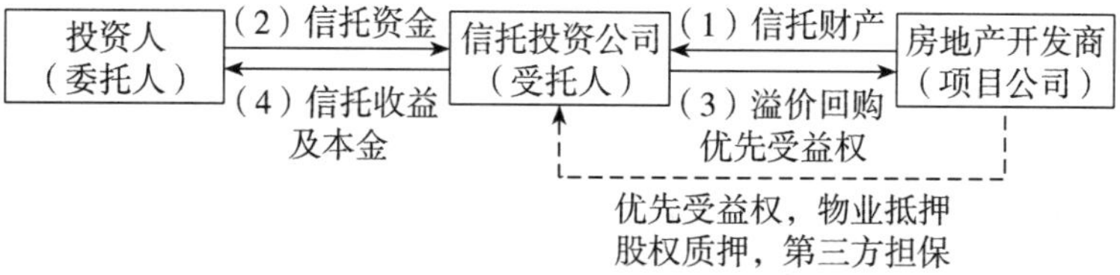

图9-5　房地产财产受益型信托模式操作流程图

1.设立财产信托，并代理转让受益权阶段

开发商（项目公司）委托信托投资公司设立财产信托，共同商谈财产范围、财产估值、信托期限等内容，并委托信托投资公司代理信托受益权转让的相关事宜。

2.设立集合资金信托合同阶段

财产信托成立后，信托投资公司将信托受益权（优先受益权）进行分割转让，信托投资公司作为受益权转让的独家代理人，与投资者签署集合资金信托合同。

3.财产管理阶段

信托投资公司作为信托财产的受托人，将管理信托财产所产生的收益全部存入为此信托设立的信托专户，用于支付给受益人。

4.受益权回购阶段

支付全部投资者的本息后，信托投资公司将按照合同的要求，履行由委托人或担保人回购受益权。另外，当上述承诺未履行且信托财产处置的收入不足以支付全部投资者的本金和收益时，则由抵押物拍卖或者担保人出资来补足差额。

5.信托终止阶段

信托投资公司把回购受益权的收入支付给投资者，并终止与受益权转让相关联的集合资金信托。另外，在信托受益权归还给委托人的同时，信托投资公司终止财产信托，并把财产的终极所有权交付给委托人。

财产受益型信托包含两个信托关系，即财产信托和资金信托。在信托存续期间，信托公司以资金信托获得的资金交易财产信托中开发商的资产，从而使开发商获得资金短期或中期使用权，社会投资者获得了能产生现金流或收益的资产。在信托产品到期时，信托公司则采取反向操作，开发商溢价回购优先受益权，交易投资者通过资金信托持有的财产，从而使开发商重新取得财产所有权，同时社会投资者实现了信托本金和收益。

房地产财产受益型信托模式的特点、优势和劣势见表9-3。

为了让读者进一步理解房地产财产受益型信托模式，现列举一个典型案例加以说明。

表9-3 房地产财产受益型信托模式的特点、优势和劣势

对信托财产的要求	要求的风险控制机制	退出方式
①业已建成，产权清晰，证件齐全；②能产生稳定的现金流，如商场、写字楼、酒店等租赁型物业	①通常设置一般受益权和优先受益权，分别由开发商和投资者（信托计划）持有；信托到期后如投资者优先受益权未得到足额清偿，则信托公司有权处置该房产补足优先受益权的利益，开发商所持有的劣后受益权则滞后受偿。②回购承诺及第三方担保。③物业抵押、股权质押等	开发商溢价回购受益权或追加认购次级受益权
融资金额	融资期限	融资成本
视信托财产的评估价值和租金收入等确定	一般期限不超过3年，但可以通过结构设计实现资金循环使用	一般在12%~18%，视资产质量
优势：①在不丧失财产所有权的前提下实现了融资；②在条件成熟的情况下，可以过渡到标准的REITs产品		
劣势：物业租售比过低导致融资规模不易确定		

例9-2：盛鸿大厦财产信托优先受益权转让项目[①]

在业界，往往把北京国投推出的“盛鸿大厦财产信托优先受益权转让项目”作为房地产财产受益型信托的典型案例。

1.项目概况

（1）转让人：北京元鸿房地产开发有限公司（以下简称“元鸿公司”）。

（2）独家代理人：北京国际信托投资有限公司（以下简称“北京国投”）。

（3）优先受益权：优先享有和分配信托利益的受益权，占总信托受益权的61%。在优先受益权人取得全部本金和收益之前，其他信托受益人不参与任何分配。

（4）转让规模：不超过人民币2.5亿元。

（5）投资期限：3年。转让人可提前赎回优先受益权，但优先受益人当年预计年收益率应满足7%。

（6）预计收益及支付：预计年收益率为6%，收益每年支付一次。预计收益计算公式：预计收益=投资本金×6%×持有天数÷360天（注：持有天数整年度按360天计算，其余的按实际天数计算）。

（7）投资本金的归还：到期支付。

（8）转让期：①自2003年10月31日至2003年11月29日，不含法定节假日；②额满为止。

2.该项目的运作流程

（1）元鸿公司将其开发建设的房地产项目——北京盛鸿大厦（以下简称“盛鸿

① 梁昭．金融产品营销与管理［M］．北京：中国人民大学出版社，2010：240-242.

大厦”，市场价值约4.1亿元）委托给北京国投，设立盛鸿大厦财产信托。元鸿公司取得该信托项目下的全部受益权。

（2）元鸿公司将其享有的受益权分级为优先受益权和普通受益权，并将其享有的优先受益权（约2.5亿元）以转让或质押的方式进行处置。北京国投作为独家代理人代理其转让行为，投资人受让优先受益权后成为优先受益人。

（3）北京国投作为盛鸿大厦财产信托的受托人，将处置信托财产所得全部收入存入北京国投开立的信托专户并管理，优先用于支付优先受益人本金和收益，在优先受益人未取得全部本金和收益前，其他信托受益人不参与任何分配。

3.项目特点

（1）高收益：预计年收益率为6%。

（2）低风险：多重风险控制手段和超额信托财产保障确保优先受益人的利益。

①设立信托的财产为独立运作的财产，不受当事人因经营不善或其他原因而破产清算的影响，从而实现了风险隔离。

②信托受益权分为优先受益权和普通受益权，全部市场价值4.1亿元的信托财产处置收入优先用于保证优先受益人的本金和收益。这意味着只要信托财产处置达到市场价值的61%就足以实现全部优先受益人的本金和收益。

③转让人在盛鸿大厦财产信托生效日起，每信托年度伊始，即向受托人交付所有优先受益人预计年收益的65%做保证金。

④设置信托专户，监管处置信托财产所得收入。

4.关于该模式的几点说明

（1）设立信托时，信托标的可以为房地产建筑实物、房地产未来的租金收入、土地使用权等房地产资产及其相关权利。由于受益人转换，原受益人的利益可能与最终受益人的利益存在冲突，特别是当只有部分受益权转让时。在部分受益权转让的情况下，信托公司需要解决不同类型受益人之间的利益冲突问题。

（2）尽管在受益权转让这一环节，信托公司所承担的责任较小（把受益权妥善转让出去），但是信托公司作为受托人，妥善管理信托财产、处理信托事务的压力增加了，因为受益人从一家房地产公司转变成众多的社会投资者。

（3）投资者投资收益的支付具有刚性，稍有拖欠或不当，即可能导致信托公司名誉受损，很可能因一个项目的失败而一蹶不振。尽管在法律上作为尽职的受托人不需要承担什么风险，但是中国国情决定了信托公司必须为此承担政治风险。因此，在设计方案时必须最大限度地控制风险。

（4）控制风险的手段多种多样，应该利用适当的增信手段。增信手段有很多种，例如超额资产担保、第三方担保、委托人准备金担保、优先/次级受益结构担保等多种方式。由于现阶段信托公司经营环境存在上述投资收益支付刚性的特点，在设计增信手段时，尽量运用货币性担保，房地产实物担保面临处置成本，而且一旦需要处置担保资产时，信托公司的声誉就可能已经受损，甚至可能需要承担政治风险。

（5）利用货币性担保时，特别是由第三方提供担保时，必须注意公司间的关联关系，谨防信托融资成为“控股股东掏空上市公司”的翻版。

（6）设立货币性担保时，必须注意法律问题。《信托投资公司管理办法》规定信托公司不得承诺信托财产不受损失或者保证最低收益，因此，在委托人自身或第三方担保时，必须确认担保的是投资者的本金和收益（不是预期收益）。因为作为信托来说，最终收益率可高可低，甚至可以为零，如果担保协议上用“预期收益”，那么在项目出现问题时，担保人完全有理由拒绝支付相当于预期收益水平的收益。这样的担保实际上只是担保支付行为本身。

（四）房地产混合型信托模式

房地产混合型信托模式是一种介于股权和债权之间的融资模式，属于典型的夹层融资模式，它具备贷款类和股权类房产信托的基本特点，同时也具有自身方案设计灵活、交易结构复杂的特色，通过股权、债权和收益等多种创新组合满足开发商对项目资金的需求。对投资者而言，信托资金的运用方式可以是前面几种融资模式的组合。在这种融资模式中，常常置入了一个可转换股权的权利（类似于企业可转换债券），即期权，使资金的运用方式有可能由低风险低收益的贷款运用方式变成高风险高收益的股权投资运用方式。这样，混合型信托模式就具有了“融资+期权”的特点。

房地产混合型信托模式的特点、优势和劣势见表9-4。

表9-4 **房地产混合型信托模式的特点、优势和劣势**

对公司（项目）的要求	要求的风险控制机制	退出方式
项目盈利前景良好，一般为大型集团开发项目	向（项目）公司委派董事、土地抵押、股权质押、第三方担保、资金证照监管、受托支付综合采用	贷款偿还及溢价股收购
融资金额	融资期限	融资成本
一般在5亿元以上	以2~3年居多，股权投资期限也可以为5年期甚至更长	固定+浮动，固定部分一般不低于15%/年
优势：①信托可以在项目初期进入，增加项目公司资本金，改善资产负债机构；②债权部分成本固定，不侵占开发商利润，且较易资本化；③股权部分一般都设有回购条款，即使有浮动收益占比也较小		
劣势：交易结构比较复杂，信托公司一般会要求对公司财务和销售进行监管，同时会有对施工进度、销售额等考核的协议		

为了让读者进一步理解房地产混合型信托模式，现列举一个典型案例加以说明。

例9-3：北京太平洋国际大厦投资项目集合资金信托计划

在该信托计划中，首先由北京国投成立集合资金信托，将信托受益权分割为优先受益权和次级受益权后向社会投资者募集资金（优先受益权规模2亿元，次级受益权规模2.455亿元，共计4.455亿元）。在获得足额资金后，由北京国投和北京甲乙丙资产管理有限公司共同出资成立项目公司——国投天成，由该公司直接获得太平洋国际大厦项目的原运作公司高鹏天成公司（股东为北京甲乙丙资产管理有限公司和广东劲创发展有限公司，各占股50%）的全部权益。在增资扩股完成后，北京国投占股55%，甲乙丙公司占股45%，甲乙丙公司将其持有的44%的股权及对应信托受益权质押给北京国投，使北京国投拥有国投天成公司99%的股权（直接持有股份55%，间接持有股份44%）。由于拥有绝对控股权，北京国投将向项目公司派驻董事、财务总监，直接管理项目公司公章、营业执照以监控项目公司的运营，同时委托招商银行对信托专户进行托管，监管项目公司资金运用。然后，国投天成公司将以信托资金偿付高鹏天成公司竞拍太平洋国际大厦项目的部分剩余款项（高鹏天成公司已支付了1.8亿元的拍卖款，尚需支付拍卖余款、拆迁补偿款等费用约2.6亿元），并购入该大厦的特定物业收益权。

接下来，国投天成公司将持有的物业收益权按股东双方的股份份额进行分割。若发生上述物业收益权到期未能实现的情形，则国投天成公司将未实现的物业收益权按一定比例转化为甲乙丙公司持有的股权受益权并划归北京国投所有，直至北京国投享有全部股权受益权。在信托计划存续期间，北京国投可以通过经营性物业贷款置换、项目分割或整体转让、项目公司股权整体转让等方式实现信托收益。该信托计划的简要流程如图9-6所示。

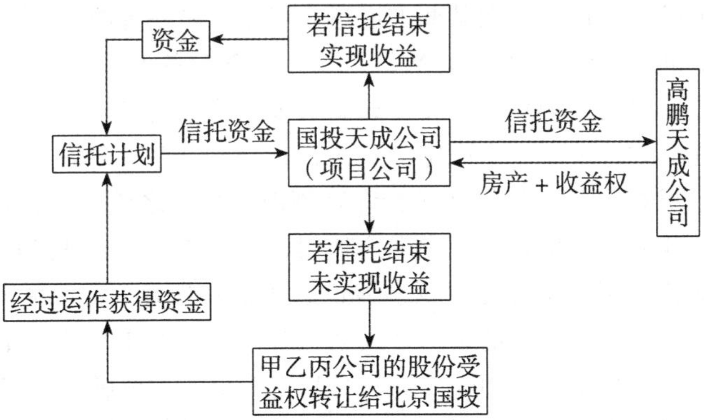

图9-6　“北京太平洋国际大厦投资项目集合资金信托计划”简要流程图

分析该信托计划可知，信托资金入股国投天成公司后交易了高鹏天成公司的房产债权和房产物业的收益权，因此最终获得融资资金的也是高鹏天成公司，其融资成本就是房产的相关权益。信托收益未能实现时甲乙丙公司股权受益权转为北京国投所有，就是该信托计划嵌入的一个买入期权设计。同时，该信托计划股权投资对象是拥有商业性房产的项目公司，也不同于“股权回购”模式中的项目开发公司，因此也就不属于银监会“212号文”和“54号文”约束的范围。“融资+期权”模式的创新主要就在于期权设计的加入，使得信托公司在整个项目的运作过程中掌握了主动权（信托公司为控股股东，监控项目公司的整个运营过程），并且处于进可攻（信托结束时项目可以实现信托收益）、退可守（信托结束时项目未能实现全部收益，以股权投资方式运作）的有利局面。相比之下，前面几种融资模式中，信托公司处于被动的地位，只能被动地接受项目公司的经营运作结果，只能采取有限地减小风险的措施而不能掌握控制风险的主动权。在上面所述的案例中，信托公司成为项目公司的控股股东，把项目风险的主动控制权掌握在了自己手中，对项目公司的经营、信托收益的实现负有更大的责任，这也对信托公司的资产经营管理能力提出了更高的要求。因此，金融创新也在推动着金融机构自身的发展与进步。同时，金融创新在发展的同时也带来了新的风险累积，对投资者和金融监管都提出了更高的要求。比如，在该信托计划中，期权设计的加入也大大增加了产品的复杂性，不仅使投资者理解产品风险的难度增加了，也带来了新的问题。根据信托合同，在国投天成公司未按约定实现预期收益时北京国投将行使转换期权。

如果预期收益未能实现的情况发生，那么存在一个疑问：此时国投天成公司持有的资产质量是否发生了变化？如果是由于项目开发失败导致预期收益未能实现，那么即使北京国投拥有全部股权受益权后对相关资产进行运作，能否最终实现预期收益也很难保证。另外，信托合同中提到的“甲乙丙、高鹏天成投资、广东劲创发展有限公司和甲乙丙实际控制人邱代伦为本信托计划提供连带责任保证”并不明确，没有说明对信托流程中的哪一个步骤提供担保。

因此，作为金融创新，夹层融资的“融资+期权”模式虽然在发展方向上符合监管的要求，但是具体操作中在某些方面还有很多不尽完善的地方。在此次创新未成为市场主流之前可能问题不容易暴露，而相关部门的监管也不可能随时面面俱到，所以说，监管促进了创新，创新也开始给金融监管提出了更高的要求。

混合型信托模式并没有一个固定的形式，它是在“夹层融资”这种大的制度安排下，在债权、股权、收益权方面进行多种创新组合。之前对“融资+期权”模式的分析过程中，我们已经依稀可以发现这种创新组合的影子。既然是创新组合，那么这种模式表现出的形式应该是灵活多变的，可能在信托成立时并不能表现出来，也可能体现在信托运作过程中的某一个或某一些部分。也就是说，混合型信托模式在信托初期可能不会指定资金用途，而只是划定一个运用范围，为多层创新组合留下空间，这就使得该模式下的信托基本具有了基金化运作的雏形。

上述设计灵活多样的房地产信托模式给予我们的启示是：房地产金融机构通过开办与房地产业有关的信托业务，为广大的资金拥有者提供了广泛的理财服务，这种专业化的分工提高了资金的使用效益。房地产信托把资金和财产结合起来进行融通，把间接金融和直接金融结合起来开展业务，其业务范围广、方式灵活，可以根据市场变化和社会需要，相应调整其业务内容与经营方式。房地产信托开辟了房地产企业筹资融资的新渠道、新方式，打破了银行信贷这一传统的筹资融资渠道，有利于信用领域的合理竞争和强化资源的优化配置，极大地促进了房地产业资金的融通。

第三节　房地产信托在中国的发展[①]

“信托的运用范围可以和人类的想象力媲美”，美国信托法专家斯考特的这句名言，一直在全球的信托业界广为流传。尽管对信托市场各方评说不一，但毋庸置疑的是，信托在经济社会发展中扮演着越来越重要的角色，而房地产信托在中国的发展历程也验证了这一点。

一、房地产信托在中国的发展历程

在中国，房地产信托得以快速发展是在2003年以后，并伴随着国家的宏观调控政策在曲折中行进。房地产信托一直受到监管部门的特别关注，在所有集合信托产品中，监管部门对房地产信托下的文件或通知应该是最多的，房地产信托的发展也因此几度沉浮。

（一）房地产信托4种模式的产生背景

1998年，在中国广大城镇中普遍进行了住房制度改革，与之相配套推出的住房按揭贷款制度是1950年以后中国老百姓第一次用到的金融借贷产品。经过30多年的发展，住房改革制度和与之相配套的按揭贷款制度的推行，彻底改变了中国人的住房面貌和消费习惯，借贷买房的观念逐步被人们所接受并广泛加以应用。与此同时，房地产业得以启动并得到快速发展，房地产开发贷款规模也随之扩大。来自中国人民银行的统计数据显示，1998年商业银行房地产开发贷款余额为2 680亿元，2002年达到6 616亿元，年均增长25.3%；1997年个人住房贷款余额为190亿元，2002年达到8 253亿元，年均增长1倍以上。2003年4月，房地产贷款余额达到18 357亿元，占商业银行各项贷款余额的17.6%，其中个人住房贷款余额为9 246亿元，占商业银行各项贷款余额的8.9%。2019年全国房地产开发贷款余额为11万亿元，同比增长10.1%，全国个人住房贷款余额为30万亿元，同比增长16.7%。但是随后房地产开发贷款的增速开始持续走低，截至2022年第二季度，全国房地产开发贷款余额为12.49万亿元，同比增长-0.2%，全国个人住房贷款余额为38.9万亿元，同比增长6.2%。

房地产信贷业务快速发展，对改善居民居住条件、推动居民住房投资、扩大内需、拉动经济增长做出了重要贡献。然而，快速增长的房地产信贷占到房地产企业资金来源的50%以上，造成房地产业对商业银行过度的资金依赖，这无疑加剧了商业银行的经营风险。为了防止房地产信贷风险的进一步加剧，央行于2003年6月

① 关于房地产信托的政策法规很多，限于篇幅，本节只列举了其中的一部分。

发布了《关于进一步加强房地产信贷业务管理的通知》(121号文)，对房地产企业开发贷款、土地储备贷款、消费者按揭贷款等方面加以限制，规定房地产开发企业申请银行贷款，其自有资金（指所有者权益）应不低于开发项目总投资的30%，且只能对购买主体结构已封顶住房的个人发放个人住房贷款，以此防范金融风险。2004年9月份，银监会又发布了《商业银行房地产贷款风险管理指引》(银监发〔2004〕57号)，强调商业银行对未取得国有土地使用证、建设用地规划许可证、建设工程规划许可证、建筑工程施工许可证（俗称“四证齐全”）的项目不得发放任何形式的贷款，同时规定商业银行对申请贷款的房地产开发企业，应要求其开发项目资本金比例不低于35%。

一系列政策的颁布实施，进一步抬高了房地产信贷的门槛，使得房地产企业在银行融资道路上受到很大阻碍，尤其对于广大中小房企来说，通过银行融资的道路几乎被堵死。在这种情况下，开发商们不得不向银行之外的金融机构寻求资金支持。而当时通过信托融资则不受“四证齐全”、35%自有资金的限制，因而信托融资很快成为开发商在银行融资受阻后的一个较好的选择，大部分中小房地产企业纷纷转向信托市场寻求资金支持。于是一时间，信托市场出现了难得的供求两旺的局面。尽管当时信托业有“200份合约”等诸多限制，但房地产信托还是在2003年年底出现了井喷。2003年9月，房地产信托计划的发行额才30亿元，到了2003年年底，已猛增至60亿元；到2004年年底，这一数字是200多亿元[①]。

目前，存在于中国的房地产信托融资主要有债权型信托、股权型信托、财产受益型信托、混合型信托4种模式，这些模式是随着宏观调控的深入，在金融监管日益严格的背景下逐步产生的。可以说，逐步严厉的金融监管在对一次又一次的房地产信托模式创新不断产生约束力的同时，也进一步推动了中国的金融创新，使其更加完善和符合市场规律。

债权型信托融资从本质上来说，与房地产公司通过抵押向银行获取商业贷款是一样的，只不过这里的资金来源是信托公司而已，2003—2005年的房地产信托融资主要以信托贷款（债权型信托融资）的形式为主，并主要以“过桥贷款”的姿态出现，其主要目的是解决开发商在银行信贷紧缩形势下的资金窘境，或者解决“四证齐全”之前或自有资金不能满足银行信贷标准之前的资金问题。由于房地产信托的融资成本要高于银行贷款，开发商通常只是通过信托获取资金用于征地、拆迁等前期投入，当项目启动并达到银行贷款条件时，开发商就改用银行贷款了。

房地产信托贷款缓解了房地产企业的资金过度依赖商业银行的状况，但信贷风险问题并没有更好地规避，风险只是由银行资金转移至信托资金，而且与商业银行相比，信托公司对于房地产贷款类业务无论是在品牌、实力方面还是在风险控制的专门技术方面均不占优势，这在无形中扩大了信托资金的风险。同时，信托贷款的大规模发行，也使得国家的宏观调控政策大打折扣。因此，为了防范信托公司盲目

① 张健. 房地产金融实务［M］. 上海：上海财经大学出版社，2007：52-56.

扩大信贷范围，降低委托人资金到期清偿风险，巩固宏观调控成果，2005年9月银监会下发了《关于加强信托投资公司部分业务风险提示的通知》（212号文），要求信托公司新开办房地产业务应符合国家宏观调控政策，并进行严格的尽职调查，对未取得国有土地使用证、建设用地规划许可证、建设工程规划许可证、建筑工程施工许可证（“四证”）的项目不得发放贷款；申请贷款的房地产开发企业资质不得低于国家建设行政主管部门核发的二级房地产开发资质，开发项目资本金比例不得低于35%。银监会的这个“212号文”对信托业务相关规定的严格程度要高于“57号文”对银行放贷的要求，使得大部分开发商想通过信托进行融资几乎不可能，因为之前大部分房地产企业寻求信托贷款的项目都是达不到以上要求的。[①]

一直以来，房地产信托都属于信托资金的主要投资方向，是信托公司的主要利润来源。因此，尽管宏观监管不断，但信托公司始终难以割舍房地产市场，信托产品设计的灵活性为新的信托产品的出现创造了条件。股权回购信托模式的产生就合理避开了“212号文”对信托资金投向的约束。在“212号文”下发以后，许多未达到文件要求的房地产项目已无法通过房地产信托贷款的方式获得资金，而股权信托模式虽然能够规避“212号文”的约束，但这种模式对开发商而言，要付出相对高的代价。一方面，股权融资的资金成本与投资人回报均要求比较高，且融资周期长；另一方面，股权的引入可能使开发商面临失去企业控制权的风险。而股权回购信托模式采用的是信托公司阶段性持股的方式，最终通过原有股东溢价回购股权来实现信托资金的收益。在这种模式中，委托人只要求在阶段时间内取得一个合理回报（年收益率一般在5%~8%之间），并不要求实际控制开发商的公司，这样既满足了充实开发商股本金的要求，开发商也没有丧失对项目的实际控制权及大部分的利润。在这种模式下，房地产开发商除了实现融资目的外，还能够提高企业的信用等级。按照“212号文”规定，房地产开发商自有资金应不低于开发项目总投资的35%，而这35%必须是所有者权益。通过信托资金的增资扩股，则可顺利地解决这一难题，可谓一举两得。

财产受益型信托模式是金融监管不断严厉的背景下，在股权回购信托模式基础上的创新。股权回购信托因不同于信托贷款而合理避开了“212号文”的限制，但二者本质上是相同的，可以将股权回购看作是一种变相的信托贷款。实际上，信托资金由贷款变身为“股权投资”进入房地产企业后，信托计划中委托人的投资就由债权投资变成了股权投资，而信托资金的用途并没有改变。因此，在收益不变的条件下，委托人在股权回购模式下要承担更多的风险。随着“四证不全”的项目纷纷借股权回购为融资渠道，原有信托贷款产生的部分问题又在该模式下延续存在。为了维护市场稳定和安全，银监会于2006年7月又下发了《关于进一步加强房地产信贷管理的通知》（54号文），特别对信托公司开展房地产股权信托作出了新的规定，

---

① 实际上，由于土地成本越来越高，占房地产开发成本的比例高达40%~50%，即使开发商自有资金达到35%，仍不足以支付土地成本，无法取得国有土地使用证。因此，开发商通过利用信托资金来补充房地产开发项目资本金的不足，以取得“四证”，并满足银行开发贷款要求。

要求信托公司以投资附加回购承诺等方式间接发放房地产贷款，要严格执行“212号文”的有关规定。这样一来，只能投资于“四证齐全、自有资金超过35%、具备二级以上开发资质”项目的限制要求被延伸到了股权回购信托模式中。2007年3月1日银监会同时颁布实施了《信托公司管理办法》和《信托公司集合资金信托计划管理办法》[①]，对信托资金的应用做了相应规定。《信托公司管理办法》规定，信托公司不得以卖出回购方式运用信托计划，此规定一出，不时传来“股权+回购”模式将被监管层叫停的消息。而《信托公司集合资金信托计划管理办法》规定，信托公司可以以债权、股权、物权及其他形式运用信托资金；同时又对信托贷款作出进一步限制，即规定信托公司向他人提供贷款不得超过所管理的所有信托计划实收金额的30%，且不得将同一公司管理的不同信托计划投资于同一项目。根据中国信托业协会最新公布数据，从2019年至2022年以来，监管层房地产融资政策频频落地，要求信托公司严控房地产信托业务，规模实行余额管控，房地产信托业已由升转降。

从这些规定可以看出，监管部门对信托贷款、股权回购模式的限制，旨在控制信托风险，鼓励信托发挥“受人之托，代人理财”的投资功能。此外，开发商对资金的需求依然存在，巨大的利润诱惑使得信托公司也不甘心让自己的主要业务支柱受到压缩，纷纷围绕监管政策进行创新研究，这也直接导致财产受益型信托模式的产生。尽管这种模式中开发商的主要目的还是为了获得融资，但是对信托投资者而言，实际资金的运用已经与信托贷款有了很大区别，因此这种运作模式下的房地产信托也是符合监管思路的。而随后出现的房地产混合信托模式组合运用前几种信托模式，已初步具备夹层融资的特点，充分体现了信托功能。不过，随着“期权”的加入，也增加了信托产品的复杂性，对投资者、信托公司以及监管部门提出了更高的要求。

（二）2003年至今房地产信托发展五阶段[②]

根据2003年以来房地产信托的发展轨迹，可以将房地产信托的发展划分为5个阶段，而每个阶段其所表现出来的特征与房地产行业形势、房地产其他融资工具的替代效应、房地产信托相关法律政策的实施、信托行业其他盈利模式的替代效应密切相关。

第一阶段，2003—2005年，发展阶段。由于央行出台政策限制信贷规模，地产商特别是小型的地产企业陷入融资困境，由此信托渠道成为解困的可行路径。虽然通过信托渠道融资成本较高，但信托公司高效而灵活的融资机制仍然得到了不少地产企业的青睐。到2005年，虽然受到银监会“212号文”的影响，房地产信托的发行受到一定限制，但一年下来，根据统计数据显示，房地产信托在产品发行数量和资金规模方面从2004年的第二位上升为第一位，且成为影响2005年信托产品数

① 信托行业通常所说的“一法两规”中的“一法”指《信托法》,“两规”指《信托公司管理办法》和《信托公司集合资金信托计划管理办法》。

② 2003—2011年的数据来源于用益信托网。

量、规模和收益的重要因素之一。

数据方面，2005年国内有34家信托机构共发行房地产信托计划115个，发行规模143.41亿元，实际成立114个，成立资金规模144.24亿元，发行数量和资金规模与2004年相比，分别增长16.33%和24.67%。房地产信托产品的平均规模为12 652万元，平均信托期限为2.02年，平均预期年收益率为5.19%。

第二阶段，2006—2007年，调整回归阶段。通过对比分析2005年四季度和2006年一季度房地产信托的统计数据，发现“212号文”后房地产信托的发行虽然出现了一些波动，但整体的发展趋势并没有受到影响，基本上保持一个稳定向上的发展势头，而房地产信托资金运用方式也没有发生结构性改变。但随着“54号文”的下发以及国家对房地产的进一步宏观调控，产品发行从9月份开始进入低迷状态，从而使整个年度的信托产品发行与上年相比处于停滞状态。2006年共发行房地产信托产品数量90个，资金规模为146.47亿元，平均规模为19 487万元，平均信托期限为2.27年，平均预期年收益率为5.20%。

2007年是信托监管的规范年。《信托公司管理办法》和《信托公司集合资金信托计划管理办法》（以下简称“新办法”）相继发布实施，而此前实施的《信托投资公司管理办法》（中国人民银行令〔2002〕5号）和《信托投资公司资金信托管理暂行办法》（中国人民银行令〔2002〕7号）（以下简称“老办法”）已不再适用。与老办法相比，新办法对信托公司的经营范围进行了重新界定，突出强调了机构投资者及核心竞争力的培育。新办法的实施不仅为信托行业发展指明了方向，也反映和体现了监管层对信托行业定位的再认识和再思考。受此影响，2007年房地产信托无论从发行数量还是发行规模上看，都比2006年有了大幅度下降。与2006年上半年相比，2007年上半年房地产信托发行数量和规模分别下降了54.8%和71.5%，下半年则继续延续了上半年低迷的状况。

第三阶段，2008—2010年，反弹阶段。2008年宏观经济政策从上半年的防过热、压通涨到下半年的扩内需、保增长，货币政策从紧到适度宽松，再到积极财政政策的组合运用，为信托公司2008年各项业务的开展营造了较为宽松的发展环境，奠定了行业发展的基础。2008年年初受国家宏观调控政策的影响，银监会收缩了商业银行房地产信贷规模，同时对房地产业的宏观调控作用开始显现，引起房地产企业整体的资金紧张，一些大中型房地产企业也转为向信托公司申请融资，导致房地产领域投资的集合信托产品大幅增加。2008年共发行了135个房地产领域投资的集合信托计划，是上年房地产领域信托计划数量的2.5倍，占当年全部集合信托产品的20.18%；房地产信托资金规模则为273亿元，也比上年121亿元的房地产信托增长125.62%。单个房地产投资信托的规模平均为20 211万元，平均信托期限为1.87年，平均预期年收益率为10.13%。

为了应对国际金融危机和国内经济下滑风险，2009年3月银监会下发《关于支持信托公司创新发展有关问题的通知》（银监发〔2009〕25号），由此前严格规定不得向未取得“四证”的房地产开发项目发放贷款，放宽到“信托公司最近一年监管评级为2级C类以上、经营稳健、风险管理水平良好的可向已取得国有土地使用证、建设用地规划许可证、建设工程规划许可证（‘三证’）的房地产开发项目发放贷款，房地产开发企业的资质可低于2级”。由此，适当放宽了信托业务门槛，这也成为2009年房地产信托市场火爆的重要原因。2009年共发行218个房地产领域的集合信托计划，发行规模为449.16亿元，平均信托期限为1.96年，平均预期年收益率为8.16%。

2010年，随着一系列政策法规的出台，房地产信托融资被收紧。例如，2月21日，银监会发布《关于加强信托公司房地产信托业务监管有关问题的通知》，停止执行2009年25号通知中关于“三证”的规定，“四证”铁律重新复位；9月9日发布的《信托公司净资本管理办法》，将信托公司的信托资产与净资本挂钩，结束了无限做大信托资产规模的时代；11月12日颁布了《关于信托公司房地产信托业务风险提示的通知》，要求信托公司对房地产信托进行合规性检查……尽管如此，2010年房地产信托依然延续了2009年的火爆，投资于房地产领域的集合资金信托计划（简称房地产集合产品）发行规模同比大幅增长340%。全年一共发行房地产集合产品603个，发行规模为1 993.11亿元，平均信托期限为1.86年，平均预期年收益率为8.92%。

第四阶段，2011—2013年，调整阶段。2011年被称为“信托风险监控年”，叫停房地产信托的传言就如同“狼来了”的故事一样。虽然5月份银监会曾两度辟谣，强调“信托公司在依法合规、风险可控前提下开展房地产信托业务”的情况下，监管层不会暂停房地产信托业务，年内也不会出台新的调控政策。但是随着房地产信托融资的井喷，5月底银监会对房地产信托业务规模较大的几家信托公司还是进行了“窗口指导”。6月底银监会要求信托公司“今后凡涉及房地产的相关业务都逐笔报批”，由此将房地产信托的发行由此前的“事后报备”改为“事前报备”，此后房地产信托发行规模显著下滑。

除了“事前报备”制度以外，2011年对房地产信托影响最大的政策是2011年2月12日由银监会印发的《信托公司净资本计算标准有关事项的通知》（银监发〔2011〕11号），对信托公司净资本、风险资本计算标准和监管指标作出了明确规定，并要求信托公司在2011年12月31日前达到各项指标要求，对在规定时间内未达标的信托公司，各银监局应立即暂停其业务，并追究该公司董事长和高级管理人员的责任。受到融资类房地产信托业务的风险系数高达3%的影响，一些早期房地产信托业务发行占比较大的信托公司的风险资本将趋紧甚至不足，因此部分信托公司不得不主动压缩房地产信托业务，调整业务结构，以满足净资本管理的要求。

2012年[①]对于中国信托业是一个值得浓墨重彩描绘的一年。经过10多年的发展，特别是近几年的快速发展，信托业的发展一方面饱受争议，另一方面“成长的市场”的巨大需求成为其发展的根本保障。截止到2012年第4季度，信托业该年度

① 2012—2020年的数据来源于中国信托业协会研发数据。

累计新增项目金额达到45 326.30亿元，而2011年第4季度为31 746.63亿元。

虽然房地产市场仍然是信托业的主要投资领域，但2012年银监会延续了2011年的监管规定，继续对房地产信托的发行实行“事前报备”制度，使得房地产信托发行规模和占比继续显著下滑。截止到2012年第4季度末，信托业在房地产领域的全年累计新增项目金额为3 163.24亿元，占比为6.89%；而2011年第4季度末，信托业在房地产领域的全年累计新增项目金额为3 704.58亿元，占比为11.67%。

进入2013年后，房地产信托开始呈现温和扩张。受益于城镇化进程推进以及保增长的经济工作思路，房地产信托的生态环境得到改善。截止到2013年第4季度末，信托业在房地产领域的全年累计新增项目金额为6 848.23亿元，占比为11.41%。

第五阶段，2014年至今，转型发展阶段。2014年，在经济下行和竞争加剧的双重挑战下，信托业结束了自2008年以来的高速增长阶段，步入了转型发展的阶段。2014年4月8日，银监会办公厅发布的《关于信托公司风险监管的指导意见》（银监办发〔2014〕99号）明确提出了信托业转型发展的目标和路径。可以说，2014年是信托行业全面布局转型发展的“元年”。而房地产业是资金信托的第五大配置领域，资金信托投向房地产领域的规模为1.31万亿元，占比为10.04%。

2015年，中国宏观经济运行总体平稳、稳中有进、稳中有好，GDP实现了6.9%增长率，经济建设取得重大进展。信托资产规模跨入“16万亿元”大关，行业转型初露成效，业务结构日趋合理，事务管理和投资功能显著增强，资产主动管理能力明显提升，资金供给端与资产需求端匹配度不断提高。房地产业依然是资金信托配置的第五大领域。2015年年末的信托资金规模为1.29万亿元，同比下降1.53%，与2015年第3季度末的1.29万亿元持平。2015年年末资金占比为8.76%，比2014年年末的10.04%减少1.28个百分点。究其原因，一方面，中央经济工作会议上提出“化解房地产库存”；另一方面，房地产业仍将长期处于一个新陈代谢的进化过程，有效投资才能使房地产业向更高质量的供需平衡跃升。因而，信托公司应当审时度势，积极介入住宅供给不足的区域，从供给侧结构性变动中寻找业务机会。

知识拓展9-3

供给侧结构性改革

2016年，中国宏观经济缓中趋稳，供给侧结构性改革持续深化，“三去一降一补”政策效果明显，以不变价格测算的国内生产总值为735 149亿元，GDP实现了6.7%的增长率。2016年，信托资产规模跨入“20万亿元”时代，信托作为我国金融体系的重要一员，已经成为服务实体经济的重要力量和创造国民财富的重要途径。

2016年，信托业在实现信托资产规模再创历史新高的同时，不断深化落实信托业的供给侧结构性改革，坚决避免行业发展“脱实向虚”，以提升实体经济发展的质量和效益为中心，发挥好多层次、多领域、多渠道配置资源的独特优势，去通道、去链条、降杠杆，为实体经济提供针对性强、附加值高的金融服务，通过开展投贷联动、债转股、并购基金、资产证券化等业务，支持实体经济通过兼并重组去产能、去杠杆，升级做强。诸多信托机构积极探索土地流转信托、消费信托、互联网信托、公益（慈善）信托，助力农业供给侧结构性改革、棚户区改造和新型城镇化建设，服务扩大内需、消费升级和民生改善，积极履行社会责任。房地产业依然是资金信托的第五大配置领域。2016年第4季度末，资金信托投向房地产领域的规模为14 295.37亿元，占比为8.19%，占比较2015年第4季度末的8.76%下降0.57个百分点，较2016年第3季度末的8.45%下降0.26个百分点。房地产信托占比在2016年一直持续下降，与房地产市场调控密切相关。

2017年，中国经济稳中有进，继续保持平稳健康发展势头。全年国内生产总值82.7万亿元，同比增长6.9%，比2016年高0.2个百分点。分产业看，第一、二、三产业增加值同比增速分别为3.9%、6.1%、8.0%，经济表现稳中向好。2017年信托业资产规模增速有所放缓，但实现稳步增长。年末，信托资金投向房地产行业的规模为2.28万亿元，较2016年年末的1.43万亿元同比增长59.44%，较2017年第3季度末的2.07万亿元环比增长10.50%；占比为10.42%，较第3季度上升了0.41个百分点。近年来，监管政策对房地产融资一直呈高压态势，可以预计流向房地产业的信托资金增速将趋于平稳。

2018年第4季度，中国经济实现6.4%的增长率，对比第3季度6.5%的增长率，经济面临下行压力。基于外部环境的明显变化，宏观经济政策正以主动预调微调的方式来形成推动高质量发展的强大合力，向好态势的苗头逐渐显现。2018年资金信托配置中的鲜明特征是流向实体经济部门的资金数在增加，占比在上升，其中房地产信托的占比是逐季上升0.5~1.5个百分点。2018年第4季度末房地产信托余额的占比为14.18%，环比第3季度末13.42%多0.76个百分点，同比2017年第4季度末的10.42%高3.76个百分点。流入房地产业的信托资金呈现为小幅度的增长数字，2018年第4季度末房地产信托资金余额为2.69万亿元，同比2017年第4季度末2.28万亿元增长17.98%；环比第3季度末的2.62万亿元增长2.67%。由于房地产信托产品有相对高的收益率，使这一领域保持了吸引资金的市场优势。

2019年，全球经济复苏步伐放缓，经济、金融不确定性上升，中国经济运行总体平稳。在金融供给侧结构性改革的引领下，金融监督管理部门进一步贯彻落实党的十九大和第五次全国金融工作会议精神，推动金融机构提升服务实体经济质效，防控金融风险、深化金融改革、扩大对外开放，取得了显著的成效。信托业坚持回归本源、提质增效，整体经营稳健，服务实体的能动性、依法经营的自觉性和风险防控的主动性不断增强。房地产信托一直以来就是信托公司的重要业务，也是信托公司重要的收入来源。2019年第4季度末，投向房地产领域的信托资金总额为2.7万亿元，与2018年年末基本持平，占比5.07%，较2018年小幅上升0.89个百分点。投向房地产的信托资金占比在2013年之后一直呈现下降趋势，但在2017年之后出现了明显的提升，2017年和2018年均维持了较快的增速。在信托资产规模下滑的背景下，房地产信托规模上升，主要原因可能在于其收益水平较高，对资金有较强的吸引力。不过，在“房住不炒”的政策要求下，随着监管约束的不断强化，

2019年，房地产信托规模增长趋于停滞，占比因为信托资产总规模的下降有小幅上涨。充分表明信托行业积极响应中央政策，“不将房地产作为短期刺激经济的手段”，严格落实银保监会对房地产信托业务监管的明确要求，有效遏制了房地产信托规模的快速增长，防范了风险的过度积累。

2020年，新冠肺炎疫情发生后，信托行业发挥灵活金融功能优势，募资支持实体经济复工复产，并充分发挥信托制度优势，发起设立慈善信托积极驰援疫情防控。2020年，信托行业资产回落放缓，结构进一步优化，主营业务收入增速提升，占比进一步增加，提质增效特征明显。2021年，信托行业持续落实党中央“房住不炒”政策导向，持续降低对房地产信托的依赖程度，规模和占比都较2020年明显收缩。2021年，投向房地产领域的信托资金总额为1.76万亿元，较2020年年末下降5 164.98亿元。从房地产信托占比来看，2021年年末，房地产信托占比为11.74%，较2020年年末下降2.23个百分点。新冠肺炎疫情发生以后房地产信托规模和占比的下降，一方面是信托行业受到了疫情影响，在尽职调查等方面存在困难，影响了业务开展和落地；另一方面也充分说明信托业在严格落实党中央和银保监会对于房地产行业和房地产信托业务的发展要求，适度合理开展房地产业务，努力促进房地产市场平稳健康发展。截至2022年第二季度，房地产信托的规模与占比进一步下降，房地产领域的信托资金余额下降至1.42万亿元，占比也下降至9.53%。

二、今后中国房地产信托行业发展必须要解决的问题

在中国，房地产信托业务经历了从无到有、从小到大的过程。在这个过程当中，房地产信托从无关紧要的补充银行开发贷款不足的角色逐渐发展成为目前继银行开发贷款以外房地产行业最重要的融资渠道，这是历史性巨变。一方面，这种变化说明了市场普遍看好房地产信托；另一方面，房地产信托快速发展过程中所呈现出的问题也成为其进一步发展的障碍。本书作者认为，下列问题是今后房地产信托行业发展必须要解决的问题。

（一）信托融资的短期性与信托项目存续周期相对较长不匹配问题

一个开发项目从开始买地、建设直到最终销售完毕，最少也要用3~5年的时间。然而，目前绝大多数房地产信托的存续期间为1~3年，且融资成本高涨，当前的信托偿还具有刚性。这就造成了信托融资的短期性与信托项目存续周期相对较长不匹配的问题。

尽管监管层三令五申要求房地产信托必须满足“四二三五”[①]规定，但现实中的房地产信托业务中，信托公司利用信托结构设计灵活的特点，想方设法绕过规定的限制，出现了所谓的“假股权、真贷款”的情况，其主要目的是弥补开发商自有资金的不足，以取得“四证”，并满足银行贷款的要求。这种“假股权、真贷款”

① 即前面所说的“取得四证，二级房地产开发资质，开发项目资本金比例不低于35%”。

疑似“挂羊头、卖狗肉”的做法，直接加大了房地产信托的风险。信托资金以“股权+回购”方式进入项目后，满足了银行的贷款要求，最终获得银行的贷款支持。而银行开发贷款无疑是要求以项目土地及在建工程做抵押，并对预售资金进行监管。在这种情况下，开发商能否用本项目产生的现金流偿还本项目的信托资金的本息，存在很大疑问。因为根据现行的商品房预售资金的监管规定，项目的预售资金应首先应用于偿还银行贷款和本项目建设。这种要求以及信托的短期性和项目的长期性之间的矛盾使得问题产生了——开发商或许只能以违规的手段或其他项目的现金流支付信托回购价款。在国家对预售资金监管日趋严格的情况下，套取预售资金的难度逐渐加大，进一步扩大了信托资金的偿还风险。

（二）投资渠道和融资渠道问题

房地产信托市场的火爆，主要还是由旺盛的需求以及较高的投资回报引起的。这里所说的“需求”，包含投资人的投资需求和房地产企业的融资需求两个方面。尽管为了疏通巨额民间资本的投资渠道，政府出台了一系列相关政策，但这些政策要真正落到实处，尚需假以时日。另外，目前在中国民间仍有大量闲置资金无法转化为有效投资，政府对房地产行业的宏观调控使得民间资金的投资渠道进一步变窄，而房地产业较好的发展前景及其对应的信托产品给出的较高投资回报率成为吸引投资者的一个重要原因。

2010年下半年，由于宏观调控政策因素，房地产信托收益率普遍达到10%，个别的收益率已经飙升到20%以上。高涨的收益率让房地产信托的融资成本也水涨船高。“最高时成本上升50%，现在差不多是20%~30%。”一位信托业内人士透露。这位业内人士表示，目前很多信托计划的融资成本都已远远超过了房地产企业的利润回报，如某些地产企业的毛利率最高为37%，而某些地产企业的净利润率在13%左右。其收益水平不能覆盖地产信托动辄25%左右的融资成本。这意味着，通过信托渠道融资的房地产企业，已很难通过地产项目收益来获得回报，资金链风险开始浮现。①

超高的融资成本加大了房地产信托的投资风险和融资风险，必将成为房地产信托业良性发展的障碍，因此拓宽投资渠道和融资渠道是使房地产信托业回归理性发展的必然选择。

（三）房地产信托监管问题

监管部门对房地产信托进行监管主要基于两个方面：一是要符合国家宏观经济政策；二是要防范风险，维护行业和市场的稳定。但目前对房地产信托监管的主要方式是通过下发文件或者通知的形式，“启动”或“叫停”房地产信托，这种做法仿佛一边用力“踩油门”，一边又猛地“踩刹车”，随意性很强。在其他部门努力精简审批环节之时，监管部门却加大了房地产信托的审批力度，使其从“事后报备”

---

① 佚名. 2012年超千亿房地产信托兑付［EB/OL］.［2013-06-02］. http://trust.jrj.com.cn/focus/fdcxt.

变为“事前报备”。这种带有强烈计划经济时代色彩的行政干预手段的实施，与大力发展市场经济的社会背景不相符合，而一边用力“踩油门”，一边又猛地“踩刹车”的做法根本就无益于问题的解决，也不利于房地产市场的发展。从长远来看，完善房地产信托法律、法规，并依法监管，才是监管部门解决房地产信托监管难题的必由之路。

（四）投资者教育问题

加强投资者教育是当前房地产信托乃至整个信托市场急需完善的一项工作。之所以出现当前的必须按时兑付信托收益即刚性兑付的情况，在于大部分信托产品的投资人将信托等同于银行信贷，到期一定要还本付息。实际上，信托公司行使“受人之托、代人理财”职能，本身并不承担风险，信托的风险是需要投资人自身承担的，这是信托的基本特征之一。从这个角度讲，投资信托和投资股票、基金的风险是一样的，投资者应该树立起这样的意识。为此，信托产品在募集之前，信托公司应依法披露房地产项目的具体情况，需要投资人对产品的风险进行判断并选择投资。一旦投资出现失误，损失是需要投资人自己承担的，信托公司只要履行了审慎管理的受托人义务，就不需要承担损失。从这个意义上讲，房地产信托产品不能到期兑付情况的出现可以起到警示作用，告诉投资者如果出现选择性错误的话，是有可能出现损失的，而且损失是由自己承担的，这样更能令投资者不再专注于投资回报率，更多地从项目的综合实力考虑投资的选择。从长期看，理性的投资者可以使房地产信托的投资回报率回归至合理的水平，有利于信托市场的健康发展。

大力发展房地产夹层融资和房地产投资信托基金可有效化解上述问题。这两类产品已经摆脱信托贷款的影子，开始具有长期投资的性质，这会减少房地产信托的投资风险，更加符合信托“受人之托，代人理财”的行业本源，是信托走向高端投资理财之路的根本选择。

□ 本章小结

★所谓信托是指委托人基于对受托人的信任，将其财产权委托给受托人，由受托人按委托人的意愿，以受托人自己的名义，为受益人的利益或者特定目的，进行管理或者处分的行为。信托关系的构成要素为信托行为、信托目的、信托主体（信托当事人）、信托客体、信托报酬和信托结束。信托业务方式灵活多样，被誉为“金融百货公司”；信托的产生基于委托人对受托人的信任；信托财产具有一定的独立性，所有权与受益权分离；信托管理具有连续性；受托人不承担损失风险。信托的产生和发展，拓宽了投资者的投资渠道，通过把储蓄转化为投资，促进了产业发展和经济增长，同时促进了金融市场的发展和完善。

★房地产信托是房地产业与信托业相互融合的产物。其具有两层含义：一是房地产财产信托，二是房地产资金信托。房地产资金信托是中国目前大量采用的房地产融资方式，是信托投资机构推出的集合资金信托类产品中最重要的一类。

★目前，存在于中国的房地产信托模式主要有债权型信托、股权型信托、财产受益型信托、混合型信托4种模式，其中混合型信托模式是一种介于股权和债权之间的融资模式，被称为夹层融资。

★今后房地产信托行业发展必须要解决的问题：信托融资的短期性与信托项目存续周期相对较长不匹配问题；投资渠道和融资渠道问题；房地产信托监管问题；投资者教育问题。大力发展房地产夹层融资和房地产投资信托基金可有效化解上述问题，更加符合信托“受人之托，代人理财”的行业本源，是信托走向高端投资理财之路的根本选择。

□ 综合练习

一、本章基本概念

信托；房地产信托；房地产债权型信托；房地产股权型信托；房地产财产受益型信托；房地产混合型信托

二、本章思考题

1.信托的特征是什么？可分为几类？在现实生活中信托发挥着什么样的作用？

2.房地产信托有哪些模式？画出各自的操作流程图，并举例说明。

3.房地产信托的发展历程是怎样的？经过哪几个阶段？

4.今后房地产信托行业发展必须要解决的问题有哪些？

本章思考题答案要点

推荐阅读资料

第十章

房地产夹层融资

□ **思政引导**

通过本章教学，应引导学生了解如下知识：

1. 中国房地产企业融资所面临的问题及创新融资策略；
2. 房地产夹层融资出现的经济因素和政策背景；
3. 夹层融资在中国发展所面临的障碍及前景分析。

□ **学习目标**

通过对本章的学习，学生应了解或掌握如下内容：

1. 房地产夹层融资的概念与特点；
2. 房地产夹层融资的运作模式；
3. 中国发展房地产夹层融资的可行性及需破除的障碍。

- 房地产夹层融资
  - 房地产夹层融资概述
    - 房地产夹层融资的含义
    - 房地产夹层融资的特点
    - 房地产夹层融资与其他融资方式的比较
  - 房地产夹层融资的运作
    - 房地产夹层融资的两种典型运作模式
      - 夹层贷款模式
      - 优先股+股权回购模式
    - 房地产夹层融资的实现途径
    - 国内房地产夹层融资的首尝——“联信·宝利”7号
  - 房地产夹层融资的发展
    - 美国房地产夹层融资的发展
    - 中国发展房地产夹层融资的可行性
    - 中国发展房地产夹层融资需要破除的障碍
    - 完善与房地产夹层融资相关的法律制度

导　言

在房地产信托贷款受阻、开发商融资进入低潮之际，一种介于股权和债权之间的“夹层融资”方式从欧美等发达国家传入中国，并以十分迅速的发展态势在国内生根发芽。“夹层融资”产生于20世纪80年代的美国。几十年来，它在美国和其他西方国家得到了很大发展。但作为一种融资手段，“夹层融资”是否适合中国特色社会主义市场经济？又为何能得到国内开发商的青睐？其运作模式是怎样的？作为发达国家相对成熟的房地产融资方式，“夹层融资”在中国的发展将面临着怎样的障碍和发展前景？本章将围绕这些问题展开讨论。

第一节　房地产夹层融资概述

目前全球有超过几千亿美元的资金投资于专门的夹层融资，其中大部分来源于美国，少部分来源于欧洲。2005年12月，“联信·宝利7号”的正式发行成就了国内首个夹层融资案例。本节主要阐述房地产夹层融资的概念和特点，并对银行贷款、夹层融资、股权融资3种融资方式加以比较，以使读者对房地产夹层融资有一个初步了解。

一、房地产夹层融资的含义

夹层融资（mezzanine financing）是一种介于优先级债务和股本之间的融资方式，指企业或项目通过夹层资本的形式融通资金的过程。“夹层”的概念源自华尔街，原指介于投资级债券与垃圾债券之间的债券等级，后来逐渐演变到公司财务中，指介于股权与优先债权之间的投资形式，如图10-1所示。

知识拓展10-1

投资级债券

知识拓展10-2

垃圾债券

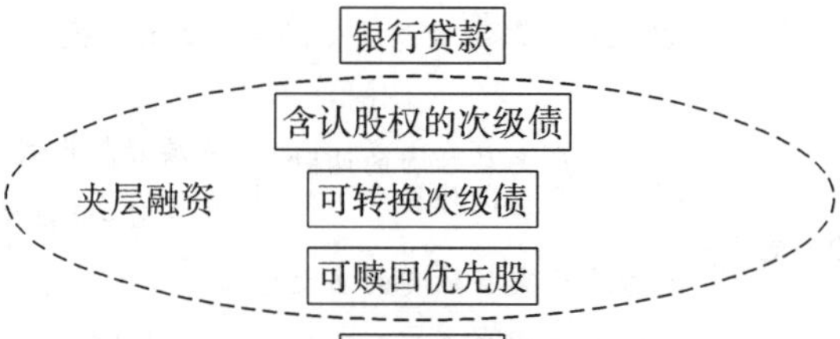

图10-1　企业融资结构示意图

从夹层资金提供者的角度看，夹层融资是一种具有股权性质的次级债权[①]，夹

① 次级债是指偿还次序优于公司股本权益，但低于公司一般债务（包括高级债务和担保债务）的一种特殊债务形式。次级债的次级只是针对债务清偿顺序而言。如果公司进入破产清偿程序，公司在偿还其所有的一般债务（高级债务）之后，才能用剩余资金偿还这类次级债务。目前国际上次级债多为大型商业银行所发行。

层债权人虽然位列股东之前，却在优先债权人之后，作为这种风险的交换，这种债权总是伴随相应的认股权证（warrant），债权人可依据事先约定的期限或触发条件，以事先约定的价格购买被投资公司的股权，或者将债权转换成股权。之所以称为“夹层”，是因为从资金费用角度看，夹层融资的融资费用低于股权融资，如可以采取债权的固定利率方式，对股权人体现出债权的优点；从权益角度看，夹层融资的权益低于优先债权，所以对于优先债权人来讲，可以体现出股权的优点。也就是说，“夹层”是在传统股权、债券的二元结构中增加的那一层。

知识拓展10-3

优先债权

将夹层融资应用于房地产业，称为房地产夹层融资。房地产夹层融资以债务人持有的股权利益作为担保，这点与次级抵押债以房地产抵押作为担保不同。相对于次级抵押债融资，通过夹层融资，借款人在获得更多资金的同时，使资金效率得以提高。

融资企业一般在以下情况下考虑夹层融资：①缺乏足够的现金进行扩张和收购；②已有的银行信用额度不足以支持企业的发展；③企业已经有多年稳定增长的历史；④起码连续1年（过去12个月）有正的现金流；⑤企业处于一个成长性的行业或占有很大的市场份额；⑥管理层坚信企业将在未来几年内有很大的发展；⑦估计企业在2年之内可以上市并实现较高的股票价格，但是现时IPO市场状况不好或者公司业绩不足以实现理想的IPO，于是先来一轮夹层融资可以使企业的总融资成本降低。

可见，房地产行业是夹层融资的适合对象。由于种种原因，房地产开发商或投资者常常难以获得银行或其他金融机构的房地产贷款，而他们又不愿意出让股权，或感到股权融资成本过于昂贵时，夹层融资就显得非常有吸引力。[①]

二、房地产夹层融资的特点

夹层融资是一种非常灵活的融资方式，是指债务人在自有资产担保不足的情况下，通过创设债权保障制度来提高债务信用级别，或通过附有权益认购权等措施来补偿债权失败风险的融资方式。对于融资方和投资者而言，房地产夹层融资的特点如下：

（一）具有长期融资的特点

从本质上看，夹层融资是一种长期无担保的债权类风险资本。在中国，除了政府投资项目，其他项目要从银行那里获得3年以上的贷款很困难，对于非央企的中小房地产企业，想要通过银行获得长期贷款难度更大，而夹层融资通常融资期限可以为5~7年，与房地产项目开发周期基本吻合，这样就改变了项目存续的长期性与融资期限的短期性之间的矛盾。

① 在美国，房地产开发商能够获得的贷款（高级债）常常只够整个项目所需资金的50%~60%，而开发商自有资本往往只有项目规模的15%~25%，房地产开发商常常要依靠夹层融资来运作，因此，房地产业目前仍然是利用夹层融资最多的行业。

（二）具有高度的灵活性

夹层融资的优点之一是具有高度的灵活性。通过融合不同的债权及股权特征，夹层融资可以产生许多种组合，以满足投资者及融资方的各种需求。比如说，有些夹层融资允许夹层融资投资人参与部分分红，类似于传统的股权投资；另外一些则允许夹层融资投资人将债权转换为股权，类似于优先股或是可转换债券。

（三）能够获取介于债权与股权之间的收益水平

夹层融资一般是次级债权与股权的结合，因而夹层融资投资人的收益结合了固定收益资本（债权收益）和股权资本的特点，即可以获得现金收益和股权收益等双重收益，收益水平介于债权与股权之间。其中，现金收益通常按照高于银行贷款利率的固定利率计算，股权收益指通过优先股赎回溢价，或者投资者通过将部分融资金额转换为融资企业的股权从而获得资本升值的收益。因此，相对于债权投资而言，夹层融资的收益较高。在欧美市场上，典型的夹层融资的现金利息部分为10%~15%，期限为2~7年，加上股权利息部分，夹层融资投资人的总体平均年收益率为15%~25%。而股权投资者常常要求投资回报率为25%~35%，或者更高。

（四）承担介于债权与股权之间的风险水平

与收益相对应，夹层融资投资人需要承担介于债权与股权之间的风险水平。其最大风险是夹层融资者的公司或项目亏损甚至破产。为保障夹层融资投资人的权益，可以通过有关结构安排使夹层融资投资人权益位于普通股权之上，这样夹层融资投资人可以优先于股权人得到补偿，当然其相对原来房地产贷款机构的债权还是处于低级层次[①]。在优先股结构中，夹层融资投资人用资金换取借款人的优先股份权益。夹层融资投资人的“优先”可以体现为在其他合伙人之前获得红利，在借款人违约或破产的情况下，优先合伙人有权力控制借款人的所有合伙人权益。同时，有些交易中规定，为了对夹层融资者的公司或项目运作有及时的了解，夹层融资投资人可以在借款人董事会中委任一个董事，并有权对一些特定事件行使否决权。许多情况下，夹层融资的成本一般要低于股权融资，因为资金提供者通常不要求获取公司的大量股本，即它能够降低股权的稀释程度。[②]

（五）具有可调整的结构

夹层融资的提供者常常可以调整还款方式，使之符合借款人的现金流要求及其他特性。在签约时，双方都对预期的现金流有一个合理的假设，并确认一个还款日

---

① 因而具有次级债的特点。

② 当公司具有复杂的股权结构，即除了普通股和不可转换的优先股以外，还有可转换优先股、可转换债券和认股权证的时候，由于可转换债券持有者可以通过转换使自己成为普通股股东，认股权证持有者可以按预定的价格购买普通股，其行为的选择有可能造成公司普通股增加，使得每股收益变少。通常称这种情况为股权稀释，即由于普通股股份的增加，使得每股收益有所减少的现象。由于中国目前绝大多数上市公司属于简单股权结构，中国证监会目前还未对复杂结构下的每股收益的具体计算方法作出规定，原则上规定发行普通股以外的其他种类股票的公司应该按照国际惯例计算该指标，并说明计算方法和参考依据。

程表。例如，可以约定在一段时间内每次以一定金额分期偿还债务，也可以提前还清，但在具体项目和公司运营一段时间后，当时约定的还款方式可能与实际的现金流有很大的出入，这就需要双方提前约定解决方法。

（六）对夹层融资者的限制较少

对夹层借款人而言，通过夹层融资，一方面，可以大幅降低自有资金比例，提升财务杠杆利益。另一方面，相对于股权融资，夹层融资在企业控制和财务约束方面的限制相对较少。尽管夹层融资投资人也会要求被融资公司出让一定量的股权，这使得一些资本回报率较高和前景较好的房地产企业或者股东关系紧密的企业，尤其是家族企业，在面对有这方面要求的夹层融资投资人时感到犹豫，但大多数情况下夹层融资投资人的最终目标是在特定时期内获取期望的回报率而不是成为长期的股东。夹层融资的资金提供者一般很少参与到借款人的日常经营中去，在董事会中也没有投票权。

（七）具有明确的退出机制

夹层融资的协议中通常会包含一个预先确定好的还款日程表，还款模式将取决于夹层投资的目标企业的现金流状况，这使得夹层投资的退出途径比股权投资更为明确，而后者一般依赖于不确定性较大的清算方式。

三、房地产夹层融资与其他融资方式的比较

表10-1列举了几种房地产融资方式，并对它们进行了比较。总体上看，夹层融资的风险和收益介于银行贷款与股权融资之间。

表10-2对普通贷款项目与夹层融资项目做了具体比较。

需要注意的是，表10-2代表了一种简单假设，并未考虑夹层融资的股权和红利分配。可以看出，虽然普通贷款项目的开发利润高于夹层融资项目的开发利润，但其自有资金回报要大大低于夹层融资自有资金回报。

表10-1 房地产融资方式比较[①]

比较内容	银行贷款	夹层融资	股权融资
预计融资成本	较低	适中	较高
预计风险	较低	适中	较高
周期	根据具体情况协商确定	2~7年	根据公司运营情况确定
股权稀释情况	无	无	有
尽职调查	较严	严	很严
还款保证	高	较高	不确定

① 张健．房地产金融实务［M］．上海：上海财经大学出版社，2007：98-99.

表10-2 普通贷款项目与夹层融资项目的比较 金额单位：元

比较内容	普通贷款项目	夹层融资项目1	夹层融资项目2	备注
销售收入	140 000 000	140 000 000	140 000 000	
所有税金	14 000 000	14 000 000	14 000 000	按10%计算
净收入	126 000 000	126 000 000	126 000 000	
开发成本	100 000 000	100 000 000	100 000 000	包括所有费用
自有资金	40 000 000	20 000 000	10 000 000	
银行贷款	30 000 000	30 000 000	30 000 000	
夹层融资	—	20 000 000	30 000 000	
银行利息	4 200 000	4 200 000	4 200 000	年利息率7%，共2年
夹层融资利息	—	6 000 000	9 000 000	年利息率15%，共2年
总成本	104 200 000	110 200 000	113 200 000	
开发利润	21 800 000	15 800 000	12 800 000	
自有资金回报	54.5%	79%	128%	开发利润/自有资金

第二节　房地产夹层融资的运作

由于夹层本身属于一种交易结构的安排，因此交易双方谈判结果的不同必然赋予双方不同的权利和义务安排，这导致了夹层融资结构的灵活性，并由此形成了不同的运作模式，其中夹层贷款和“优先股+股权回购”是两种比较典型的夹层融资模式，而夹层融资的实现途径主要从引入载体选择、进入与退出安排3个方面体现。

一、房地产夹层融资的两种典型运作模式

夹层融资结构的灵活性催生了形式各异的运作模式，我们基于共性抽象出两种典型模式：一是夹层贷款模式；二是优先股+股权回购模式。

（一）夹层贷款模式

房地产夹层融资的夹层借款人并非以项目资产作为抵押物，而是以其对项目的所有者权益作为偿还夹层贷款保证的融资方式。夹层贷款人提供的资金即为夹层贷款（mezzanine loans），夹层借款人以被其持股的企业中的所有者权益（一般为股权收益）作为担保。被抵押的权益包括借款人的收入分配权，从而保证了在借款人违约时，夹层贷款人可以优先于股权人得到清偿。

与传统抵押贷款的借款人拥有房地产不同，在房地产夹层融资中，夹层借款人仅作为持股公司而存在，并不直接拥有房地产或运作企业。夹层借款人以在被其持股的企业（运营企业）中拥有的所有者权益作为担保，而该企业则直接拥有房地产产权。因此，夹层借款人提供的担保物（即股权收益）的价值源于对房地产的间接拥有。夹层贷款模式结构示意图如图10-2所示。由此可见，夹层融资存在两重关系：一是夹层贷款人与夹层借款人之间的借贷关系；二是以夹层借款人所拥有的股权为担保物的担保关系。这和抵押贷款人与抵押借款人之间的关系不同，尽管后者也存在两重关系：一是借贷关系；二是抵押借款人以其所拥有的房产为抵押物的担保关系。[①]

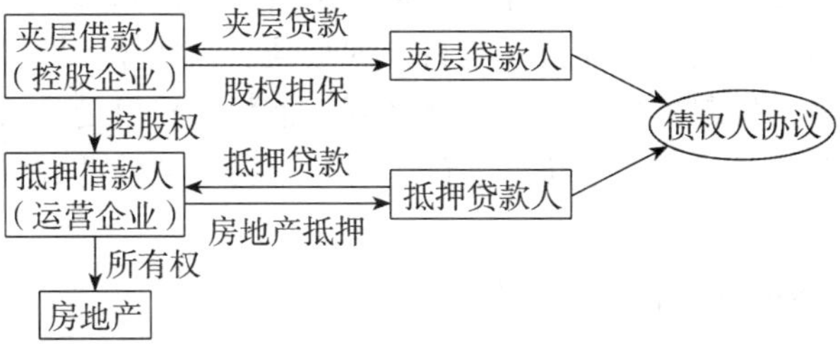

图10-2　夹层贷款模式结构示意图

（二）优先股+股权回购模式

这是另一种典型的夹层融资模式。优先股是相对于普通股而言的，主要指在利润分红及剩余财产分配的权利方面，优先于普通股。优先股通常预先确定股息收益率，因而优先股股票实际上是股份有限公司的一种举债集资的形式。由于股息率事先确定，所以优先股的股息一般不会根据公司经营情况而增减，而且一般也不能参与公司的分红。优先股股东一般没有选举权和被选举权，对股份公司的重大经营无投票权，但在某些情况下可以享有投票权。优先股股东不能要求退股，却可以依照优先股股票上所附的赎回条款，由股份有限公司予以赎回。大多数优先股股票都附有赎回条款。在公司解散分配剩余财产时，优先股的索偿权先于普通股，而次于债权人。

在房地产夹层融资中通常采用优先股+股权回购模式。夹层投资人投资于夹层借款人，以换取夹层借款人的优先股权益，或者投资于抵押贷款人换取抵押贷款人的优先股权益；股权回购协议的签订，是为了确保夹层投资人的退出机制保持畅通。通常的做法是，双方约定在一定期限或一定条件下，由借款人将优先股以商定的价格赎回，或者在一定条件下，允许夹层贷款人将其股份转换成普通股。

二、房地产夹层融资的实现途径

结合房地产开发的特点，这里主要从房地产夹层融资的引入载体选择、进入与

① 在一般情况下，“夹层借款人”和“抵押借款人”形式上是两方，实质上是同一方。

退出安排3个方面来讨论本小节的问题。

（一）夹层融资引入载体的选择

国外夹层融资方式是先成立一个夹层投资基金，然后选择合适的项目进行投资，即夹层基金一般先进行资金募集，然后根据资金寻找与收益、风险匹配的投资项目。这种做法在国内是不被允许的，因为国内暂时没有产业基金法出台，加之基金市场以及证券市场都不完善，所以采取直接设立夹层投资基金进行房地产投资的可能性不大，夹层融资需要选择一个合适的载体进入产业市场。

在中国目前的金融制度环境下，商业银行不被允许进行股权性投资，因而暂时还无法成为引入夹层融资方式的载体。依据中国信托业的相关法律法规，在房地产市场上引入夹层融资方式，信托公司是目前的最佳引入载体，即夹层融资的投资主体可以是由信托公司发起的信托集合资金计划，信托公司以受托人的身份行使投资主体的权利。随着新的合伙企业法的实施，另一个夹层融资的投资主体将是有限合伙制的私募基金。

（二）夹层融资资金的进入

对于房地产信托来说，目前最关键的问题就是要在开发商“四证”尚未齐全之前就融资给开发商，否则房地产信托的意义就会大打折扣。当项目处于开发阶段不具备条件向银行和信托公司申请贷款时，资金可以通过优先股或者可转债的方式作为“夹层融资”进入，以此补充企业的资本金，为优级债券和银行贷款进入提供条件。比如一个房地产开发项目，要求开发商的自有资本金的比例达到35%，如果开发商自有资本金的比例只有20%，夹层融资就可以以参股的形式注入资金，使整个项目的资本金达到要求的35%，但不影响房地产开发商的控股权。对于已经取得银行贷款只是在销售前期面临着暂时资金短缺的项目，夹层融资可以采取以债权投资为主、结合一部分认股权证的结构，从而使投资者获得一定的利息收入和还款溢价。

夹层融资可以采取一次性投入，也可采取分期分批投入。例如，可以安排夹层融资中的一部分为企业先期投资注入开发资金，另外一批资金在企业实际进入项目实施阶段时投入。这样做的目的是保证企业资金供应的连续性，然后根据不同阶段的投资风险来确定投资回报率。

（三）夹层融资资金的退出

夹层融资可以采取灵活的还款方式退出。通常会在夹层融资债务构成中包含一个预先确定好的还款日程表，可以在一段时间内分期偿还债务，也可以一次还清，还款模式将取决于夹层融资公司的现金流状况。对于处于开发阶段的项目，投资者可以只要求融资者承担一定的利息或者不偿还本息，等到项目有了现金流入后再偿还本金和一定比例的项目收益。因为夹层投资人一般不寻求控股和长期持有，在企业有了现金流入之后，他们一般采取出让收益权证或回购优先股等形式，以获得一定的投资溢价，进而实现资本的退出。因此，夹层融资提供的退出途径比私有股权投资更为明确（后者一般依赖于不确定性较大的清算方式）。同时，在夹层融资采取优先股或者可转债形式时，也可以采取开发商或管理层回购的方式或转卖给愿意长期持有到期的机构投资者以及愿意持股房地产企业的投资者以赚取差价。

夹层融资还可以通过信托公司采取优先购买权的信托模式，赋予夹层投资人优先购买已建好楼盘的权利，这种投资模式十分符合中国国情。在此结构安排下，既解决了房地产企业的融资困难，又解决了房地产商的销售问题。夹层投资人不仅可以享受开发期间的利息收入，也可以选择以最终购买房产作为资金退出渠道。

三、国内房地产夹层融资的首尝——“联信·宝利”7号①

2005年12月，联华信托公司发行“联信·宝利”7号中国优质房地产投资集合信托计划。“联信·宝利”7号信托资金投资于大连琥珀湾房地产开发项目公司的股权，项目公司由联华信托和大连百年城集团各出资5 000万元，分别持有项目公司20%的股份，1.5亿元信托资金入股占项目公司股份的60%。而在1.5亿元的信托资金中，“联信·宝利”7号的信托受益人设置为优先受益人和劣后受益人。劣后受益人为机构投资者，其投资额至少将占本信托计划规模的20%。信托计划终止时，优先受益人优先参与信托利益分配，劣后受益人次级参与信托利益分配。由于《公司法》中尚无优先股的规定，“联信·宝利”7号通过信托持股，在收益权上加以区分，成就了国内首个夹层融资。

信托资金除了投资入股，以类似优先股的方式拥有房地产公司股权及资产之外，百年城和联华信托还出具“承诺函”，承诺在信托存续期间受让受托人通过信托计划持有项目公司总计60%的股权。优先受益人投资的股权是有保证的股权，因为不仅包括百年城和联华信托自有资金的40%股权和劣后受益人的资金，而且包括两个公司的其他资产，全部不可撤销和无条件保证信托资金的回购。

信托的受益则分为两种情况。如果信托计划年收益率低于预期优先受益权的基准年收益率，则由劣后受益人以其在本信托计划中享有的信托财产为限来弥补优先受益人的预期基准年收益率。而当信托计划年收益率超过预期基准年收益率时，则超出部分的信托利益，按照优先受益人10%、受托人20%、劣后受益人70%的比例分配。联华信托预计优先受益人的年收益率为5.30%~7.39%。

假设信托计划按约定实现回购，则信托资金整体年收益率为20%，那么信托存续期为1年时的收益在扣除信托相应支出和费用后，优先受益权年收益率接近7%，而劣后受益权年收益率则为47%。

“联华·宝利”7号还引入了一定的流动性创新。借鉴期货交易的做市商制度，

① 佚名. 国内房产信托首尝夹层融资［EB/OL］.［2005-11-30］. http://money.163.com/05/1130/03/23PBR93I00251IMR.html.

引入投资机构充当“做市商”的角色。在信托计划发行之前即约定，信托计划优先受益权产品持有人在期满1年以后，以约定的价格卖给做市商，这样就为投资者提供了一个退出渠道。做市商可将信托计划卖出赚取差价，也可将信托计划持有到期获得收益。

从以上基本情况的介绍中，我们可以发现该信托资金投资的基本交易结构是，“联信·宝利”7号以房地产集合信托计划的方式筹集资金；联华信托公司以受托人的身份作为投资主体，其另一个身份则是投资对象的20%股权的股东；投资对象是大连琥珀湾房地产开发公司；投资方式是类似优先股的方式；同时普通股股东提供保证回购的承诺。这一交易结构具备了夹层融资结构的基本特征，以将受益人设置为优先受益人的方式，实现类似持有优先股的效果；同时，普通股股东以“承诺函”的形式保证回购，保障了投资资金的退出机制，最终实现了“三赢”的局面：开发商获得了资金支持，信托公司获得了投资收益，而信托投资者也会获得较高的收益，并且远高于银行存款。

第三节 房地产夹层融资的发展

从20世纪80年代开始，在西方国家特别是美国，金融机构对房地产开发贷款的发放趋向保守，导致开发商的抵押贷款渠道变窄。此后，作为一种有较大市场规模的融资方式和投资产品，夹层融资在美国的房地产市场上得以蓬勃发展。按照美国商业不动产投资中有10%~15%的夹层融资比例来计算，目前中国房地产夹层融资的发展空间是巨大的。

一、美国房地产夹层融资的发展

房地产夹层融资近年来在美国蓬勃发展，主要包括以下两个原因：

首先，20世纪80年代以来，美国房地产抵押贷款的条件更严格。在以前美国房地产抵押贷款条件宽松的时候，房地产开发商和房地产物业持有者常常较容易获得贷款，因此夹层融资无人问津。但80年代到90年代初，美国房地产市场持续低迷，发生大量违约事件，许多金融贷款机构在不情愿的情况下成为房地产物业的主人。为了保护金融贷款机构的利益，它们开始对房地产贷款设下更多的限制或要求，其中最直接的做法就是限制贷款额与项目价值的比例，这就为房地产夹层融资市场的形成创造了一定的条件和通道。

其次，美国20世纪80年代以后，十分活跃的商业房地产抵押贷款债券也为夹层融资的生存提供了更大的空间。商业房地产抵押贷款债券的发行有非常严格的条件限制，其中包括对贷款者的贷款成数和项目质量等有较高标准，这也间接限制了许多商业房地产项目的银行融资金额，夹层融资有了更大的发展空间。

二、中国发展房地产夹层融资的可行性

夹层融资作为介于股权融资与债务融资之间的中间产品，为房地产企业融资开辟了一个新的融资渠道。已有的实践也证明了，中国房地产夹层融资已具备了可行性。

（一）基本形成了创新融资方式的经济环境

目前，中国经济运行稳定，这为创新融资方式提供了一定的经济环境。银行显然已经不能完全满足企业对资金的需求，而大量的民间资金因找不到很好的投资渠道而处于闲置状态。中国人民银行和银保监会积极考虑将温州的民间金融作为综合改革的试点之一，允许民间资金进入金融领域，使其规范化、公开化，既鼓励发展，又加强监管。这不仅对温州民间金融的健康发展至关重要，而且对全国的金融改革和经济发展具有重要的探索意义。温州民间金融试点的成功经验将打破银行业垄断的局面，这也为夹层融资等金融创新方式在中国的推行创造了条件。

（二）夹层融资解决了房地产企业的融资需求

近年来，密集出台的房地产调控政策提高了房地产企业的融资门槛。银行信贷的紧缩与信托贷款的受限，并没有使房地产融资需求降低，相反呈现规模不断扩大的趋势。越来越紧的房地产贷款政策和迅速增长的融资要求共同促使房地产开发企业寻求新的融资方式。而夹层融资相对于银行的中期贷款，可以提供给房地产企业5~7年的长期贷款，更符合房地产企业的经营特性。对于房地产商来说，夹层融资是一种非常灵活的融资方式，因为在获得“四证”之前，开发商无法向或无法再向银行贷款，这时如果有夹层融资进去，使项目能够符合银行贷款的要求，项目就能顺利启动。夹层融资不仅可以在房地产开发的各个阶段进入，如作为“过桥贷款”在项目建设前期进入或者作为企业流动资金进入销售前期；还可以在不稀释公司股权的情况下，根据房地产企业的特殊融资要求和经营状况灵活安排融资结构和资金偿还方式，这些优势使得夹层融资近年来在房地产业融资中发挥了越来越重要的作用。

（三）夹层融资为普通居民提供了一个投资于房地产业的途径

现实中，融资市场的庞大需求与普通居民投资对象的狭窄形成对比。目前，大部分居民只能选择银行存款，其他投资品种，如股票投资，由于风险太大，一般非专业投资者不敢介入。普通居民可以选择基金进行投资理财，但中国现在的基金都是证券投资基金，收益不是很高，且投资者投资基金也存在较大的投资风险，收益与风险不相匹配。夹层融资产品可以为投资者提供良好的资本市场投资对象，因为没有投资金额的限制，所以普通投资者有机会介入高收益的房地产行业，分享房地产行业上升带来的资本保值增值收益。同时，可以引导大量闲置资金以正常途径投资于房地产，以利中国房地产市场趋于稳定。

三、中国发展房地产夹层融资需要破除的障碍

夹层融资能够满足一些房地产开发企业的融资需求，尤其是能够满足一些开发企业在取得“四证”之前的融资需求。这意味着房地产夹层融资的引入有了经济上的必要性，因而在中国的房地产市场上将会有巨大的需求空间。尽管如此，房地产夹层融资被引入中国后要想获得健康发展，既需要经济需求上的推动（已经具备），还需要破除一些障碍。

（一）房地产夹层融资中的权利抵押问题

与传统抵押贷款的借款人拥有房地产不同，在房地产夹层融资中，夹层借款人仅作为持股公司而存在，并不直接拥有房地产或运作企业。它以在被其持股的企业（运营企业）中所拥有的所有者权益作为担保，但是这一权益的价值是随着企业的运营状况而不断变化的，在抵押之后，如果发生运营企业经营风险，导致资产价值下跌，那么夹层贷款人的抵押权价值也在下跌，当真正行使权利的时候，可能价值也所剩无几了。由此可以看出，相对于以房地产本身作为抵押的优先债权，夹层贷款人债权的风险是较高的，从这个意义上也可以将夹层贷款人的债权理解为“无担保”的次级债权。因此，对夹层贷款人而言，对借款企业的运行监督是必不可少的。比如可以限制其不得再投资、不得转让企业资产以及对企业的各种财务比率予以严格限制等。事实上，在美国的夹层融资中，此类问题一般都会在借贷双方的合同中详细地规定，中国目前的法律对以夹层融资中的权利进行抵押的问题并无明确的规定。

（二）抵押债权人与夹层债权人之间的冲突问题

正如前文中提到的，在房地产夹层融资中，夹层借款人仅作为持股公司而存在，以在运营企业中所拥有的所有者权益作为担保，运营企业则直接拥有房地产的产权，而这些房地产本身作为抵押物也为运营企业融资提供抵押担保。相对于抵押贷款人，夹层贷款人处于次级地位。因此，在法律效力上，控股企业的权利抵押不得对抗运营企业的优先债权人。一旦运营企业破产，在偿还顺序上，夹层贷款人的清偿顺序在优先抵押权人之后。但是，由于夹层贷款人与借款人之间可能的股权转让安排，夹层贷款人有可能在优先抵押权人未被清偿前控制运营企业，从而对优先抵押权人的利益造成重大影响。因此，优先抵押权人通常不希望他们的借款人再融资，而且更多的债务会导致更多的利息支出，借款人用以支付夹层贷款人的现金流同样来源于房产上的收益，这将导致其抵押物上的权利受到影响。甚至有可能优先抵押权人在行使抵押权的时候，会发现财产已经由于被设置了许多权利限制而价值所剩无几了。为保证自己的利益，在美国，优先抵押权人在抵押借款合同中往往会要求，如果借款人未经许可借入次级抵押债或夹层贷款，优先抵押权人有权要求获得全部债务清偿，这被称为加速清偿（acceleration）条款，并且附加要求违约赔偿，这一赔偿通常高达10%，借款人是很难承受的。因此，借款人要采用夹层融资

的方式借款，必须经过优先抵押权人的同意。夹层贷款的优先抵押权人和夹层贷款人之间的协议被称为债权人协议。在中国，合同法对合同当事人自愿协商所达成的协议，在不违反禁止性规定的情况下是加以保护的，因此在处理房地产夹层融资中债权人之间的权利冲突问题时，也可以采用签订合同的方法，即以债权人协议的方式来解决不同债权人之间的权利冲突和权利行使问题。唯一要注意的是，夹层贷款人应符合投资主体的条件，抵押贷款人亦有对夹层贷款人进行尽职调查的必要，以保障自己的权益。

（三）夹层借款人问题

房地产夹层融资的借款人是为进行夹层融资而特别设立的控股企业，即该控股企业通常是一个特定目的的实体，除了为夹层融资贷款提供担保外，并没有其他营业活动。而其唯一的功能就是持有运营企业的股权，以其向夹层贷款人抵押及借款，并将收益作为还款的保证。对于该特定目的的实体，中国的法律并没有明确的相关规定。但是对于特定目的实体（即控股企业）的设立，其实质可以理解为运营企业的股东以其对运营企业的股权出资成立该控股企业。这样，运营企业的股东变成了控股企业的股东，而控股企业则成为运营企业的唯一股东。

控股企业成为运营企业的唯一股东，在《公司法》上，对运营企业而言则意味着股东归一，并且企业的形式发生了变化，变成了一人公司。《公司法》第五十七条第二款规定："本法所称一人有限责任公司，是指只有一个自然人股东或者一个法人股东的有限责任公司。"《公司法》一方面肯定了一人公司的合法地位，另一方面又针对其特殊性规定了一整套的特别适用规定。可见只要控股企业不违反一人公司的这些特别规定，在中国现行法律框架下，房地产夹层融资的借款主体构造就是没有法律障碍的。值得注意的是，《公司法》第六十三条规定："一人有限责任公司的股东不能证明公司财产独立于股东自己的财产的，应当对公司债务承担连带责任。"这意味着如果控股企业（夹层借款人）不能证明其运营企业（抵押借款人）的财产独立于控股企业（夹层借款人）的话，则抵押贷款债权人可以依此条款向夹层贷款人主张清偿。在美国房地产夹层融资中，这被称作实质合并（substantive consolidation）风险。在抵押贷款资产证券化并被出售的情况下，抵押借款人的破产隔离结构设计将被破坏。处理办法是由抵押借款人的法律顾问向抵押贷款人出具"非实质性合并的法律意见"（substantive non-consolidation opinion），保证夹层借款人独立于抵押借款人及其任何上层实体。

四、完善与房地产夹层融资相关的法律制度

在中国，房地产开发企业融资渠道相对狭窄是一个亟待解决的问题，夹层融资作为一种可行的解决办法出现在房地产融资市场上有其必然性。虽然国内房地产夹层融资出现的时间不长，但是介于股权和债权之间的夹层融资尝试已经显示出其强大的生命力，而单纯的股权融资和单纯的债权融资已经远远不能满足市场的现实需

要，市场经济的发展呼唤更为灵活和有效率的融资方式，而相关法律制度的完善必须跟上。

中国现行的法律规范对房地产夹层融资并无专门规定，但相关的法律法规为房地产夹层融资的规范运行提供了基本支撑。例如，《信托法》为信托公司的夹层融资主体地位提供了法律依据，而随着《中华人民共和国合伙企业法》的实施，另一个夹层融资主体将是有限合伙制的私募基金；《民法典》《公司法》等成为规范夹层融资主体之间协议的主要法律依据。尽管如此，现有法律规范还是难以完全解决房地产夹层融资运行过程中可能遇到的法律问题。为适应现实的需要，促进房地产融资方式多元化，与房地产夹层融资相关的法律规范有进一步完善的必要。

首先，从投资主体的角度看，对于能够进行房地产夹层融资的主体，目前中国法律许可的范围过于狭窄。建议加快《产业投资基金法》的立法，使房地产产业投资基金有法可依，从灰色地带走向阳光地带，从而拓宽房地产夹层融资的资金来源。

其次，完善房地产夹层融资交易环节所涉及的相关法律法规，如在《公司法》中明确“特定目的实体”的法律定位，对“优先股”进行法律界定；对《民法典》中包括“流质条款无效”在内的有关权利质押的相关规定进一步细化等。

最后，加快产权交易相关法制的建设，保障房地产夹层融资中投资主体的退出机制。

房地产夹层融资作为一种兼具股权和债权特性的融资方式，既是舶来品，同时国内又存在着现实需要的土壤，在中国房地产资本市场上，发展壮大是必然的。对这样一个外来的新生事物，我们既要采取“拿来主义”，又要对其消化吸收。在美国，房地产夹层融资主要解决的是商业房地产抵押贷款资产证券化之后再融资的问题，而在中国要解决的主要是房地产企业融资渠道狭窄的问题，因为在美国夹层融资产生的背景和我国不同，两国的法制环境也有很大差异。我们必须认识到这些不同的地方。同时，作为一种融资交易结构安排，在市场经济环境下，又有其相似之处，美国的夹层融资实践可以为我们提供有益的借鉴。

□ 本章小结

★夹层融资是一种介于优先级债务和股本之间的融资方式，指企业或项目通过夹层资本的形式融通资金的过程，是一种具有股权性质的次级债权。

★将夹层融资应用于房地产业称其为房地产夹层融资，具有长期融资、高度的灵活性、能够获取介于债权与股权之间的收益水平、承担介于债权与股权之间的风险水平、可调整的结构、对夹层融资者的限制较少以及明确的退出机制等特点。

★房地产夹层融资的两种典型运作模式：一是夹层贷款模式；二是优先股+股

权回购模式。房地产夹层融资的实现必须解决夹层资金的引入载体选择、进入与退出安排三方面问题。夹层融资作为介于股权融资与债务融资之间的中间产品，为房地产企业融资开辟了一个新的融资渠道。已有的实践也证明了，中国房地产夹层融资已具备了可行性。

★中国发展房地产夹层融资需要破除夹层融资中的权利抵押问题、抵押债权人与夹层债权人之间的冲突问题、夹层借款人问题等，同时需要完善与房地产夹层融资相关的法律制度。

□ 综合练习

一、本章基本概念

房地产夹层融资；夹层贷款模式；优先股+股权回购模式

二、本章思考题

1.房地产夹层融资的特点有哪些？

2.简述房地产夹层融资的两种典型运作模式。

3.试将银行贷款、夹层融资以及股权融资进行比较。

4.简述房地产夹层融资的实现途径。

5.中国发展房地产夹层融资具有可行性吗？需要破除哪些障碍？

本章思考题答案要点

推荐阅读资料

第十一章

房地产投资信托基金

□ 思政引导

通过本章教学，应引导学生了解如下知识：

1. 中外房地产投资信托基金经营模式的差异；
2. 房地产投资信托基金对建设房地产运行长效机制的意义；
3. 房地产投资信托基金的发展前景和存在的突出问题。

□ 学习目标

通过对本章的学习，学生应了解或掌握如下内容：

1. 房地产投资信托基金的概念、模式以及特征；
2. 国内房地产信托与房地产投资信托基金的本质区别；
3. 在中国发展房地产投资信托基金的重要意义；
4. 房地产投资信托基金的类型；
5. 房地产投资信托基金在中国的发展之路及需要破除的障碍。

- 房地产投资信托基金
  - 房地产投资信托基金概述
    - 房地产投资信托基金的概念
    - 房地产投资信托基金的基本运作模式
    - 房地产投资信托基金的特征
    - 国内房地产信托计划与REITs的本质区别
    - 中国发展REITs的重要意义
  - 房地产投资信托基金的类型
    - 按照投资策略分类
    - 按照组织结构分类
    - 按照投资人能否赎回分类
  - 房地产投资信托基金的发展
    - REITs在中国的发展之路
    - REITs在中国发展的障碍

导　言

提起写字楼、商场、酒店等高档商业地产，普通老百姓一般都认为这是富豪才能涉足的投资领域，与自己无缘，因为老百姓那点钱只够买一平方米或几平方米面积的此类地产。其实不然，房地产投资信托基金（real estate investment trusts，REITs）的出现，即满足了人们的这一愿望。REITs在中国的发展，既可改变目前房地产企业高度依赖银行信贷的局面，又可拓宽房地产企业的融资途径，实现房地产金融市场以银行信贷为主导向资本市场为主导的逐渐转变，为建设房地产运行长效机制提供了重要的金融支持，同时为中小投资者分享房地产业的发展成果提供了一条新的投资渠道。

第一节　房地产投资信托基金概述

在大多数国家中，房地产投资基金以房地产投资信托基金的名义存在。房地产投资基金是产业投资基金[①]的一种，是指以房地产项目或公司为投资对象，在房地产的开发、经营、销售等价值链的不同环节，以及在不同的房地产公司与项目中进行投资的集合投资制度。

一、房地产投资信托基金的概念

房地产投资信托基金（REITs）是一种以发行受益凭证或股票的方式汇集特定多数投资者的资金，由专门的投资机构进行房地产投资经营管理，并将投资综合收益按比例分配给投资者的信托基金。REITs不仅为房地产业的发展提供了银行外的融资渠道，而且为投资者提供了收入稳定、风险较低的投资产品。

房地产投资信托基金首先产生于20世纪60年代的美国。与20世纪60—70年代的其他金融创新一样，REITs也是为了逃避管制而生。随着美国政府正式允许满足一定条件的REITs可免征所得税和资本利得税，REITs开始成为美国最重要的一种金融工具。

在美国，REITs最大的特征之一就是享有税收优惠。为了保证纳税优惠地位，美国在20世纪60年代REITs建立之初对其经营和投资方面作出了很大的限制。依照法律规定，创建REITs时必须满足以下条件：

第一，每年须至少将其应纳税收入的90%分配给股东；

第二，至少有100个股东，其中前五大股东持股不能超过50%（5/50法则）；

① 所谓产业投资基金，系指直接投资于产业，主要对未上市企业进行股权投资和提供经营管理服务的利益共享、风险共担的集合投资制度。产业投资基金通过向多数投资者发行基金份额设立基金公司，由基金公司自任基金管理人或另行委托基金管理人管理基金资产，由基金托管人来托管基金资产，从事创业投资、企业重组投资和基础设施投资等实业投资。

第三，必须是房地产的投资者，而不能作为经纪人；

第四，至少90%的总收入必须来源于租金和利息收入、出售财产、所持有的其他信托股份以及其他房地产资源所得；

第五，至少75%的总收入必须来源于房地产租金和抵押利息收入、出售房地产、所持有的其他信托股份和其他房地产资源所得；

第六，总资产的75%是房地产资产或房地产抵押、现金和政府债券。

可以看出，一家公司要想变成一家REITs公司，必须在所有权结构、持有资产的类型、公司管理结构、财务政策等方面受到一定的限制。同时，由于REITs应纳税收入的90%必须支付给股东，导致促进公司增长的内部资本减少，因此对公司的未来成长会有一定的限制。

另外，从REITs的国际发展经验来看，几乎所有REITs的经营模式都是收购已有商业地产并出租，靠租金回报投资者，极少有进行开发性投资的REITs存在。因此，REITs并不同于一般意义上的房地产项目融资，一般只适用于商业地产。

二、房地产投资信托基金的基本运作模式

REITs的基本结构如图11-1所示。基本当事人有4个：投资人（基金受益人）、基金经理人（基金管理公司）、基金托管人（基金保管公司）以及投资顾问。

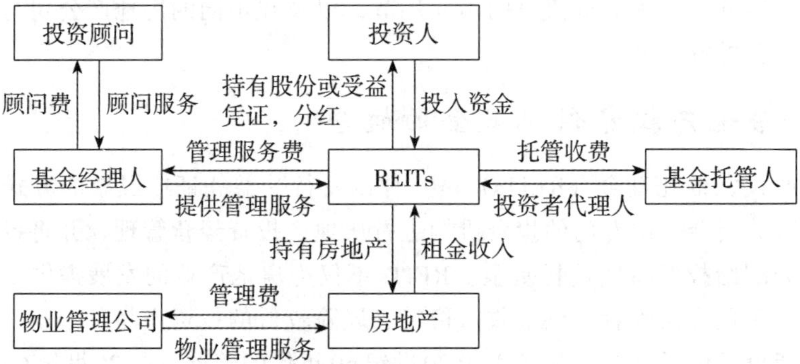

图11-1 REITs的基本结构

投资人也称基金受益人，包括基金的个人投资者、境内机构投资者、合格境外机构投资者以及法律法规允许或经中国证监会批准可以购买投资基金的其他投资者。基金持有人（投资人）是基金单位受益凭证或股票的持有者，通过分红享有基金资产的一切权益。

基金经理人由发起人组建的基金管理公司担任，是基金组织结构中的核心。基金经理人凭借专门的知识和经验，运用所管理的基金资产，根据法律及基金章程或基金契约的规定，按照科学的投资组合原理进行投资决策，谋求所管理的基金资产不断增值，最终使基金持有人获取尽可能多的收益，同时收取基金管理服务费。

基金托管人是基金持有人权益的代表，是基金资产的名义持有人和保管人。为了充分保障基金投资者的权益，防止基金资产被挪作他用，各国的证券投资法均有

相应规定——凡是基金都要设立基金托管机构，即由基金托管人对基金管理机构的投资操作进行监督，并对基金资产进行保管，同时根据托管资产的价值每年按一定比例收取托管费。根据中国国情和相关法规，一般建议由具有基金托管资格的商业银行担任基金托管人。

投资顾问主要为基金经理人提供市场分析、咨询、法律法规咨询，对投资项目进行可行性论证、项目经济效益评估等服务，以确保基金公司投资不出现失误，提高基金投资效益。投资顾问一般由基金经理人、房地产专家、证券专家以及金融财团等组成，由基金经理人聘任。

同时，由于房地产投资管理中需要对房地产进行装修、招租、物业管理等经营活动，REITs的结构安排中还增加了物业管理人（负责所投资房产的物业管理）和独立估值师（负责所投资房产的估值，以公允地反映基金净值）等服务机构。而基金受益凭证或股票的发行、募集、交易、赎回和分红派息等事务，由基金经理人和保管人负责受理，但具体事务一般是委托基金代理人（承销公司）来办理。

三、房地产投资信托基金的特征

从美国实施REITs的实践来看，一个典型的REITs通常具有如下特征：

（一）税收优惠

在许多国家和地区，REITs的最大特点就是享有税收优惠，并具有避免双重征税的特征。在美国，REITs在每个纳税年度必须向股东或受益权证持有人分配90%以上的应税所得，而这部分资产转让收益作为分红分配给股东或受益权证持有人后，股东或受益权证持有人必须为获得资产转让收益交税。税收优惠政策有效地解决了双重征税的问题。

（二）收益稳定

REITs必须要把90%的应税收入作为股利分配，这对于投资者来说具有很大的吸引力。REITs的股利源自REITs所持有房地产的定期租金收入，因此REITs的股利较为稳定，波动性小。尽管REITs的股票价格也受到市场力量的影响，但是基于稳定的租金收入，股票价格波动较小。由于租金水平一般随通货膨胀的变动而调整，因此REITs股份相对固定收益证券而言，具有对抗通货膨胀的功能。

（三）流动性强

公开上市的REITs可以在证券交易所自由交易。未上市的REITs股份或信托受益凭证一般情况下也可以在柜台市场进行交易流通。因此，REITs股份的流动性相对较强。

（四）管理专业化

REITs对房地产进行专业化管理，这是散户投资者所难以进行的。在这个意义上，REITs具有基金的特点。

（五）有效分散投资风险

REITs投资的物业类型多样化，保证了投资者资产组合的效益。股票市场上的REITs所拥有的物业遍布各地，购买多个REITs股票，会使投资涵盖多种物业，分布各个地区，从而保证投资更加安全。

与其他投资基金相比，REITs的特征还体现在以下几个方面：

首先，投资目标清晰。REITs的主要投资对象是房地产，以此区别于投资股票、外汇、期货等其他投资基金。

其次，分配结构独特。REITs把大部分收益（通常超过90%）分配给了基金投资者，保证了基金投资者的合法权益，其他投资基金并没有此类规定。

最后，信托财产多样。其他的投资基金一般需要投资者支付货币资金来交换受益凭证；而REITs除了接受货币资金外，还接受房地产。

另外，普通股票的价格与每股账面价值关联程度比较小，REITs的价格更多地取决于其所拥有的房地产价值。与股票相比，REITs并不一定需要在交易所公开上市，只要得到批准，就可以采取私募的方式融资。

四、国内房地产信托计划与REITs的本质区别

目前，由于国内金融体系尚不完善，资本市场发育有待健全，相应法律、法规还需完善和建立，因此国内目前发行的房地产信托与国际上标准的REITs之间存在着显著差异，见表11-1。

表11-1 国内房地产信托产品与REITs的比较

项目	房地产信托产品	REITs
设立目的	主要为房地产开发商提供短期贷款融资	盘活沉淀于不动产的大量资金，同时为公众投资者提供投资机会，分享不动产产生的长期稳定的收入
营运模式	以提供贷款为主	以获得不动产产权为主，并通过专业房地产基金管理公司进行投资管理，例如收购新不动产
投资风险	大部分产品仅针对单一不动产项目，投资风险较集中	拥有较多数量不动产，形成不动产投资组合，投资风险分散
规模	一般信托产品的规模都在2亿元以下	一般REITs的规模为20亿~30亿元
期限	以短期为主，一般2~3年	期限较长，一般超过20年
投资收益率	利率大都参照银行贷款利率	收益率在5%~8%，可能更高
流动性	流动性较弱，无公开交易，仅限于信托凭证的转让	流动性较强，大多在证券交易所公开上市交易

五、中国发展REITs的重要意义

在中国，一直存在着房地产商融资渠道单一与巨额民间资金投资渠道缺乏之间的尖锐矛盾。民间资金为了分享房地产市场快速增长的利润，只能投资购买住宅，形成疑似“炒房”的庞大群体，而大型商业及工业物业的投资则是一般投资者无力进入的领域。这种现状无论是对房地产行业本身还是金融业都隐藏着巨大的风险，给行业发展带来了极为不利的影响。而将REITs引入中国，继而得以全面发展，将缓解甚至可能彻底解决上述矛盾。

首先，REITs的适时推出，将为公众提供一个合适的房地产市场投资工具。由于REITs将投资者的资金集合起来投资于房地产，一般中小投资者即使没有大量资金也可以用很少的钱参与房地产业的投资。因此，REITs的适时推出，可有效地将“炒房”资金引导到工业、商业以及基础设施的建设中来，从而从整体上平衡了房地产市场的供需。

其次，对于房地产开发商来说，REITs可以促使其融资渠道多元化，将单一的银行贷款融资形式向机构投资者、个人投资者融资转变，吸引资本市场的资金不断流入房地产市场，解决其融资渠道单一的问题。同时，REITs的发行将优化公司的资本结构，降低债务比例，增强公司资产的流动性。若借鉴美国关于REITs的税收优惠，并由法律加以界定，那么房地产开发商将无须在避税问题上花太多的研究代理费用，从而在降低了成本的同时，将这些费用用于新产品的开发，更好地服务大众。

最后，引入REITs有利于完善中国房地产金融架构。房地产投资信托基金在国外既参与房地产一级市场金融活动，也参与二级市场金融活动，是房地产金融发展的重要标志，也是促进房地产金融二级市场发展的重要手段。REITs直接把市场资金融通到房地产行业，是对以银行为手段的间接金融的极大补充。同时REITs产品有助于发展低风险证券产品，使中国证券市场的产品结构趋于合理。因此，推出REITs有助于分散与降低系统性风险，这将大大提高金融安全以及房地产金融的完备性，是房地产金融走向成熟的必然选择。

可见，中国引入并发展REITs有着非常重要的作用。它不仅仅是一个简单的金融产品创新，更是一种采用市场化方式的信用体制创新。这种体制的创新，不仅会对微观金融实体产生巨大影响，也会推动整个宏观金融制度的布局发生一场变革。这场变革的精髓，就是建立起一种全民共享经济和市场繁荣、分享房地产市场发展和增值收益的有效市场化机制。

第二节 房地产投资信托基金的类型

按照不同的划分标准，可以将房地产投资信托基金划分为多种类型。例如，按

照投资策略可分为权益型、抵押型和混合型；按照组织结构可分为契约型和公司型；按照投资人能否赎回可分为开放型和封闭型。

一、按照投资策略分类

房地产投资信托基金按照投资策略可分为权益型REITs、抵押型REITs和混合型REITs等3种类型。

权益型REITs（equity REITs）也称为收益型REITs，属于直接投资并拥有房地产，靠经营房地产项目来获得收入。根据REITs经营战略和投资专长的差异，各种权益型REITs的投资组合有着很大不同，但主要经营购物中心、公寓、办公楼、仓库等收益型房地产项目。投资者的收益来源于租金收入和房地产项目的增值收益。目前正在运行的REITs主要以权益型为主，几乎占所有REITs的90%以上。

抵押型REITs（mortgage REITs）主要承担金融中介的角色，将所募集资金用于向房地产项目持有人及经营者提供各种房地产抵押贷款。其主要收入来自按揭组合所赚取的收益，如发放抵押贷款所收取的手续费和抵押贷款利息，以及通过发放参与抵押贷款所获抵押房地产的部分租金和增值收益。

混合型REITs（hybrid REITs）是伴随着权益型REITs和抵押型REITs的产生而发展起来的。混合型REITs既可以投资于房地产物业，也可以投资于房地产抵押贷款，是权益型REITs和抵押型REITs的混合体。因此，这类房地产投资信托基金会投资于一系列资产，包括实质物业、按揭或其他有关的金融工具类别。

二、按照组织结构分类

房地产投资信托基金按照组织结构可分为契约型REITs和公司型REITs两种类型。

契约型REITs也称“单位信托基金”，是指由专门的投资机构（大多数是金融机构）共同出资组建一家基金管理公司，基金管理公司作为委托人，通过与受托人（即基金保管公司）签订“信托契约”的形式发行受益凭证，吸引社会上的闲散资金，其投资标的是相关房地产物业。这种基金是目前最为流行的一种，英国、日本、新加坡等国以及中国香港、中国台湾地区大多数都是契约型基金。在组织结构上，此种基金一般不设董事会，而是指定一家证券公司或承销公司代为办理受益凭证——基金单位持有证的发行、买卖、转让、交易、利润分配、收益及本金偿还等。受托人接受基金公司的委托，并且以基金保管公司的名义为基金注册和开立户头。基金账户独立于基金保管公司的账户，即使基金保管公司因经营不善而倒闭，其债权方也不能动用基金资产。它的主要职责是负责管理、保管信托财产，监督基金经理人投资等。

契约型REITs的优点归纳起来有以下几点：第一，经营与保管分开，经理公司与保管机构可以互相监督。第二，财务独立，经理公司在保管机构有独立的基金账户，不与经理公司和保管机构的财产相混，也不受保管机构经营状况的影响。第三，利润充分归于受益人，投资者利益得到保障。

公司型REITs又称“共同基金”，是指由发起人组建基金公司，并以向社会公开发行股票或受益凭证的方式来筹集资金，投资者购买基金股票或受益凭证，即成为该公司的股东，凭股票或受益凭证分享红利，基金本身是一家股份有限公司。当然，公司型REITs的投资标的也是相关房地产物业。目前，美国的共同基金基本上都属于公司型基金，基金持有人既是投资者也是股东，已经不完全是信托概念下的委托人。

公司型REITs如同其他公司型基金一样，具有以下特点：第一，公司型基金的形态是股份制投资公司，但又不同于一般的股份公司，其业务集中于从事房地产证券投资信托。第二，公司型基金设有董事会和股东大会。基金资产由公司所有，投资者则是该公司的股东，也是该公司资产的最终持有人。第三，公司型基金一般设有基金经理人和托管人。基金经理人负责基金资产的投资运营，托管人则负责对基金经理人的投资活动进行监督。

从经济角度看，契约型投资基金比公司型投资基金更加简单，体现了效率原则；从法律角度看，前者比后者更加符合信托原理。

三、按照投资人能否赎回分类

房地产投资信托基金按照投资人能否赎回可分为开放型REITs和封闭型REITs两种类型。

开放型REITs（open-end REITs）可以不断向投资者发售新的股票，并利用收入购买其他房地产资产。新股发行时必须对现有的资产进行估价，以确定新股的发行价格。进行估价是比较困难的，尤其是当REITs投资于房地产权益时。

封闭型REITs（closed-end REITs）是指当原始股票发行和资产购买以后，就不再发行新的股票，现有证券的价值将取决于REITs投资组合中资产的表现。封闭型REITs可以使用收益中允许其保留的一小部分（5%）或者使用现有房地产折旧产生的现金流来购买其他房地产。

封闭型基金与开放型基金有较大的区别。第一，基金单位发行的数量限制不同。封闭型基金发行的数量是有限制的，发行的总金额是一定的，在设定期限内，不能增加或减少。而开放型基金的发行则没有数量上的限制，可根据实际情况，增加发行数量。第二，基金的买卖方式不同。封闭型基金在第一次发行结束后，投资者不能将所持有的基金单位转卖给基金经理人，只能在证券交易所或证券交易中心转让，即在二级市场上进行竞价交易。而开放型基金在第一次发行结束后，投资者就可将基金卖给基金经理人，赎回现金，不需要在二级市场进行买卖，买卖不需要证券经纪商。第三，两者的买卖价格也有所不同。封闭型基金的买卖价格受市场供求关系的影响，进行竞价买卖，可能出现低于或高于票面面值的情况，而开放型基金的买卖价格不受市场供求关系的影响，基金卖出价根据单位资产净值加上一定比例的发行费确定，而基金买入价就是基金单位的资产净值。当然，在一定条件下，封闭型基金也可以转化为开放型基金。

此外，还可以按照所投资物业的类型分为商业REITs、工业REITs和住宅REITs等。在1994年以前，REITs只局限于投资几种房地产类型，如公寓、写字楼、酒店等；1994年以后，REITs有了很大发展，其投资对象的范围日益扩展。目前，几乎所有的房地产物业如公寓、超市、商业中心、写字楼、工业地产、酒店等，均有相应的REITs与之相对应。为降低其投资风险，多数国家都对REITs投资未开发完成的房地产或者参与房地产开发建设进行了一定的限制。

第三节　房地产投资信托基金的发展

尽管房地产开发企业的融资需求以及投资者对较低风险结构投资产品的投资需求，使得REITs在中国的发展具有了内部驱动力，而中国房地产业的发展趋势和REITs在成熟市场上的发展经验为REITs在中国的发展创造了良好的外部条件，但是REITs要想在中国获得全面发展，尚面临着一系列障碍需要破除。

一、REITs在中国的发展之路

在中国，极具本土特色的“中国式REITs”已开始尝试。《2007年中国金融市场发展报告》中提出，要加快金融创新，择机推出房地产投资信托基金（REITs）产品。2008年12月4日，国务院出台了“金融国九条”，提出要创新融资方式以拓宽企业融资渠道，在创新融资方式中提到推出房地产投资信托基金。2008年12月8日，“金融30条”中房地产投资信托基金被再次提及，业内人士纷纷预测呼唤了多年的REITs已经破壳在即。2009年1月6日，央行已经形成房地产投资信托基金（REITs）初步试点总体构架，上海或天津或先试行。2009年1月22日，上海金融办表示，上海市政府已经对推出REITs进行了具体部署，该项目由浦东新区政府牵头，相关工作已基本到位，推出时间待定。2009年7月29日，《房地产集合投资信托业务试点管理办法》出台，央行银监会版REITs方案明确指出，房地产投资信托业务由银监会和央行监督管理，虽然尚未确定具体施行时间，但作为基于银行间市场的交易信托，REITs产品的主体上市、交易以及具体投资方案已成形。2009年8月，一个由央行牵头，发改委、财政部、银监会、证监会、保监会等11部委参与的协调小组分赴上海和天津，考察当地REITs产品的开发进展情况。2010年2月9日，由中国人民银行起草的《银行间债券市场房地产信托受益券发行管理办法》被发放到相关机构和人士手中征求意见，REITs的推出只差临门一脚。2010年5月，中国人民银行已将《银行间债券市场房地产信托受益券发行管理办法》及各地试点项目的基本情况上报国务院，国务院要求央行在当前市场形势下，就REITs试点能否以及怎样支持保障性住房建设补充材料。浦东新区金融服务局书面答复央行，承诺浦东新区将把REITs试点募集的资金主要用于保障性住房建设。2011年1月12日浦东新区政府报告中指出，浦东REITs试点方案待国务院审批。2014年，中国人民银行发布的《关于进一步做好住房金融服务工作的通知》中提到积极稳妥开展房地产投资信托基金试点。此后，国家大力支持REITs发展，2017年7月，住建部、发改委、财政部等九部委联合发布《关于在人口净流入的大中城市加快发展住房租赁市场的通知》中，又提到鼓励以REITs等产品作为多种方式和渠道拓宽租赁住房来源。同时，证监会也正在加紧研究制定REITs立法相关的政策法规。根据中国资产证券化分析网数据统计，自2014年4月国内首单私募REITs产品发行以来，截至2017年11月20日，已有26单私募REITs在上海、深圳证券交易所以及机构间私募产品报价与服务系统上市，规模总计60 669亿元。

从试点模式来看，目前国内有“银监会版REITs”和“证监会版REITs”两种方案，分别由央行和证监会牵头。“银监会版REITs”方案为偏债券型，委托方为房地产企业，受托方为信托公司，通过信托公司在银行间市场发行房地产信托受益凭证，主要参与者是机构投资者。受益凭证为固定收益产品，在收益权到期的时候，委托人或者第三方应该按照合同的要求收购受益凭证。作为结构性产品，受益凭证可以按照资产证券化的原理，通过受益权分层安排，满足风险偏好不同的委托人与受益人。而“证监会版REITs”则是以股权类产品的方式组建房地产投资信托基金，将物业所有权转移到REITs名下并分割出让，房地产公司与公众投资者一样通过持有REITs份额间接拥有物业所有权，REITs在交易所公开交易并且机构投资者和个人投资者均可参与。

知识拓展11-1

受益权分层

“银监会版REITs”和“证监会版REITs”两种方案代表了REITs在中国可能的两个发展方向。从目前的国内状况来看，债权型REITs由于受到政策及体制的限制较少，将会先于股权型REITs推出。而从国际经验来看，虽然股权型REITs目前遇到政策和体制（尤其是税收方面）的限制，但它更能代表未来的发展方向。

2017年发布的《中国不动产投资信托基金市场规模研究》中，通过采用比较研究的方法，分析美国、新加坡、中国香港等REITs市场的绝对和相对规模，根据两类可比指标和一些合理假设认为，中国标准化的公募REITs市场潜在规模应在4万亿~12万亿元。考虑到中国基础设施建设的巨大需求和城市化人口的增长，这被认为是一个相对保守的估计，未来中国公募REITs市场包括REITs上下游的产业链市场将会是巨大的规模和体量。

二、REITs在中国发展的障碍

尽管国内对发展REITs做了大量的本土化尝试，但许多障碍至今还未得到排除，这直接影响了REITs在国内的推行。

（一）金融业的市场化程度低

从美国及亚洲国家和地区REITs的发展状况来看，REITs的实施必须建立在成熟完善的金融市场之上。近几十年以来，中国金融业进行不断改革，市场化程度在逐步提高。但不可否认的是，中国金融业的发展程度还处在以商业银行为主体的传统金融体系向以资本市场为中心的现代金融体系的演进过程中，尚未构建起完善的房地产资本市场体系，金融业的发展程度也构成了REITs发展的制约因素之一。因此，应进一步深化金融体制改革，推动其市场化进程，从而为REITs的顺利实施创造条件。

（二）法律环境不完善

在中国现行的法律制度中，《信托法》、《公司法》和《证券法》与REITs的设立密切相关，但目前这些法律的一些条款已经不能适应REITs的发展需要。《信托法》回避了信托财产的权属归属问题，这会导致受益人的权益难以得到充分的保护，从而降低了投资者的信心。信托受益凭证目前是否属于法律认可的有价证券，《信托法》和《证券法》均没有对此作出明确界定。在信托统一交易平台缺失的环境下，作为受托人的信托机构能否在证券市场发行信托受益凭证便成为一个难以回答的法律问题。目前的实际情况是信托受益凭证无法在证券市场这个具有高流通性的平台上交易转让，而且由于受益凭证不被列入证券范围，也使得投资者无法依据《证券法》中的信息披露制度来了解信托资产的经营情况和保护自身利益。《公司法》强调“法定资本金制度①”和“资本不变原则②”，这与REITs产品应具有良好的流动性相矛盾，也就意味着在中国开展公司型REITs时，投资者的购买和撤回是有限制的，投资者所购买的REITs只能在二级市场进行交易，而不能要求公司赎回，公司也不能随时增发。此外，REITs的法律载体，是采取公司、合伙、信托还是其他形式，REITs的专项管理制度如投资资格的审定、投资方向的限制、投资与分红比例的确认等，目前尚是法规空白，行业分业监管更加剧了这一问题。上述问题导致支持REITs设立的法律环境不完善，最终必影响到REITs的设立。

知识拓展11-2

信托受益凭证

（三）双重征税问题有待解决

前已述及，美国的REITs之所以能得到迅猛发展，主要得益于税收优惠，避免了双重征税问题，提高了房地产投资回报率。在免除了企业所得税的情况下，REITs的收益回报率达到8.4%。在中国现有税收制度框架之下，国际上通行的7%~8%的REITs收益率水平难以得到满足。按现行税制，租金收入需缴纳12%的房产税，然后还要缴纳25%的企业所得税，最终剩下的只占租金收入的60%~70%，收入分红后还要缴纳个人所得税，由此形成双重征税。如果REITs要求的投资回报率是7%~8%，难度可想而知。另外，国际上REITs的分红比例一般超过90%，这也就意味着，在相关税收政策没有出台之前，REITs很难得到规模化的发展。

---

① 所谓法定资本金，是指国家规定的开办企业必须筹集的最低资本金数额，或者说是企业设立时必须具备的最低限额的本钱，否则企业不得批准成立。

② 资本不变原则是指除依法定程序外，股份有限公司或有限责任公司的资本总额不得变动。它强调非经修改公司章程不得变动公司资本，是静态的维护。

（四）符合REITs产品投资要求的基础资产有待发展

REITs作为一种稳健的投资产品，有其恪守的投资原则，即一般不做开发，不投资尚未成熟的物业。不管其投资的是零售商业、工业仓储、办公楼还是公寓，都必须满足成熟核心资产的要求，即要求有稳定的现金流、成长性及流动性，这直接限定了REITs的投资方向。单一的物业形态，比如单一的商场、酒店更能获得投资人的认可，也符合REITs的投资方向，但国内正缺乏这种类型的商业物业。目前，国内物业形态复杂，很多物业产权不完整，尤其是二、三线城市的商业地产，往往租售并举，开发商只是持有一栋楼的部分物业，其余部分销售，因而无法拥有一栋楼的完整产权。

目前，京、津、沪、粤等地区的REITs试点将主要投向保障性住房建设。自2010年以来建成3 600万套保障性住房的宏伟目标被提了出来，这就需要数万亿元的资金投入。如此巨大的财政投入，各地政府完成计划的能力有限，因此引入REITs方式吸引社会资本参与保障性住房的建设便成为政府的考虑之一。保障性住房这类资产是否符合REITs核心资产的要求，还有待研究。实际上，究其本质来说，REITs产品更多意义上只是一种金融产品，既然市场需要就应建立通畅渠道适时推出，而不应与房地产宏观调控有必然联系。

中国的REITs虽然起步较晚，发展过程中又面临着许多困难需要克服，但巨大的市场需求为REITs在中国的发展提供了内在动力和机遇，美国及亚洲国家和地区先行的实践活动为REITs在中国的发展提供了足以借鉴的经验。因此，我们应当立足国情，借鉴国外先进的发展经验，从推进金融体制改革、完善税收制度改革、加强REITs相关立法等方面入手，逐步规范和完善REITs的市场交易规则，最终探索出具有中国特色的REITs形式，促进房地产金融市场的发展。

□ 本章小结

★房地产投资信托基金（REITs）是一种以发行受益凭证或股票的方式汇集特定多数投资者的资金，由专门的投资机构进行房地产投资经营管理，并将投资综合收益按比例分配给投资者的信托基金。REITs的基本结构包含投资人（基金受益人）、基金经理人（基金管理公司）、基金托管人（基金保管公司）、基金代理人（承销公司）以及投资顾问。

★一个典型的REITs通常具有税收优惠、收益稳定、流动性强、管理专业化、有效分散投资风险等特征，与其他投资基金相比，REITs还具有投资目标清晰、分配结构独特以及信托财产多样等特征。

★按照不同的划分标准，可以将房地产投资信托基金划分为多种类型。按照投资策略可分为权益型、抵押型和混合型；按照组织结构可分为契约型和公司型；按照投资人能否赎回可分为开放型和封闭型。

★房地产开发企业的融资需求以及投资者对较低风险结构投资产品的投资需

求，使得REITs在中国的发展具有了内部驱动力，而中国房地产业的发展趋势和REITs在成熟市场上的发展经验为REITs在中国的发展创造了良好的外部条件，但是REITs要想在中国获得全面发展，尚面临着金融业的市场化程度低、法律环境不完善以及双重征税问题等一系列障碍需要破除。

★中国引入并发展REITs有着非常重要的作用。它不仅仅是一个简单的金融产品创新，更是一种采用市场化方式的信用体制创新。这种体制的创新，不仅会对微观金融实体产生巨大影响，也会推动整个宏观金融制度的布局发生一场变革。这场变革的精髓，就是建立起一种全民共享经济和市场繁荣、分享房地产市场发展和增值收益的有效市场化机制。

□ 综合练习

一、本章基本概念

房地产投资信托基金；权益型REITs、抵押型REITs和混合型REITs；契约型REITs和公司型REITs；开放型REITs和封闭型REITs

二、本章思考题

1.房地产投资信托基金的基本运作模式是怎样的？特征是什么？

2.房地产投资信托基金的类型有哪几种？

3.将美国和亚洲的房地产投资信托基金进行比较。

4.讨论中国的房地产投资信托基金发展之路。

本章思考题答案要点

推荐阅读资料

第十二章

住房抵押贷款证券化

□ **思政引导**

通过本章教学，应引导学生了解如下知识：

1. 住房抵押贷款证券化对中国住房金融资金良性循环的作用；

2. 中外住房抵押贷款证券化的异同点；

3. 防范住房抵押贷款证券化风险对金融市场稳定的重要意义。

□ **学习目标**

通过对本章的学习，学生应了解或掌握如下内容：

1. 资产证券化的概念与分类；

2. 住房抵押贷款证券化的概念、特征及意义；

3. 住房抵押贷款证券化的运作模式、运作流程、参与主体以及运作工具；

4. 住房抵押贷款证券化的主要风险及其防范。

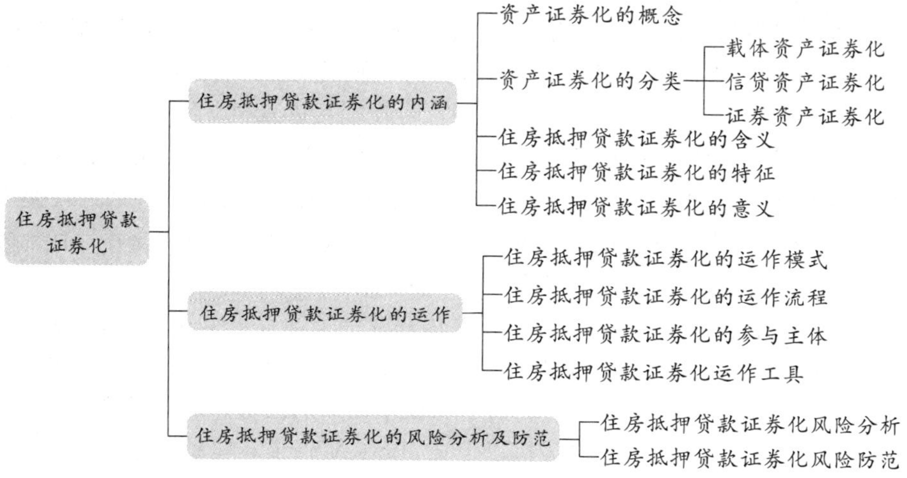

导 言

诺贝尔经济学奖获得者墨顿·米勒认为，20世纪最伟大的金融创新是金融期权理论和信贷资产证券化。华尔街权威金融家亨利·考夫曼也认为，信贷资产证券化很可能是现代金融中影响最为深远的金融创新产品，它改变了金融市场的性质以及市场行为的特点，堪称造就了当代金融史上最有影响力和最有前途的变革。资产证券化作为推进供给侧结构性改革，推动经济结构优化，提升经济发展质量的重要业务，近年来在国内取得了较大的发展。作为一种主要的资产证券化产品，住房抵押贷款证券化有助于促进中国住房金融资金的良性循环，有助于深化金融市场、推动金融创新并完善"金融基础设施"。目前，国内金融界已经从理论上对住房抵押贷款证券化进行了较为深入的研究，但在实际操作方面也才刚刚进入尝试阶段。

第一节 住房抵押贷款证券化的内涵

最早出现的证券化产品是基于银行的住房抵押贷款而产生的，产生于20世纪60年代的美国。1968年，美国的政府国民抵押协会首次发行了以抵押贷款组合为基础资产的抵押支持证券——房贷转付证券，完成了首笔资产证券化交易，资产证券化便逐渐成为一种被广泛采用的金融创新工具而得到了迅猛发展。因此，要了解住房抵押贷款证券化的内涵，首先要了解资产证券化的相关内容。

一、资产证券化的概念

关于资产证券化，其实很难下一个全面、准确的定义。1977年，美国投资银行家Lewis Ranier首次使用"资产证券化"（asset securitization）这个词。在学术界，普遍接受的定义来自被称为"证券化之父"的美国耶鲁大学法博齐教授，他认为："资产证券化可以被广泛地定义为一个过程，通过这个过程，将具有共同特征的贷款、消费者分期付款合同、租约、应收账款和其他不流动的资产包装成为可以市场化的、具有投资特征的带息证券。"美国证券交易委员会则对资产证券化定义如下："资产证券化是指主要由现金流支持的，这个现金流是由一组应收账款或其他金融资产构成的资产池提供的，并通过条款确保资产在一个限定的时间内转换成现金及拥有必要的权力，这种证券也可以是由那些能够通过服务条款或者具有合适的分配程序给证券持有人提供收入的资产支持的证券。"

综合以上的定义，我们发现资产证券化有两个关键要素，其一是未来现金流，其二是证券化的形式。前者是未来还款的保证，是证券定价、发行、交易的基础，也就是资产证券化产品价值的基础；后者保证了产品的流动性，因而成为市场化融资的重要手段。资产证券化的含义可以定义如下：资产证券化是指将未来能够产生现金流但缺乏流动性的资产，转换为在金融市场上可以自由买卖的证券的行为，是通过在资本市场和货币市场发行证券筹资的一种直接融资方式。

资产证券化的典型过程就是发起人将自己拥有的资产（比如长期贷款、基础设施收费权、应收账款、租约和其他不流动的资产等）以“真实出售”的方式出售给特殊目的载体（special purpose vehicle，SPV），SPV则依靠购得的资产组成资产池，以资产池预期产生的现金流为基础，通过一定的结构安排，对资产中的风险与收益要素进行分离与重组，然后发行证券，并以未来的现金流来偿付证券本息。截至2019年9月30日，我国资产证券化市场已累计发行项目3 550只，累计发行规模约7万亿元。

知识拓展12-1

SPV

二、资产证券化的分类

目前，国内对资产证券化的分类标准多种多样，由此产生了多种资产证券化类型。广义的资产证券化是指某一资产或资产组合采取证券资产这一价值形态的资产运营方式，它包括以下4类：

第一类，载体资产证券化，即载体资产向证券资产的转换，是以实物资产和无形资产为基础发行证券并上市的过程。

第二类，信贷资产证券化，即将一组流动性较差的信贷资产，如银行的贷款、企业的应收账款，经过重组形成资产池，使这组资产所产生的现金流收益比较稳定并且预计今后仍将稳定，再配以相应的信用担保，在此基础上把这组资产所产生的未来现金流的收益权转变为可以在金融市场上流动、信用等级较高的债券型证券进行发行的过程。

第三类，证券资产证券化，即证券资产的再证券化过程，就是将证券或证券组合作为基础资产，再以其产生的现金流或与现金流相关的变量为基础发行证券。

第四类，现金资产证券化，是指现金的持有者通过投资将现金转化成证券的过程。

狭义的资产证券化是指信贷资产证券化。按照被证券化资产种类的不同，信贷资产证券化可分为住房抵押贷款支持的证券化（MBS）和资产支持的证券化（asset-backed securitization，ABS）。二者的区别在于，后者的基础资产是非住房抵押贷款，主要包括银行的商业贷款和企业之间的应收款，具体包括银行商业贷款、汽车贷款、信用卡贷款、贸易应收款、租赁应收款、学生贷款等；而前者的基础资产是住房抵押贷款。在美国，人们习惯于将非住房抵押贷款证券化称为资产证券化（ABS），以区别于住房抵押贷款证券化（MBS）。

三、住房抵押贷款证券化的含义

住房抵押贷款证券化（MBS），是指住房抵押贷款的发放机构（主要是商业银行、储蓄机构）将其持有的质量、偿还期限相同或相近的住房抵押贷款汇集成抵押贷款资产池（mortgage pool），并将其出售给特殊目的载体（SPV），由该载体以这些住房抵押贷款为支撑发行证券。这里所说的“支撑”，是指SPV用这些住房抵押贷款作为担保发行证券，并用发行证券所筹集到的资金来支付住房抵押贷款的购买价款。可以说，住房抵押贷款证券化就是将缺乏流动性的住房抵押贷款转换成流动性较强的证券的过程，这是住房抵押贷款证券化的本质特征。其中，根据抵押贷款的住房性质不同，MBS又可分为居民住房抵押贷款支持证券（RMBS）和商用抵押贷款支持证券（CMBS）。2021年我国全年新增发行个人住房抵押贷款支持证券MBS 4 993亿元，同比增长23%，占当年全国信贷ABS发行量的57%。

作为房地产领域资产证券化的一种形式，住房抵押贷款证券化是一种在资本市场上以住房抵押贷款为支撑发行证券进行融资的过程和技术，它的大规模发展是在20世纪70年代后期。在这个阶段，美国利率开始大幅上升，一方面，使得实行短存长贷、浮动利率存款、固定利率贷款的银行和储蓄贷款机构面临着日益严重的资产负债不匹配问题，存款利率反而高于贷款利率；另一方面，一些新兴的货币市场工具以较高的利率将资金从银行存款账户上吸收过来，使得银行周转困难，于是便出现了专门向银行收购住房抵押贷款的金融机构。如此一来，银行出售期限较长的住房贷款，既改善了资产负债结构，又获得了急需的流动性；而金融机构购买了住房贷款后，即转售给政府信用机构或者以贷款为支撑发行债券，住房抵押贷款支持证券便诞生了。

四、住房抵押贷款证券化的特征

与传统的房地产金融业务相比，住房抵押贷款证券化是房地产金融业务的一项创新，具有以下特征：

（一）实现了传统的金融机构中介信用和市场信用的结合

以商业银行为代表的传统金融机构，存贷活动是其主要业务范围，金融机构在其中发挥的主要是金融中介的作用，并逐步形成了金融机构与借款人之间的信用关系。而住房抵押贷款证券化赖以存在的证券化基础资产是商业银行等金融机构发放的住房抵押贷款，必然以金融机构与借款人已存在的信用为基础。在住房抵押贷款证券化的过程中，金融机构利用市场信用，将那些贷款期限较长、流动性较差的抵押贷款转化为证券市场上可以流通的证券。这样，可大大缓解金融机构传统业务中存在的“短存长贷”的矛盾。

（二）采取了“破产隔离”技术

破产隔离也称“破产豁免”或“远离破产”，是指在资产证券化中将基础资产的风险和其他资产（资产所有人的其他资产）的风险实现隔离，实现的手段就是“真实出售”，即将需要证券化的住房抵押贷款（基础资产）“出售”给一家具有破产隔离功能的特殊目的载体。破产隔离是资产证券化的核心，是资产证券化交易所特有的技术，也是区别于其他融资方式的一个非常重要的方面。在股票、债券等融资方式中，由于基础资产不是从企业的整体资产中“剥离”出来并真实出售给SPV，而是与企业的其他资产“混”在一起的，因此，如果该企业经营效益不好或破产，这些风险将直接影响到股票、债券持有人的收益，甚至会使其血本无归。换句话说，凭证持有人的风险和收益是与某个企业整体的运作风险联系在一起的。而住房抵押贷款证券化则不同，由于它已经将证券化的基础资产“真实出售”给特殊目的载体，出售后该资产就与发起人、SPV及SPV母公司的其他资产相“隔离”，即证券化的资产不作为这些主体的破产财产用于偿还破产主体的债务，这好像是在卖方与证券发行人和投资者之间构筑一道坚实的“防火墙”一样。而住房抵押贷款证券化投资者的收益也只与作为证券化基础资产的特定资产的信用有关，与非证券化资产及企业的整体信用无关，即投资者收益的高低只受到基础资产现存和预期现金流量的影响。

（三）采用了复杂的“信用增级”技术

所谓“信用增级”，是指住房抵押贷款证券化中的发行人为了吸引更多的投资者，改善发行条件，通过自身或第三方来提高抵押贷款支持证券信用等级的行为。事实上，信用增级并不是房地产融资中的新概念，传统房地产融资中所采用的担保、抵押等都是原始的信用增级形式。只不过与传统融资中所采用的信用增级方式相比，住房抵押贷款证券化采用的信用增级方式更为复杂与多样，大都采用内部信用增级和外部信用增级相结合的方式。内部信用增级主要包括超额抵押、优先/次级结构等，外部信用增级主要由独立于发起人的第三方提供担保等。

五、住房抵押贷款证券化的意义

伴随着个人住房抵押贷款规模的不断扩大，商业银行的信贷风险逐步显现，住房抵押贷款证券化已成必然趋势，正成为中国商业银行的现实选择和必由之路。

（一）增强了商业银行资产的流动性

商业银行资产的流动性是指商业银行在资产不蒙受损失的情况下迅速变现的能力。商业银行在业务经营中，常常由于流动性不足而产生经营风险。住房抵押贷款证券化有利于解决这个问题，它使商业银行在没有损失甚至盈利的情况下缩短了贷款平均期限，增强了资产的流动性，提高了商业银行应付突发危机的能力。提高流动性是中国银行业开展资产证券化的主要动因，在中国银行业资本充足率普遍不足的情况下，资产的流动性就显得尤为重要。

（二）解决了银行资产和负债不匹配的问题

根据银行长期进行资产负债管理得出的经验，短期资产应跟短期负债匹配，长期资产应跟长期负债匹配。但是，现阶段中国商业银行的负债绝大部分是短期负债（活期存款和一年期存款），而住房抵押贷款却是时间可长达30年的长期贷款，这种“短存长贷”的矛盾导致了银行资产负债不匹配的问题。住房抵押贷款证券化使得长期的住房抵押贷款短期化，使商业银行的资产和负债不匹配的问题迎刃而解。

（三）提高了商业银行的资本充足率

知识拓展12-2

《巴塞尔协议》

根据《巴塞尔协议》，资本充足率是以资本对风险资产之比来衡量的，该比率不应低于8%。一个银行的资本充足与否是表明银行经营管理是否健康和可靠的重要标志。近年来，世界银行业难题中一个最为棘手的问题就是如何筹集并保持充足的资本，中国银行业也不例外。若住房抵押贷款证券化，商业银行则有可能把大量的表内资产转化为表外资产，而表外资产所需的资本金要大大少于表内资产，这样就可提高商业银行的资本充足率，增强中国银行业抵御风险的能力。

（四）促进了房地产业的发展

中国的房地产业处于持续发展阶段，但相对于人们的需求来说，房地产市场还是处于初级发展阶段，除了居民收入低这个因素之外，另一个重要的原因是取得银行贷款难。虽然中国人民银行将住房贷款与房价款比例从70%提高到80%，并把个人住房贷款最长期限延长到30年，但还是没有解决贷款来源的问题，致使商业银行办事打折扣，缩短贷款期限、减少按揭成数，进而使得中国住房抵押市场发展不良，制约了房地产业的发展。若住房抵押贷款证券化，商业银行就有充足的资金来发放贷款，圆居民的住房梦。

（五）丰富了金融投资品种

中国金融市场与发达国家相比还不是很成熟。随着利率的连续下调，几个单调的金融品种已不能满足投资者的需求，致使大量的资金闲置，住房抵押贷款证券化的出现可谓正当其时。它使众多投资者都能够间接地参与信贷市场，不但拓宽了投资渠道，还分散了信用风险。

第二节　住房抵押贷款证券化的运作

本节主要介绍住房抵押贷款证券化的运作模式、运作流程、运作主体以及运作工具等。住房抵押贷款证券化是把能够产生稳定现金流的住房抵押贷款出售给一个独立的载体——特殊目的载体，由该载体以这些住房抵押贷款为支撑发行证券。由于特殊目的载体的独立性不同，因而产生了不同的运作模式；而运作流程复杂、运作主体多样、运作工具不断得以创新，使得住房抵押贷款证券化表现出了独有的特殊性。

一、住房抵押贷款证券化的运作模式

从各国住房抵押贷款证券化的实践来看，总体上可归纳为3种运作模式，即表外模式、表内模式和准表外模式。这里所说的“表”，是指住房抵押贷款证券化发起人的资产负债表。

（一）表外模式

表外模式起源于美国，后陆续被其他国家和地区引进、利用。在这种模式下，发起人把其拥有的住房抵押贷款资产“真实出售”给专门为实施证券化而设立的特殊目的载体，由其将它们重新组合建立资产池，以资产池为支撑发行证券。实现“真实出售”和“破产隔离”是表外模式的关键，可以说表外模式是完全意义上的住房抵押贷款证券化。但就总体而言，除美国以外，其他国家和地区的表外证券化发展比较缓慢，这主要是因为发放贷款的银行出售抵押贷款资产的积极性不够高，政府提供信用担保的力度不强，相关法律法规欠缺等。随着这些条件的逐渐改善，表外模式将会在全球范围内继续发展。

（二）表内模式

在欧洲，住房抵押贷款证券化的发展以表内模式为主导。在这种模式下，发起人不需要将抵押贷款资产出售，资产仍保留在发起人的资产负债表上，风险没有转移，因此此模式并不存在真正意义的特殊目的载体，发起人本身承担了发行人的职责；另外，在发起人破产时抵押贷款资产池内的资产也属于破产资产，即表内模式不能实现“破产隔离”。当然，有些国家通过法律安排，可以使得在发起人破产的情况下资产池优先偿付住房抵押贷款证券化证券持有人。表内模式的最大优势在于不会遇到太大的法律障碍，其实质是发起人以住房抵押贷款为担保，在资本市场发行证券进行融资的行为。

（三）准表外模式

准表外模式在澳大利亚取得了极大的成功，目前该国绝大部分的住房抵押贷款证券化都采取该模式。在该模式下，发起人成立全资或控股子公司作为证券化经营公司，然后把抵押贷款资产真实出售给这个子公司，同时子公司不但购买母公司的抵押贷款资产，还可以购买其他机构的抵押贷款资产，然后子公司将购买来的这些抵押贷款资产组成资产池并以此为支撑发行证券。由于子公司的利润要上缴给母公司且报表都要并入母公司的资产负债表，因此子公司的资产最终要体现在母公司的资产负债表上，但是由于母公司将资产真实出售给子公司，进入子公司的资产负债表可以实现“破产隔离”，所以这种模式的实质是发起人主导的准外证券化。

关于中国住房抵押贷款证券化的模式，国内学者围绕中国应该采取美国模式还是欧洲模式进行了长期的论证。《信贷资产证券化试点管理办法》第二条规定：资产证券化是指以银行业金融机构作为发起机构，将信贷资产信托给受托机构，由受托机构以资产支持证券的形式向投资机构发行受益证券，以该财产所产生的现金支付资产支持证券收益的结构性融资活动。另外，中国还没有SPV方面的专门立法，但《金融机构信贷资产证券化试点监督管理办法》对SPV的市场准入作出了严格的规定，例如其规定：信托受托机构应当根据国家有关规定完成重新登记三年以上；

注册资本不低于五亿元人民币，并且最近三年年末的净资产不低于五亿元人民币。另外还规定：资产支持证券由特定目的信托受托机构发行，特定目的信托受托机构由依法设立的信托投资公司或银监会批准的其他机构担任。这意味着，表外模式是适合中国国情的住房抵押贷款证券化模式，特殊目的载体将是信托投资公司，但也不排除其他形式。中国从一开始就选用表外模式，推行真正意义上的住房抵押贷款证券化。

二、住房抵押贷款证券化的运作流程

完成一次住房抵押贷款证券化交易的首要任务是发起人选择适宜的住房抵押贷款作为证券化的基础资产，同时需要组建特殊目的载体（SPV）作为发行人。为了减少融资成本，SPV一般会聘请信用评级机构对证券进行信用评级。在此之前，SPV通常需要对所发行的证券进行信用增级。在证券发行之后，还需要一些机构负责收取资产的收益，并把这些收益支付给投资者。具体完成一次住房抵押贷款证券化交易所需要的流程如图12-1所示。

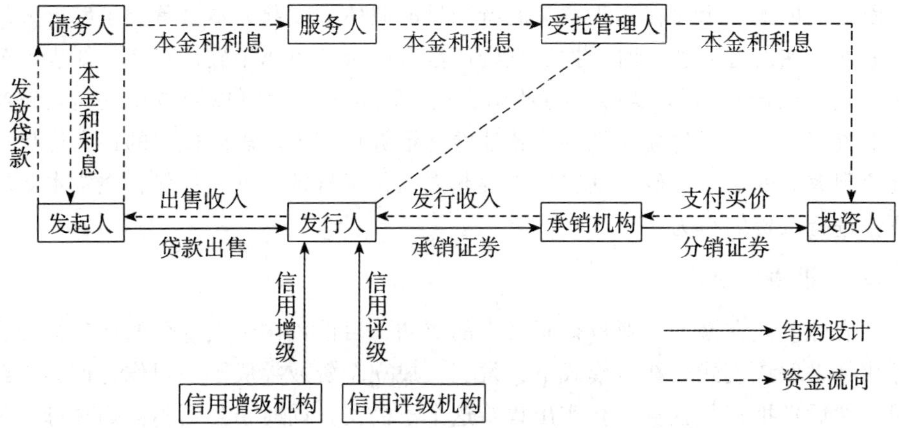

图12-1 住房抵押贷款证券化交易运作流程图

（一）选择住房抵押贷款证券化的基础资产

并非发起人所有的住房抵押贷款都适宜证券化。一般来说，只有满足下列条件的资产才适合成为证券化的基础资产：

第一，资产未来产生稳定的、可预测的现金流收入，这是住房抵押贷款证券化的核心特征；

第二，商业银行持有该资产已有一段时间，且信用表现记录良好，违约率和损失率低；

第三，具有标准化的合约文件，即资产具有很高的同质性；

第四，抵押物的变现价值较高；

第五，地域和人口统计分布广泛，使得违约风险分散化；

第六，资产池中的资产应达到一定规模，从而实现证券化交易的规模经济；

第七，资产本息偿付分摊于整个资产的持续期间，资产的相关数据容易获得。

因此，同质性低、信用质量较差且很难获得相关统计数据的资产不宜用于证券化交易。

（二）设立特殊目的载体（SPV），发起人“真实出售”基础资产

设立SPV的目的就是最大限度地降低证券化相关方的破产风险对证券化的影响，即需要对证券化资产进行“风险隔离”。为了达到风险隔离的目的，SPV要被设计为没有破产风险的独立载体。威胁SPV的破产风险主要来自两个方面：一是发起人的破产，二是SPV自身的破产。规避发起人破产风险的手段是发起人将欲证券化的基础资产“真实出售”给SPV，使该资产不再受发起人其他债权人的追索；而规避SPV自身的破产风险可以通过SPV的结构设计来实现：

1.业务限制

SPV不能用来从事住房抵押贷款证券化交易以外的任何经营业务和投融资活动。

2.保持分立性

SPV虽然只是一个壳公司，自身没有场地和员工，业务与发起人、服务人、受托人的业务交织，但在法律和财务上必须保持严格的分立性要求：独立的财务记录和财务报表，不能和其他机构或个人联合；资产产权要明晰；以自己单独的名义从事业务；不同其他分支机构发生关联交易；不对任何其他机构提供担保或为其承担债务，不用自己的资产或原始权益人的资产为其他机构提供抵押；不与他方合并或转让原始权益。

3.设立独立董事

为了防止SPV自动提出破产申请，章程一般也会要求SPV在董事会中设置独立董事；同时，章程还规定，提出自愿破产申请必须经董事会的全体成员一致同意。这样，因为独立董事不受发起人影响，当他们认为SPV的破产将不利于公司利益时，就不会投赞成票，这样董事会就无法通过破产申请的决议。

4.其他禁止性要求

SPV不能豁免或减轻任何当事人在合约中规定的义务；在未征得有关当事人同意的情况下，不能修改合同和章程；除了根据住房抵押贷款证券化交易规定、在指定银行开立的账户外，不能开设其他银行账户；不应设立证券化交易规定以外的附属机构；不能自聘任何工作人员；所有开支必须符合证券化交易的规定。

（三）进行信用增级

为了吸引更多的投资者，改善发行条件，SPV必须提高资产支撑证券的信用等级，即需要进行“信用增级”。信用增级是指SPV为了确保发行人按时支付投资者本息而采用的各种有效手段，是住房抵押贷款证券化交易成功的关键所在。通常，信用增级主要采用内部信用增级和外部信用增级两种形式。

内部信用增级一般由发起人实施，其主要方式包括提供直接追索权、设计优

先/次级结构和提供超额担保等。直接追索权是指发起人承诺在抵押贷款的借款人未能按期偿付应付的本金和利息时，证券持有者可预期从发起人处获得证券本息支付的权利。直接追索权分为完全追索权和部分追索权，其中部分追索权较常见。优先/次级结构将所发行的证券分为A、B两类，A类属于优先证券，其持有者对基础资产的现金流拥有第一优先权，B类属于次级证券，其持有者只有在A类持有者被支付后方能获得支付。优先/次级结构的实质是将本应支付给次级证券持有者的本息作为支付优先证券持有者本息的保证。超额担保是被证券化的资产实际价值高于证券的发行额，即发行人在向原始权益人购买证券化资产时不支付全部价款，而是按一定比例的折扣支付给原始权益人，在发生损失时，首先以超额部分的剩余资产予以补偿。超额担保主要应用于发生负债而不是资产出售的证券化证券。如果在证券偿还期间，担保资产的价值下降到预先设定的某一金额以下，发行人就必须增加担保资产。

外部信用增级由独立于发起人的第三方实施，即由第三方对住房抵押贷款证券化基础资产提供的信用支撑。外部信用增级的主要形式有：

（1）担保或保证（collateralization或guarantee），即信用水平较高的企业、公司或政府机构对住房抵押贷款证券化证券提供违约或及时偿付等信用担保或保证。

（2）信用证（letter of credit）。这是由金融机构提供的一种外部信用增级形式，意指金融机构对住房抵押贷款证券化证券可能发生的一定量损失的补偿，或对暂时性的流动性短缺提供书面的支付承诺，其承诺支付的最高额度是相应的信用增级所必要的支出数量。

（3）现金担保账户（cash collateral account，CCA）。这是一种由现金账户提供的外部信用增级方式，由SPV向金融机构或财务实力强大的载体机构私募而成。账户现金可以投资于最高信用等级的短期商业票据。该账户也旨在抵补资产证券化证券可能发生的损失或暂时性的流动性短缺。

（4）互换（swap），包括信用违约互换、总收益互换、信用联结债券，此种形式旨在通过互换现金流及其货币种类的方式达到支持资产证券化基础资产池的信用的目的。

（四）实施信用评级

抵押支持证券的信用评级为投资者提供了进行证券投资选择的依据。在进行信用增级后，发行人要聘请评级机构对将要发行的住房抵押贷款证券进行评级，然后将评级的结果向社会公布。信用评级机构通过审查各种合同和文件的合法性及有效性，给出评级结果。信用等级越高，表明证券的风险越低，从而使发行证券筹集资金的成本越低。信用评级后，评级机构还要进行跟踪监督，并随时根据住房抵押贷款资产信用质量的变化，对已评定的住房抵押贷款支持证券的级别进行升降调整。评级较好地保证了证券的安全度和投资者的利益，这是使住房抵押贷款证券化具有吸引力的一个重要因素。

（五）发行证券

完成了信用增级和获得较好的信用评级之后，SPV将选定证券承销机构协助其发行证券。证券发行完毕后，SPV向发起人支付资产的购买价格，发起人实现融资目的。值得一提的是，在西方国家的资产证券化市场上，投资主体主要是机构投资者，包括保险公司、养老基金、共同基金等。机构投资者成为资产证券化市场的主要参与者，是住房抵押贷款证券化市场发展的客观需要。以机构投资者作为需求主体，不仅能降低证券的发行成本，而且由于其在资金运用上具有长期性，有助于住房抵押贷款证券化市场的长期稳定及证券化产品期限结构的合理化。

住房抵押贷款支持证券有三类：债券、优先股和受益凭证。如果SPV被构建成公司，一般会发行债券或者优先股，而信托类的SPV则发行债券或者受益凭证。如果SPV发行债券，则这种资产支持证券被称为转付债券。如果是受益凭证，则被称为过手证券。相对于那些在同样资产上设置担保权益的人来说，这些证券持有人由于有资产支撑，并采用了风险隔离机制，他们获得清偿的机会更大，所以住房抵押贷款支持证券的信用级别较高，甚至高于发起人自身的信用等级。当证券出售后，承销商将发行款项划归发行人SPV，发行人再按照约定向承销商支付发行费用。

（六）进行资产池管理

SPV作为发行人要以资产池所产生的收益，偿还投资者所购买的住房抵押贷款证券本息，因此对资产池进行有效管理十分重要。通常，SPV要聘请专门的服务商（人）负责管理资产池。服务商（人）的主要职责包括：收取债务人定期偿还的本息，将收集的现金存入SPV在托管人处设立的特定账户，对债务人履行债权债务协议的情况进行监督，管理相关的税务和保险事宜，在债务人违约的情况下实施有关补救措施。服务商（人）一般由商业银行担任，这是因为商业银行已经熟悉基础资产的情况。当然，SPV也可以委托第三方充当资产管理服务商。

（七）清偿证券

按照证券发行说明书的约定，在证券偿付日，SPV委托托管人按时、足额地向投资者偿付本息。抵押支持证券的种类不同，本金和利息的支付也就存在一定的差别。一般而言，利息是需要定期支付的，而本金的支付顺序则取决于抵押支持证券确定的偿还顺序。当证券本息全部偿付完毕以后，如果资产池产生的现金流还有剩余，那么这些剩余的现金将交还SPV，按照约定的比例和分配方法在各机构之间分配。这样，一个资产证券化过程就结束了。

三、住房抵押贷款证券化的参与主体

上述MBS运作流程是一个复杂的系统工程，涉及众多的参与主体，主要包括：发起人、发行人、服务人、受托管理人、信用增级机构、信用评级机构、投资人等。

（一）发起人

MBS的发起人是提供住房抵押贷款的金融机构，也称原始权益人，是MBS基础资产的所有人。发起人的主要职责是选择拟证券化的住房抵押贷款，对其进行组合，形成适合证券化的基础资产——抵押贷款资产池，并将其出售给SPV（表外模式）或者作为MBS的担保品（表内模式）。

（二）发行人

发行人即特殊目的载体。它是购买发起人出售的基础资产，并以此为基础发行MBS的机构。表外模式下，SPV独立于发行人；而表内模式下，直接由提供住房抵押贷款的金融机构或其子公司充当发行人，因此该模式下并不存在真正意义上的SPV。

在MBS的运作过程中，特殊目的载体通常有公司型、信托型和有限合伙型3种组织形式。

第一种形式，公司型SPV，又称特殊目的公司（special purpose company，SPC）。在该组织形式下，专门设立作为资产证券化SPV的公司SPC，发起人将基础资产真实出售给SPC，SPC以基础资产为支撑向投资者发行证券。由于发起人已经将基础资产出售给SPC，因此这一资产的所有权就属于SPC，发起人的债权人就不能再对已不属于发起人的基础资产主张权利，从而实现了基础资产与发起人的破产隔离。

第二种形式，信托型SPV，又称特殊目的信托（special purpose trust，SPT）。在SPT下，资产转移是通过信托实现的，即发起人将基础资产信托给作为受托人的SPT，成立信托关系，由SPT作为资产支持证券的发行人发行代表对基础资产享有权利的信托受益凭证。在这样一个信托关系中，委托人为发起人；作为受托人的SPT是法律规定的营业受托人，即有资格经营信托业务的机构和个人；信托财产为基础资产；受益人则为受益凭证的持有人——投资者。在信托关系的法律构造下，发起人将其基础资产信托给SPT后，根据信托财产独立性原则，信托财产独立于委托人，发起人的债权人不能再对基础资产主张权利，从而实现了基础资产与发起人的破产隔离。

第三种形式，有限合伙型（limited partnership）SPV。有限合伙型SPV的特点是合伙财产由其成员所有并为其服务，有限合伙型SPV通常主要向其成员即合伙人购买基础资产，主要为其成员证券化融资服务。这也是它区别于公司型SPV的重要不同点，后者可向其他主体购买基础资产。有限合伙由普通合伙人和有限合伙人组成，普通合伙人承担无限连带责任，而有限合伙人则不参与合伙人事务的经营管理，只根据出资额享受利润和承担责任，即承担有限责任。有限合伙型SPV部分避免了双重征税的问题，但是在风险隔离上却相对欠缺，因此，为了实现破产隔离，它通常要满足一些条件。比如：合伙人必须是公司或其他实体，以免SPV因单个合伙人的死亡而解散；有限合伙至少有一个普通合伙人为破产隔离的实体，通常这种普通合伙人是SPV公司；只要有一个普通合伙人尚有清偿能力，有限合伙就会继续存在而不会解体；有限合伙不能被合并等。

（三）服务人

服务人是指负责收取到期的本金和利息，并采取必要的措施去追收到期应收款的机构。一般来讲，由于发起人熟悉应收款以及他们的债务人，因此他们最适合成为服务人。服务人还负责向受托人及投资者提供贷款组合的月份或年度报告，以披露与基础资产相关的基本信息。

（四）受托管理人

受托管理人的主要职责是负责管理基础资产的现金流，进行证券登记，向投资者支付证券本金和利息。当服务人收到住房抵押贷款的借款人偿还的本金和利息后，必须立即存入受托管理人为之专门设立的账户，并由受托管理人向投资者支付抵押支持证券的本金和利息。在住房抵押贷款证券化交易中，受托管理人作为投资者利益的代表，其责任包括关心应收款的安全性、监管相关合约的执行情况、保证受益人获得支付的权利等。

（五）信用增级机构

信用增级分为内部增级和外部增级。与此相对应，信用增级机构分为内部信用增级机构和外部信用增级机构，前者一般由发起人承担，后者则由独立的第三方充当。

（六）信用评级机构

信用评级机构负责对抵押支持证券进行信用评级，评级结果必须做到客观、公正、合理，这样才有利于保证评级结果的权威性，为投资者进行有效投资提供决策依据。资产证券的信用评级与传统的信用评级有所不同。传统的信用评级主要是对发行主体的偿债能力进行评估，而资产证券的信用评级主要是对证券化融资结构的偿债能力进行评估。

（七）投资者

投资者就是购买资产证券的机构或个人。其中，机构投资者有保险公司、投资基金、银行机构等，个人投资者则是广大的居民投资者。在发达的市场经济国家，资产证券的主要投资者是机构投资者，这方面的经验我们也可以加以借鉴。

另外，由于住房抵押贷款证券化交易比较复杂，发行人通常要聘用专业的服务机构参与交易活动，这些专业服务机构主要包括财务顾问、交易安排人、承销商、会计师事务所和律师事务所等。

四、住房抵押贷款证券化运作工具

在住房抵押贷款证券化实践中，常见的证券化工具即抵押支持证券主要有抵押过手证券、抵押债券、抵押转付债券及本息分离债券。其中，抵押过手证券（亦称为转手抵押证券）和抵押债券是住房抵押贷款证券化运作的基础证券工具，而抵押转付债券和本息分离债券则是基础工具的衍生形式。

（一）抵押过手证券

抵押过手证券也称转手抵押证券，它是特殊目的载体以购买的住房抵押贷款集合为基础发行的证券，是一种最基本的住房抵押贷款证券化品种。过手证券是一种所有权凭证，证券持有人（投资者）对证券化基础资产及其现金流拥有直接所有权，按其购买份额享受相应权利并承担相应风险。由于发行人没有对证券化基础资产的现金流进行重组，只是将该现金流在扣除了有关费用（如担保费、服务费等）之后直接“过手”给投资者，将贷款组合从发行人的资产负债表中移走，因此与证券化有关的所有风险将全部由投资者承担。

抵押过手证券是抵押贷款支持证券最基本的形式之一。根据抵押过手证券担保人的性质不同，抵押过手证券可以分为机构证券与非机构证券。在美国市场上，所谓机构证券，主要是指由政府国民抵押协会（吉利美）、联邦国民抵押协会（房利美）及联邦住宅贷款抵押公司（房地美）提供担保的证券。由于政府国民抵押协会是联邦政府机构，其提供的担保被视为美国政府担保，因此，由其担保的证券被视为无违约风险，其利率接近于同期国债利率。联邦国民抵押协会和联邦住宅贷款抵押公司属于政府资助的企业，享有政府道义上的支持，由其担保证券的风险要略高于相应的政府国民抵押协会担保证券。非机构证券即私人过手证券，它是由私营机构发行的，不具有政府支持的背景，因此一般都必须经过复杂的信用增级程序并确定较高的收益率才能获得投资者的认可。

（二）抵押债券

抵押债券是发起人以其持有的住房抵押贷款作为担保发行的债券，它是一种债务凭证，而不是所有权凭证，其实质是传统的有担保债务工具的一种延伸。在采用抵押债券方式融资时，一般把SPV设计成为发起人控制的实体，发起人向SPV转让基础资产，再由SPV发行债券，该业务构成关联交易。所以西方的会计实务一般把这种交易视为担保融资业务，并将其确认为负债。

与抵押过手证券相比，抵押债券的主要特点是发行人重组了基础资产的现金流，发行人既可以用抵押贷款（组合）产生的现金流，也可以利用其他来源的现金流偿还债券本息。这样使得抵押债券不必像抵押过手证券那样按月支付本息，而可以采取与其他债券相似的期限结构，利息按季支付或每半年支付一次，本金则在债券到期日支付给投资者。为了提高抵押债券的信用等级，发行人一般会按债券本金110%~200%的抵押数量对担保债务实行超额抵押，从而有效分散了债券的信用风险，更好地满足了证券投资者的需求。

（三）抵押转付债券

抵押转付债券是抵押过手证券和抵押债券的衍生形式。一方面，它根据投资者的风险偏好重组了资产现金流，增强了现金流的可预见性，有效满足了不同投资者的需求；另一方面，通过设计不同期限结构的证券，完成了证券化风险在不同证券持有者之间的匹配，降低了对抵押品的要求，提高了抵押品的利用效率。目前，最广泛使用的转付债券是担保抵押债券（collateralized mortgage obligations，CMO）。构成CMO的基础资产一般有两种不同的来源：一是与抵押过手证券和抵押债券一样，汇集多笔抵押贷款组成资产池，以此为基础发行CMO；二是证券发行人还可以将已经存在的抵押过手证券集合在一起作为基础资产发行CMO。实际上，后者是美国更为普遍的做法，CMO的发行人常常以已经持有的抵押过手证券作为担保发行新的证券。

如果说抵押过手证券只是将抵押贷款转化为证券，使借款人与银行的债权债务关系变成借款人与证券持有者之间的债权债务关系。那么，担保抵押债券不仅改变了这种债权债务关系，而且改变了债权债务的结构。作为具有多层次的抵押转付债券，担保抵押债券（CMO）的核心技术在于利用长期的、每月支付的基础资产现金流去创造短、中、长期不同级别的证券。典型的CMO包括3个“正规”级（A类、B类及C类）和一个“剩余”级（称为Z级）。“正规”级自债券发行结束后即按期还本付息，而“剩余”级债券类似于零息债券。在“正规”级本金尚未偿清之前只按复利方法计算利息，并不支付本金和利息，只有当“正规”级本金全部支付完毕后，“剩余”级债券才开始支付本金和利息。此外，由于A类、B类、C类及Z级债券的利率由低到高，期限由短到长，从而有效满足了不同债券投资者的风险偏好。其中，A类CMO作为相对短期的债券，平均期限通常设计为1~3年，以吸引那些寻求短期资产的投资者，如个人投资者；B类、C类CMO是中期资产，平均期限设计分别为3~5年和5~10年，主要吸引人寿保险公司及养老金等机构投资者；Z级CMO是一种相对长期的证券，平均期限可设计为10~15年，主要满足进行长期投资的保险公司和基金公司。

抵押过手证券、抵押债券和抵押转付债券之间的比较见表12-1。

表12-1 **抵押过手证券、抵押债券和抵押转付债券之间的比较**

抵押过手证券	抵押债券	抵押转付债券
基础资产所有权随证券的出售而转移，基础资产不再保留在发起人的资产负债表中，过手证券不构成SPV的债务	基础资产所有权仍属于贷款银行，基础资产保留在贷款银行的资产负债表中，抵押债券构成银行负债	基础资产所有权转移给SPV，基础资产不再保留在发起人的资产负债表中，抵押转付债券不构成SPV的债务
支付本息的资金来源于基础资产的现金流	支付本息的资金不完全来源于基础资产的现金流，发行人的其他收入也可用于支付本息	支付本息的资金来源于基础资产的现金流
按月支付本息	按季或半年付息，本金到期一次支付	每半年付息一次，本金到期一次支付
所有权凭证	债务凭证	债务凭证
SPV充当证券发行人	抵押贷款银行充当证券发行人	SPV充当证券发行人
不重组现金流	重组现金流	重组现金流

（四）本息分离债券

与抵押转付债券一样，本息分离债券也属于基础抵押支持债券的衍生形式。本息分离债券，英文简称为STRIPS（separate trading registered interest and principal securities），指债券发行后，把该债券的每笔利息支付和最终本金的偿还进行拆分，然后依据各笔现金流形成对应期限和面值的零息债券。零息债券（zero-coupon bond）是指以低于面值的折扣价出售，在债券存续期间不发生利息支付，到期一次性按面值进行偿还的债券。正如其名字一样，零息债券不是周期性地支付息票利息，其利息体现为债券的价值随着时间越来越接近到期日而增加，在到期日，债券价值等于面值，按全部面值赎回，债券面值与发行价格之间的差额就是利息总额。折现型的债券是典型的零息债券，目前中国债券市场上存在的贴现债券就属于零息债券。

本息分离债券是根据利率期限结构理论，将原附息债券本息剥离出来，然后加以债券化的一种债券业务创新。其原理如图12-2所示。

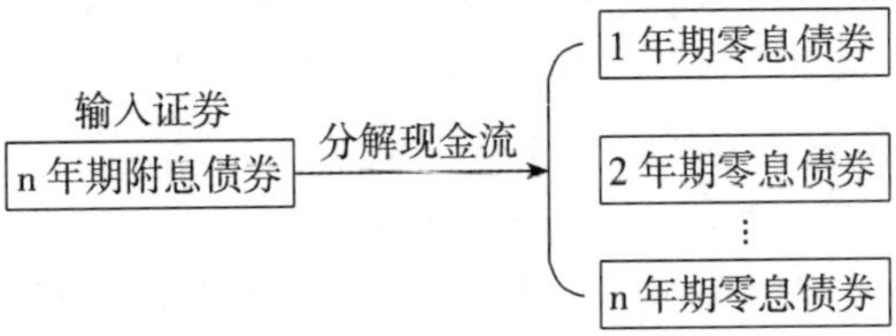

图12-2 本息分离债券的原理

把原附息债券的每一笔利息支付的所有权及到期本金的所有权分别剥离开来，实质上就是依据原附息债券的每期息票收入和到期本金发行相应期限的零息债券。每只零息债券发行价格分别为对应的未来收入流根据一定的收益率（一般为该期限零息债券的理论收益率）折算出来的现值，到期日为原附息债券的付息日或偿还本金日。每只拆分出来的零息债券都具有单独的代码，可以作为独立的债券进行交易和持有。

例如，一只2013年6月18日发行每年付息一次的10年期债券，票面利率为8%，发行金额为100万元，到期日为2023年6月18日，则期间有10笔利息的支付和最终的一次本金偿还。当该只债券转换为本息分离债券后，每一笔利息支付和本金偿还都分别成为一只单独的债券时，即可分离为10只金额为8万元和1只金额为100万元的零息债券，其债券要素见表12-2。

表12-2 本息分离债券分离前后的债券要素比较

	起息日	期限	到期日	发行额（万元）	票面利率
原附息债券	2013年6月18日	10年	2023年6月18日	100	8%
零息债券01	2013年6月18日	1年	2014年6月18日	8	0
零息债券02	2013年6月18日	2年	2015年6月18日	8	0
零息债券03	2013年6月18日	3年	2016年6月18日	8	0

续表

	起息日	期限	到期日	发行额（万元）	票面利率
零息债券04	2013年6月18日	4年	2017年6月18日	8	0
零息债券05	2013年6月18日	5年	2018年6月18日	8	0
零息债券06	2013年6月18日	6年	2019年6月18日	8	0
零息债券07	2013年6月18日	7年	2020年6月18日	8	0
零息债券08	2013年6月18日	8年	2021年6月18日	8	0
零息债券09	2013年6月18日	9年	2022年6月18日	8	0
零息债券10	2013年6月18日	10年	2023年6月18日	8	0
零息债券11	2013年6月18日	10年	2023年6月18日	100	0

以零息债券05为例，它代表一张期限为5年，发行额为8万元（100×8%）的零息债券，到期日为2018年6月18日；分离出来的每只零息债券到期日不同，形成了各自的交易市场，决定了各自的收益率不同。投资者购买这11只债券中的任何一只后，中间不获得利息收入，只在该只债券到期日才获得其面额的偿还，即原附息债券的利息或本金。

本息分离债券是美国财政部于1985年为满足对零息债券的需求而设计的，实际上是零息债券的衍生产品。在国际上，本息分离债券是近20年来债券市场中很有意义的创新之一，它的设计简单，却是实现投资组合的收益目标、对冲所面临的市场风险以及构造各种复合金融产品的非常有用的工具，它在活跃债券市场、方便投资者等方面有着十分重要的作用。

第三节　住房抵押贷款证券化的风险分析及防范

正如美国次贷危机所引发的全球金融危机显示，住房抵押贷款证券化的实施是一把锋利的“双刃剑”。一方面，住房抵押贷款证券化可提高商业银行的盈利能力、降低经营风险、改善资产负债结构，同时增加金融市场的投资品种，对中国的金融改革具有重要意义；另一方面，使住房抵押贷款证券化的风险呈现出连续性和复杂性。因此，在大规模住房抵押贷款证券化实施之前，对各种可能出现的风险因素逐一进行分析，对防范和分散金融风险，促进住房抵押贷款证券化在中国境内的顺利进行具有一定的现实意义。

一、住房抵押贷款证券化风险分析

住房抵押贷款证券化是一项庞大的系统工程，涉及多个参与主体和复杂的流程构造，从而可能面临由诸多不确定性因素引发的风险。要想全面地对住房抵押贷款证券化进行分析难度较大，但从住房抵押贷款证券化方案设计的角度考虑，证券化风险主要表现为证券化运作过程中所面临的提前偿付风险、利率风险和信用风险。

(一) 提前偿付风险

住房抵押贷款证券投资者的本息偿付只能来源于基础资产的现金流，而不能是发行人其他的资金来源，因此住房抵押贷款证券收益不可避免地要受到借款人提前偿付行为的影响。借款人的提前偿付首先带来基础资产现金流量的不确定性，然后通过住房抵押贷款证券化结构，导致抵押贷款证券投资者所获得现金流量的不确定性。它一方面影响了贷款人的贷款收益率或者影响了借款人的借款成本；另一方面也影响了债券发行人和投资者的收益。

(二) 利率风险

利率风险，是指由于利率的变化而使发放抵押贷款的机构或者证券持有者遭受损失的风险。住房抵押贷款证券一般是以固定息票的形式发行的。由于贷款组合的利率是浮动的，若贷款利率下调，则银行要承受发债成本不变而贷款收益下降的风险。因此，利率风险是住房抵押贷款证券化交易中，最难以规避与管理的一种基本风险。其具体包括3层含义：一是利率变化会导致抵押贷款证券价格发生变化，从而影响投资者获利的大小；二是利率变化会导致抵押贷款证券利息收入再投资收益率的变化；三是利率变化会导致抵押贷款证券本金流量发生变化，进而给投资者的收益带来影响。

(三) 信用风险

信用风险是指住房抵押贷款的借款人因某种原因未按时支付或者停止支付贷款合同约定的现金流，由此产生的不利于投资者的风险。它包括有关债务人根本不支付，或者不按时支付，或者支付时间与资产买方的债务到期和支付时间不一致所产生的风险。借款人延迟支付本息或停止履行合同条款，导致发行机构无法按时支付证券投资者的本息，直接影响了投资者投资收益的实现，同时降低了证券的信用等级，增加了投资风险的产生。而当证券的违约风险高时，按照收益与风险对应的原则，发行机构必须向投资者支付较高的违约风险溢价，从而增大了融资成本，进而影响了MBS的实施和推进。

二、住房抵押贷款证券化风险防范

(一) 提前偿付风险的防范

由于提前偿付主要是经济环境变化后个人风险偏好选择的结果，经济环境的不确定性和人的有限理性，使我们不可能完全认识和把握提前偿付行为的变化规律，也不可能完全消除提前偿付风险。因此，抵押支持证券的发行人防范提前偿付风险的有效途径是建立风险转嫁机制，尽量减少自身承担的风险。

增加再筹资成本。对由于市场利率的变化而产生的再融资倾向，可以采用增加提前还款的违约费用成本而使借款人的再融资成本增加，变得无利可图或者是获利很少。但是，这种违约条件应事先在贷款合同中说明。

设计住房抵押贷款证券产品组合来防范风险。由于不同的投资者对提前偿付风险的承受能力不同，因此可以发放多个层次的住房抵押贷款证券，而各个层次的债券获得本金和利息受提前偿付的影响不同。例如，担保抵押债券将大量的抵押贷款打包或者分为几个“部分”，每一部分的风险和收益均不相同。持有最安全部分的所有者收取的利率最低，但是有权作为第一顺位获得屋主的付款。而持有风险最大部分的持有人收取最高利率，但是如果屋主不能支付月供，那么他们则是第一个受损的人。

（二）利率风险的防范

利率风险在中国既影响商业银行转让住房抵押贷款的积极性，又影响投资者持有MBS的积极性。为此，在中国MBS市场的深化过程中，利率风险的规避十分重要。首先，优化商业银行的利率结构，给予利率主体——商业银行一定的自主权，让商业银行根据市场规律灵活地运用资金，合理确立证券化结构。其次，构架合理的债券利率结构，具体包括两个方面：一是建立合理的基准利率，使资本市场债券定价有公认的参考标准；二是进行利率机制改革。例如，商业银行与证券发行公司签订利率互换协议；发行浮动利率债券，使债券利率与贷款利率相一致，以削减由于利率波动给贷款银行、SPV、担保机构，乃至债券投资者带来的不利影响。此外，还可以根据债券发行市场的需求状况，发行多档次债券以满足各种投资者的需求；证券发行方也可以利用先进的运算手段和数学工具，对贷款与债券的现金流进行优化匹配，尽量利用既定的利差空间实现保本微利。

（三）信用风险的防范

实际上，对信用风险的管理和防范需要贯穿于住房抵押贷款证券化的整个过程中。首先，作为证券化的起点，合理组合证券化的基础资产是信用风险防范诸多手段中最为基础也是最为重要的手段。为此，要求发起人和发行人严格评价借款人的信用状况，以决定是否发放贷款或购买贷款；抵押贷款的借款人应尽量分散化，以减少单笔贷款违约对整体基础资产的影响；严格控制贷款价值比（loan to value，LTV），以防止住房价格大幅度下跌后抵押贷款贬值而出现的流动性困难；建立谨慎的贷款购买标准，要求所购买贷款抵押物的第一受偿人必须为发行人，而且所购贷款必须是银行持有一定期限并有良好本息偿还记录的。

“表外模式”实现了“真实出售”和“破产隔离”，使参与证券化的基础资产远离发起人和发行人由于违约或破产而导致的信用风险。信用增级也是防范信用风险的重要手段，前述发起人采取的一系列内部信用增级手段和外部信用增级手段均可有效防范信用风险。

对于证券化监管体制的问题，现在也在研究之中。这对于保证证券化业务健康发展，也具有十分重要的意义。次贷危机和中国证券化试点的实践告诉我们，监管必须到位，监管必须有效，监管也必须高效，在这方面还有许多工作要做。

□ 本章小结

★资产证券化是指将未来能够产生现金流但缺乏流动性的资产，转换为在金融市场上可以自由买卖的证券的行为，是通过在资本市场和货币市场发行证券筹资的一种直接融资方式。广义的资产证券化是指某一资产或资产组合采取证券资产这一价值形态的资产运营方式，包括载体资产证券化、信贷资产证券化、证券资产证券化以及现金资产证券化4类；狭义的资产证券化是指信贷资产证券化。按照被证券化资产种类的不同，信贷资产证券化可分为住房抵押贷款支持的证券化（MBS）和资产支持的证券化（ABS）。

★住房抵押贷款证券化（MBS），是指住房抵押贷款的发放机构（主要是商业银行、储蓄机构）将其持有的质量、偿还期限相同或相近的住房抵押贷款汇集成抵押贷款资产池，并将其出售给特殊目的载体（SPV），由该载体以这些住房抵押贷款为支撑发行证券。与传统的房地产金融业务相比，住房抵押贷款证券化是房地产金融业务的一项创新，实现了传统的金融机构中介信用和市场信用的结合，采取了“破产隔离”技术，采用了复杂的“信用增级”技术。住房抵押贷款证券化的实施，有利于增强商业银行资产的流动性，解决了银行资产和负债不匹配的问题，提高了商业银行的资本充足率，利于促进房地产业的发展，丰富了金融投资品种。

★从各国住房抵押贷款证券化的实践来看，住房抵押贷款证券化总体上可归纳为表外模式、表内模式和准表外模式3种运作模式。住房抵押贷款证券化的运作：第一，需要选择住房抵押贷款证券化的基础资产；第二，设立特殊目的载体，发起人“真实出售”基础资产；第三，进行信用增级和信用评级；第四，进行证券发行；第五，对资产池进行管理；第六，进行证券清偿。上述MBS运作流程是一个复杂的系统工程，涉及众多的参与主体，主要包括：发起人、发行人、服务人、受托管理人、信用增级机构、信用评级机构、承销机构、投资人等。

★在住房抵押贷款证券化实践中，常见的证券化工具即抵押支持证券主要有抵押过手证券、抵押债券、抵押转付债券及本息分离债券。其中，抵押过手证券（亦称为转手抵押证券）和抵押债券是住房抵押贷款证券化运作的基础证券工具，而抵押转付债券和本息分离债券则是基础工具的衍生形式。

★从住房抵押贷款证券化方案设计的角度考虑，证券化风险主要表现为证券化运作过程中所面临的提前偿付风险、利率风险和信用风险。住房抵押贷款证券化风险防范也是基于以上三点展开的。

□ 综合练习

一、本章基本概念

资产证券化；住房抵押贷款证券化；表外模式、表内模式与准表外模式；SPV；信用增级；信用评级；公司型SPV、信托型SPV；抵押过手证券、抵押债券、抵押转付债券与本息分离债券

二、本章思考题

1.资产证券化分为几类？

2.简述住房抵押贷款证券化的特征。

3.简述住房抵押贷款证券化的意义。

4.分析住房抵押贷款证券化的运作模式。

5.简要说明住房抵押贷款证券化的运作模式、运作流程、运作主体以及分类。

6.说明住房抵押贷款证券化的运作工具。

7.对中国住房抵押贷款证券化的风险进行分析。

8.说明住房抵押贷款证券化风险的防范措施。

本章思考题答案要点

推荐阅读资料

附表A

年金现值系数表

	1%	2%	3%	4%	5%	6%	7%	8%	9%	10%	11%	12%	13%	14%	15%
1	0.9901	0.9804	0.9709	0.9615	0.9524	0.9434	0.9346	0.9259	0.9174	0.9091	0.9009	0.8929	0.8850	0.8772	0.8696
2	1.9704	1.9416	1.9135	1.8861	1.8594	1.8334	1.8080	1.7833	1.7591	1.7355	1.7125	1.6901	1.6681	1.6467	1.6257
3	2.9410	2.8839	2.8286	2.7751	2.7232	2.6730	2.6243	2.5771	2.5313	2.4869	2.4437	2.4018	2.3612	2.3216	2.2832
4	3.9020	3.8077	3.7171	3.6299	3.5460	3.4651	3.3872	3.3121	3.2397	3.1699	3.1024	3.0373	2.9745	2.9137	2.8550
5	4.8534	4.7135	4.5797	4.4518	4.3295	4.2124	4.1002	3.9927	3.8897	3.7908	3.6959	3.6048	3.5172	3.4331	3.3522
6	5.7955	5.6014	5.4172	5.2421	5.0757	4.9173	4.7665	4.6229	4.4859	4.3553	4.2305	4.1114	3.9975	3.8887	3.7845
7	6.7282	6.4720	6.2303	6.0021	5.7864	5.5824	5.3893	5.2064	5.0330	4.8684	4.7122	4.5638	4.4226	4.2883	4.1604
8	7.6517	7.3255	7.0197	6.7327	6.4632	6.2098	5.9713	5.7466	5.5348	5.3349	5.1461	4.9676	4.7988	4.6389	4.4873
9	8.5660	8.1622	7.7861	7.4353	7.1078	6.8017	6.5152	6.2469	5.9952	5.7590	5.5370	5.3282	5.1317	4.9464	4.7716
10	9.4713	8.98260	8.5302	8.1109	7.7217	7.3601	7.0236	6.7101	6.4177	6.1446	5.8892	5.6502	5.4262	5.2161	5.0188
11	10.3676	9.7868	9.2526	8.7605	8.3064	7.8869	7.4987	7.1390	6.8052	6.4951	6.2065	5.9377	5.6869	5.4527	5.2337
12	11.2551	10.5753	9.9540	9.3851	8.8633	8.3838	7.9427	7.5361	7.1607	6.8137	6.4924	6.1944	5.9176	5.6603	5.4206
13	12.1337	11.3484	10.635	9.9856	9.3936	8.8527	8.3577	7.9038	7.4869	7.1034	6.7499	6.4235	6.1218	5.8424	5.5831
14	13.0037	12.1062	11.2961	10.5631	9.8986	9.2950	8.7455	8.2442	7.7862	7.3667	6.9819	6.6282	6.3025	6.0021	5.7245
15	13.8651	12.8493	11.9379	11.1184	10.3797	9.7122	9.1079	8.5595	8.0607	7.6061	7.1909	6.8109	6.4624	6.1422	5.8474
16	14.7179	13.5777	12.5611	11.6523	10.8378	10.1059	9.4466	8.8514	8.3126	7.8237	7.3792	6.9740	6.6039	6.2651	5.9542
17	15.5623	14.2919	13.1661	12.1657	11.2741	10.4773	9.7632	9.1216	8.5436	8.0216	7.5488	7.1196	6.7291	6.3729	6.0472
18	16.3983	14.9920	13.7535	12.6593	11.6896	10.8276	10.0591	9.3719	8.7556	8.2014	7.7016	7.2497	6.8399	6.4674	6.1280
19	17.2260	15.6785	14.3238	13.1339	12.0853	11.1581	10.3356	9.6036	8.9501	8.3649	7.8393	7.3658	6.9380	6.5504	6.1982
20	18.0456	16.3514	14.8775	13.5903	12.4622	11.4699	10.5940	9.8181	9.1285	8.5136	7.9633	7.4694	7.0248	6.6231	6.2593
21	18.8570	17.0112	15.4150	14.0292	12.8212	11.7641	10.8355	10.0168	9.2922	8.6487	8.0751	7.5620	7.1016	6.6870	6.3125
22	19.6604	17.6580	15.9369	14.4511	13.1630	12.0416	11.0612	10.2007	9.4424	8.7715	8.1757	7.6446	7.1695	6.7429	6.3587
23	20.4558	18.2922	16.4436	14.8568	13.4886	12.3034	11.2722	10.3711	9.5802	8.8832	8.2664	7.7184	7.2297	6.7921	6.3988
24	21.2434	18.9139	16.9355	15.2470	13.7986	12.5504	11.4693	10.5288	9.7066	8.9847	8.3481	7.7843	7.2829	6.8351	6.4338
25	22.0232	19.5235	17.4131	15.6221	14.0939	12.7834	11.6536	10.6748	9.8226	9.0770	8.4217	7.8431	7.3300	6.8729	6.4641
26	22.7952	20.1210	17.8768	15.9828	14.3752	13.0032	11.8258	10.8100	9.9290	9.1609	8.4881	7.8957	7.3717	6.9061	6.4906
27	23.5596	20.7069	18.3270	16.3296	14.6430	13.2105	11.9867	10.9352	10.0266	9.2372	8.5478	7.9426	7.4086	6.9352	6.5135
28	24.3164	21.2813	18.7641	16.6631	14.8981	13.4062	12.1371	11.0511	10.1161	9.3066	8.6016	7.9844	7.4412	6.9607	6.5335
29	25.0658	21.8444	19.1885	16.9837	15.1411	13.5907	12.2777	11.1584	10.1983	9.3696	8.6501	8.0218	7.4701	6.9830	6.5509
30	25.8077	22.3965	19.6004	17.2920	15.3725	13.7648	12.4090	11.2578	10.2737	9.4269	8.6938	8.0552	7.4957	7.0027	6.5660

附表B

住房公积金与商业银行人民币存贷款利率调整表

2012年7月6日利率调整前后公积金与商业银行人民币存款利率比较					
公积金存款利率（调整后）			人民币存款利率（调整后）		
项目	年利率（%）	调整幅度	项目	年利率（%）	调整幅度
当年缴存（参照人民币活期存款利率）	0.35 （上年度为0.40）	−0.05	活期	0.35	−0.05
上年结转（参照人民币整存整取3个月存款利率）	2.60 （上年度为2.85）	−0.25	3个月	2.60	−0.25
			半年	2.80	−0.25
			1年	3.00	−0.25
			2年	3.75	−0.35
			3年	4.25	−0.40
			5年	4.75	−0.35

2016年2月21日公积金存款利率与商业银行人民币存款利率比较			
公积金存款利率		人民币存款利率	
项目	年利率（%）	项目	年利率（%）
当年缴存（参照人民币活期存款利率）	1.5	活期	0.35
上年结转（参照人民币整存整取3个月存款利率）	1.5	3个月	1.10
		半年	1.30
		1年	1.50
		2年	2.10
		3年	2.75

2018年公积金存款利率与商业银行人民币存款利率比较			
公积金存款利率		人民币存款利率	
项目	年利率（%）	项目	年利率（%）
当年缴存（参照人民币活期存款利率）	1.5	活期	0.35
上年结转（参照人民币整存整取3个月存款利率）	1.5	3个月	1.10
		半年	1.30
		1年	1.50
		2年	2.10
		3年	2.75

续表

2022年9月15日公积金存款利率与商业银行人民币存款利率比较			
公积金存款利率		人民币存款利率（以中国工商银行为例）	
项目	年利率（%）	项目	年利率（%）
当年缴存（参照人民币活期存款利率）	1.5	活期	0.25
上年结转（参照人民币整存整取3个月存款利率）	1.5	3个月	1.25
		半年	1.45
		1年	1.65
		2年	2.15
		3年	2.60

1999—2022年公积金贷款利率调整表

调整时间	5年以下（含5年）	5年以上	调整幅度（%）
1999.09.21	4.14	4.59	−3.51
2004.10.29	3.78	4.23	+0.18
2005.03.17	3.96	4.41	+0.18
2006.04.28	4.14	4.59	+0.18
2007.09.14	4.77	5.22	+0.18
2008.12.23	3.33	3.87	−0.18
2010.10.20	3.50	4.05	+0.18
2010.12.26	3.75	4.30	+0.25
2011.02.09	4.00	4.50	+0.25/+0.20
2011.04.06	4.20	4.70	+0.20
2011.07.07	4.45	4.90	+0.25/+0.20
2012.06.08	4.20	4.70	−0.25/−0.20
2012.07.06	4.00	4.50	−0.20/−0.20
2014.11.22	3.75	4.25	−0.25
2015.03.01	3.50	4.00	−0.25
2015.05.11	3.25	3.75	−0.25
2015.06.28	3.00	3.50	−0.25
2015.08.26	2.75	3.25	−0.25
2015.10.24	2.75	3.25	0
2022.10.01	2.60	3.10	−0.15

1999—2022年商业银行人民币贷款利率调整表

调整时间	6个月以内（含6个月）	6个月~1年（含1年）	1~3年（含3年）	3~5年（含5年）	5年以上
1999.06.10	5.58	5.85	5.94	6.03	6.21
2002.02.21	5.04	5.31	5.49	5.58	5.76
2004.10.29	5.22	5.58	5.76	5.85	6.12
2006.04.28	5.40	5.85	6.03	6.12	6.39
2006.08.19	5.58	6.12	6.30	6.48	6.84
2007.03.18	5.67	6.39	6.57	6.75	7.11
2007.05.19	5.85	6.57	6.75	6.93	7.20
2007.07.21	6.03	6.84	7.02	7.20	7.38
2007.08.22	6.21	7.02	7.20	7.38	7.56
2007.09.15	6.48	7.29	7.47	7.65	7.83
2007.12.21	6.57	7.47	7.56	7.74	7.83
2008.09.16	6.21	7.20	7.29	7.56	7.74
2008.10.09	6.12	6.93	7.02	7.29	7.47
2008.10.30	6.03	6.66	6.75	7.02	7.20
2008.11.27	5.04	5.58	5.67	5.94	6.12
2008.12.23	4.86	5.31	5.40	5.76	5.94
2010.10.20	5.10	5.56	5.60	5.96	6.14
2010.12.26	5.35	5.81	5.85	6.22	6.40
2011.02.09	5.60	6.06	6.10	6.45	6.60
2011.04.06	5.85	6.31	6.40	6.65	6.80
2011.07.07	6.10	6.56	6.65	6.90	7.05
2012.06.08	5.85	6.31	6.40	6.65	6.80
2012.07.06	5.60	6.00	6.15	6.40	6.55
2014.01.22	5.60	5.60	6.00	6.00	6.15
2015.03.01	5.35	5.35	5.75	5.75	5.90

续表

调整时间	6个月以内（含6个月）	6个月~1年（含1年）	1~3年（含3年）	3~5年（含5年）	5年以上
2015.05.11	5.10	5.10	5.50	5.50	5.65
2015.06.28	4.85	4.85	5.25	5.25	5.40
2015.08.26	4.60	4.60	5.00	5.00	5.15
2015.10.24至今	4.35	4.45	4.75	4.75	4.90

主要参考文献

［1］特纳．债务和魔鬼：货币、信贷和全球金融体系重建［M］．王胜邦，徐惊蛰，朱元倩，译．北京：中信出版集团，2021.

［2］曹建元．房地产金融［M］．2版．上海：复旦大学出版社，2021.

［3］代春泉．房地产开发［M］．2版．北京：清华大学出版社，2020.

［4］董藩，赵安平．房地产金融［M］．2版．北京：清华大学出版社，2019.

［5］董藩，朱琳．产业投资基金真的可以驱动经济结构优化吗——产业基金对经济增长与产业升级驱动程度的PVAR模型分析［J］．科技进步与对策，2022，39（13）.

［6］高波．现代房地产金融学［M］．2版．南京：南京大学出版社，2019.

［7］高旭华，修逸群．REITs：颠覆传统地产的金融模式［M］．北京：中信出版社，2016.

［8］葛春凤，李贵良．房地产金融实务［M］．武汉：武汉理工大学出版社，2017.

［9］关涛．我国典当法律制度研究［M］．北京：法律出版社，2022.

［10］管百海．房地产信托项目决策及管理研究［M］．成都：西南财经大学出版社，2019.

［11］韩志峰，张峥．REITs：中国道路［M］．北京：人民出版社，2021.

［12］何光辉，杨何灿．美国住房抵押贷款违约与止赎问题研究［M］．北京：中国金融出版社，2019.

［13］洪葭管．中国金融史十六讲［M］．上海：上海人民出版社，2009.

［14］洪葭管．中国金融通史［M］．北京：中国金融出版社，2008.

［15］胡鑫．房地产信托风险管理与案例剖析［M］．北京：经济管理出版社，2017.

［16］滑冬玲，孔繁成．金融学［M］．北京：清华大学出版社，2022.

［17］黄鹏杰．房地产生命周期融资与发展创新［M］．北京：中国商业出版社，2020.

［18］李锋．住房公积金发展史［M］．北京：中国建筑工业出版社，2016.

［19］李琼．中国货币政策目标的选择［M］．北京：社会科学文献出版社，2009.

［20］李杨．新中国金融60年［M］．上海：上海人民出版社，2009.

［21］李智．廉租房投资信托（REITs）：瓶颈与出路［M］．上海：上海大学出版社，2016.

［22］凌海波，邱俊如．小额信贷实务［M］．2版．北京：中国金融出版社，2020.

［23］刘平．民国银行家论业务经营［M］．上海：上海远东出版社，2017.

［24］龙胜平，方奕．房地产金融与投资概论［M］．北京：高等教育出版社，2018.

［25］栾世红．房地产金融与保险［M］．3版．大连：大连理工大学出版社，2014.

［26］吕萍．房地产开发与经营［M］．5版．北京：中国人民大学出版社，2021.

［27］孟昊．中国住房公积金制度研究［M］．北京：中国金融出版社，2017.

［28］米什金．货币、银行和金融市场经济学［M］．8版．北京：北京大学出版社，2011.

［29］莫里，马扎．房地产金融：一条国际化道路［M］．吴琦，葛斐，译．北京：中信出版社，2016.

［30］盛松成，宋红卫，汪恒，等．房地产与中国经济［M］．北京：中信出版集团，2021.

［31］克鲁森-凯莉，托马斯．REITs分析与投资指南［M］．罗桂连，尹昱，译．北京：机械工业出版社，2018.

［32］唐国正，刘力．金融学案例［M］．北京：北京大学出版社，2013.

［33］王刚．住房抵押贷款证券化风险与定价研究［M］．北京：经济管理出版社，2015.

［34］王宏新．住宅建筑工程质量保险制度研究［M］．北京：中国建筑工业出版社，2015.

［35］王健君，张辉．现代金融的中国道路［J］．瞭望新闻周刊，2009（34）.

［36］王巍．房地产信托投融资实务及典型案例［M］．北京：经济管理出版社，2012.

［37］王晓光．金融学［M］．3版．北京：清华大学出版社，2022.

［38］王重润，张超．房地产金融［M］．2版．北京：北京大学出版社，2019.

［39］布鲁格曼，费希尔．房地产金融与投资［M］．刚健华，译．15版．北京：中国人民大学出版社，2021.

［40］巫云仙．中国金融史（1978—2018）［M］．北京：社会科学文献出版社，2018.

［41］吴梓境，张波，朱琳．新旧动能转换：产业升级如何影响土地财政［J］．财经科学，2019（4）.

［42］武飞．商业银行信贷业务［M］．3版．北京：中国人民大学出版社，

2022.

［43］姚遂．中国金融史［M］．2版．北京：高等教育出版社，2022.

［44］姚长辉，吕随启.货币银行学［M］．北京：北京大学出版社，2018.

［45］殷玉如．中国住房公积金问题研究［M］．北京：中国农业出版社，2017.

［46］张健．房地产资产管理、基金和证券化［M］．北京：中国建筑工业出版社，2019.

［47］张同庆．房地产信托业务投融资实务［M］．2版．北京：中国法制出版社，2020.

［48］中国房地产业协会．2022中国房地产年鉴［M］．北京：企业管理出版社，2022.

［49］中债资信评估有限责任公司，中国建设银行股份有限公司．个人住房抵押贷款证券化的中国实践［M］．北京：中国金融出版社，2018.

［50］住房和城乡建设部．住房公积金个人住房贷款业务规范［M］．北京：中国建筑工业出版社，2018.

［51］住房和城乡建设部住房公积金监管司，焦作市住房公积金管理中心．住房公积金窗口服务与管理实务手册［M］．北京：红旗出版社，2019.